최유경유아놀이교육연구소 책 만들기 시리즈 ④ – 문학적 수준으로의 읽기와 쓰기를 위한 첫 발

# 책 만들기를 통한 창의적 언어교육 Ⅳ

## FOR CD, PORKET, ENVELOPE & STAPLER BOOKS

최 유 경 著

WOWPLAY

# "몇 세부터 책 만들기를 할 수 있나요?"

책 만들기에 대한 사회적 관심과 적용이 교육 현장 전반에 걸쳐 확대되면서 유아교육기관과 초등 교육 활동에 책 만들기를 활용한 교수학습 방법이 활발히 진행되고 있다. 어린이와 청소년의 상상력과 순수함으로 그 매력을 한껏 빛내는 책 만들기 작품들이 여러 매체와 전시회를 통해 소개되면서 유 · 초등 교사뿐만 아니라 어린 자녀를 둔 학부모의 관심도 함께 높아지고 있다. 관심을 실천으로 옮기는 과정에서 자녀와 함께 나만의 책을 만들기 위해 한 걸음씩 내딛는 부모님과 더불어 형식적 읽기와 쓰기 단계 이전의 영아를 교육하는 교사들은 책 만들기 활동을 언제부터 어떻게 접근하고 무엇을 표현하도록 지도해야 할지 시작에서부터 어려움을 토로한다. 연령이나 발달에 따른 제약은 다음과 같은 질문을 통해 책 만들기 활동에 대한 바람직한 접근법을 모색할 수 있다.

몇 세부터 책 만들기를 할 수 있나요?
글을 읽을 줄 모르거나 쓰지 못하는 아이들은 어떻게 책 만들기를 해야 하나요?
책 만들기는 처음부터 끝까지 어린이 혼자의 힘으로 해야 하나요?
책 만들기 과정 중 어느 부분에 성인 또는 교사의 도움이 필요한가요?
교사 또는 성인의 도움 또는 지도는 어느 정도까지 필요한가요?
처음 책 만들기를 하는 아이들은 어떤 책부터 만들어야 할까요?
책 만들기를 할 때 꼭 책을 읽고 해야 하나요?

이에 대한 궁금증을 해결하기 위해서는 아래의 질의에 대한 지식과 이해를 필요로 한다.

영유아의 대 · 소근육 발달은 어떻게 이루어지는가?
형식적 읽기와 쓰기 단계 이전의 어린이, 즉 비형식적 읽기와 쓰기 단계의 어린이는 어떻게 읽고 쓰는가?
비형식적 읽기와 쓰기 단계의 어린이에게 교육적으로 적합한 방식의 읽기와 쓰기 활동은 어떻게 접근해야 하는가?
비형식적 읽기와 쓰기 자료는 어떻게 다루어져야 하는가?
읽기와 쓰기 교육은 말하기 · 듣기 교육과 어떻게 통합되어야 하는가?
언어교육은 다른 영역의 교육 활동과 어떻게 통합될 수 있는가?

위에 제시된 질의에 답하고자 탐구하는 자세가 선행될 때 앞서 지닌 궁금증은 자연스럽게 해결될 것이다. 어린 연령의 자녀를 둔 부모뿐만 아니라 영아를 담당하는 교사들조차도 정작 뒤이은 질의에 대한 개념과 이해가 부족한 실정이기에 대부분의 어린이들이 형식적 읽기와 쓰기가 가능한 시기에 이르러서야 책 만들기 활동을 접하게 된다. 이러한 뒤늦은 접근은 책 만들기 활동을 언어교과 또는 미술교육의 한 부분으로 간주하고 쓰기와 만들기 자체에 활동 목표와 관심이 집중되는 경향을 보인다. 그러나 책 만들기는 본 시리즈의 부제에서 강조하듯 문학적 수준으로의 읽기와 쓰기를 위해 어린이 스스로 주변에 대한 관심과 탐색을 바탕으로 세상과 의사소통할 수 있도록 이끌어줄 때 진정한 의미와 무한한 가치를 발견할 수 있다. 내적인 즐거움과 생각을 외적으로 표현할 수 있고 동시에 다른 이의 즐거움과 생각에 호기심을 지니며, 개개인의 표현 방식을 이해하고 존중하는 자세를 지닐 때 또 다른 세상을 만나고 창조하는 힘을 발휘하게 될 것이다.

어린이는 성인과 다른 눈으로 세상을 읽고 글을 쓴다. 우리가 알지 못하는 또는 미처 이해하지 못하고 지나친 아이들의 이야기에 먼저 귀를 기울일 때 이들의 읽기를 들을 수 있고 쓰기를 읽을 수 있게 될 것이다. 손에

쥐어진 모든 것을 이용하여 그적거린 조각 종이 하나하나의 의미를 알고 이해하려 노력하는 교사와 부모의 자세는 어린 작가들에게 내적인 창조적 힘을 인식하고 읽기와 쓰기는 언제 어디서나 할 수 있는 즐거운 놀이로 자연스럽게 다가서게 될 것이다. 이제 아이들의 그적임과 웅성거림에 눈과 귀를 기울이자.

「책 만들기를 통한 창의적 언어교육Ⅳ」는 최유경유아놀이교육연구소에서 실시하고 있는 「책 만들기를 통한 문해 활동 전문가과정(초급)」의 12주 교육과정 중 10주~11주 동안 진행되는 교육내용과 더불어 자료 구입에 따른 현실적 어려움으로 인하여 그동안 소개하지 못했던 접착 주머니를 활용한 책 만들기 활동을 중심으로 구성하였다. 「책 만들기를 통한 창의적 언어교육Ⅰ·Ⅱ·Ⅲ」을 통해 소개한 접기와 활동 방법에 대한 경험과 이해를 바탕으로 종이 외에 생활 주변에서 사용하는 자료와 도구를 활용하여 예술적 감성을 표현하고 실생활에서 다용도로 사용할 수 있는 책 만들기를 통해 문해 활동을 즐길 수 있도록 설계하였다. 제 4집은 다섯 가지 유형의 책 만들기 방식을 24가지 문해 활동으로 소개한다. CHAPTER 1은 종이가 아닌 CD와 CD 케이스를 이용하여 책의 무한한 변신을 경험하고 주변 사물을 다각적으로 활용하는 능력을 키울 수 있도록 이끌어줄 것이다. CHAPTER 2는 본 연구소에서 개발된 접착 주머니와 생활 속의 다양한 주머니를 활용하여 자료의 보관과 전시를 통해 새로운 형태의 책을 경험할 수 있도록 구성하였고 CHAPTER 3은 봉투를 이용하여 자신의 경험뿐만 아니라 타인과 의사소통할 수 있는 방식의 책 만들기를 소개하였다. CHAPTER 4와 5는 박음쇠와 장철 박음쇠를 이용하여 실생활에서 다용도로 활용할 수 있는 책을 통해 쓰기를 즐기고 다양한 정보와 자료를 체계적으로 정리하는 기초를 이해할 수 있도록 설계하였다.

책 만들기에 첫 발을 내딛는 교사와 부모, 만 3세~6세 어린이뿐만 아니라 초등학교와 중·고등학교의 글쓰기 교육과 독서 교육에 폭넓게 활용될 수 있도록 활동 방법과 절차를 상세히 설명하였고 어린이들과 작가의 작품을 통해 활동에 대한 이해의 폭을 넓힐 수 있도록 Gallery를 통해 다양한 작품을 소개하였다. 더불어 교육현장과 가정에서 교사와 부모의 수업 준비를 직접적으로 지원하고 아름다운 책 만들기를 이끌어줄 수 있도록 CD-ROM을 부록으로 제작하였다. CD-ROM에는 이 책에 소개된 책 만들기를 위한 생각 모으기 활동지와 라벨 자료가 유형별로 제공된다.

「책 만들기를 통한 창의적 언어교육Ⅰ·Ⅱ·Ⅲ」의 첫 발걸음부터 지금까지 연구위탁기관으로 참여해 주신 꽃동산유치원·꿈꾸는 아이들 어린이집·경기도청어린이집·소망어린이집·수원여자대학부설어린이집·쑥쑥이어린이집·신대진어린이집·아이빌리어린이집·영재들의 작은 학교·우리또래어린이집·유정유치원·혜전대학부속유치원의 기관장님들, 바쁜 교육 일정 속에서 매주 어린이들과의 책 만들기 활동을 위해 수고를 아끼지 않고 활동을 이끌어주신 담임선생님들, 솔직한 표현에 두려움이 없는 어린 예술가들, 자녀들을 위해 어려운 과제를 함께 해주신 각 기관의 학부모님들, 본 연구소의 「책 만들기를 통한 문해 활동 전문가과정」을 통하여 연구 활동과 작품 위탁에 협조해 주신 선생님들, 힘든 교육과정 속에서 과제물에 시간을 쪼개어 생각과 마음을 보내준 수원여자대학 아동보육과와 경원대학 보육과 학생들, 긴 시간 한결같은 마음으로 수고해 주시는 디자이너 이홍님, 그리고 작품 제작과 촬영을 위해 함께 땀 흘려주신 최유정, 한미희, 박영주 연구원에게 마음 깊이 감사의 인사를 드립니다.

세상에 대한 욕심과 자신에 대한 욕심을 두 손에 굳건히 움켜쥐고 배우고 익힌 바를 올바르게 실천하기 위하여 끊임없는 탐구와 성찰의 노력을 기울여야 할 이 땅의 선생님들과 이 책이 함께 할 수 있기를 마음 깊이 꿈꾼다. 나의 두 손에 들린 진리와 정의의 꿈과 희망을 한 걸음 한 걸음 내딛는 곳마다 깊이 새겨질 수 있도록 아낌없는 지지를 보내주는 사랑하는 가족에게 감사의 마음과 미안함을 함께 전하며, 더불어 고모이자 이모인 저자에게 사랑과 존경의 마음으로 함께 하길 꿈꾸는 어린 조카들 여진, 민지, 그리고 석환에게 이 책을 바칩니다.

2007년 10월<br>최유경유아놀이교육연구소 소장 **최 유 경**

목차

## CHAPTER 4 박음쇠를 활용한 문해 활동



## CHAPTER 5 장철박음쇠를 활용한 문해 활동



## SUPPLEMENT 부록

## 연구위탁기관 · 연구참여기관

꽃동산유치원 · 유정유치원 · 한빛유치원 · 혜전대학부속유치원
꿈꾸는 아이들 어린이집 · 경기도청어린이집 · 동화사랑 · 수원여자대학부설어린이집 · 소망어린이집
쑥쑥이어린이집 · 신대진어린이집 · 아이빌리어린이집 · 아이사랑어린이집 · 영재들의 작은 학교
우리또래어린이집 · 현대열린어린이집
경원대학교 보육과 · 수원여자대학 아동보육과 · 새마을중앙연수원부설보육교사교육원

## 지도교사 · 참여교사 · 참여학생

강선영 · 강명숙 · 강윤미 · 강정숙 · 곽혜진 · 권효주 · 김경미 · 김문정 · 김미숙 · 김미영 · 김수진[1]
김수진[2] · 김연자 · 김연하 · 김영아 · 김인영 · 김지영 · 김진영 · 김진희 · 김현정 · 나현숙 · 류경숙
민옥희 · 박경희 · 박미란 · 박민정 · 박선희 · 박성숙 · 박수진 · 박영주 · 박윤희 · 박정님 · 방인숙
변영옥 · 성미란 · 송명숙 · 송의경 · 송하나 · 오은주 · 왕선미 · 연영인 · 오애랑 · 유미선 · 유선경
유선영 · 유제은 · 이미경 · 이선영 · 이승희 · 이아영 · 이영미 · 이은주 · 이주연 · 이지혜 · 이화옥
이혜진 · 인선화 · 장미정 · 장세희 · 장혜령 · 전지영 · 정선미 · 정은미 · 조은수 · 조희정 · 최선희
최유정 · 최필녀 · 최혜정 · 한미희 · 함경주 · 함슬기 · 황보영 · 황순영 · 허은선 · 허정민

## 함께 한 어린이들

강민지 · 강석환 · 강태웅 · 고경민 · 고주성 · 고희은 · 구본민 · 권현선 · 권혁민 · 김가연 · 김가은
김고운 · 김광욱 · 김기욱 · 김다은 · 김다인 · 김다운 · 김령현 · 김병권 · 김보래 · 김선영 · 김수진
김 연 · 김운진 · 김재희 · 김정찬 · 김주영[1] · 김주영[2] · 김지선 · 김지수 · 김지태 · 김 찬 · 김찬영
김찬진 · 김혜민 · 나용준 · 나예슬 · 나종원 · 나지원 · 남준영 · 남하연 · 남현욱 · 도서원 · 문민선
박가을 · 박보경 · 박수경 · 박예지 · 박유진 · 박종훈 · 박희준 · 선현규 · 손동우 · 손성민 · 송신영
송채린 · 송현규 · 신미주 · 신민기 · 신은철 · 신현준 · 신현호 · 심규호 · 신혜민 · 안가현 · 왕수진
엄희윤 · 여승엽 · 오동혁 · 유동민 · 유수진 · 유승원 · 유하영 · 윤선영 · 윤성한 · 윤주희 · 윤효곤
이건혁 · 이건호 · 이다인 · 이다혜 · 이승원 · 이예현 · 이유진 · 이재빈 · 이정수 · 이준태 · 이지영
이채영 · 이채원 · 이혜진 · 이효제 · 임도현 · 임재상 · 장민혁 · 장영준 · 전 진 · 전찬호 · 전태현
정건호 · 정덕모 · 정세린 · 정승환 · 정유빈 · 정재빈 · 정현준 · 조성민 · 조성태 · 조소영 · 조윤재
조한솜 · 진예진 · 채 연 · 최가희 · 최덕준 · 최성원 · 최여진 · 최용주 · 최원준 · 최원희 · 최찬희
한 율 · 한의정 · 황보영 · 황성영 · 황태랑 · 허영재 · 허채영 · 홍강래 · 홍다빈 · 홍성익

## 함께 한 부모님들

권오영 · 권희순 · 김동은 · 김삼필 · 김상복 · 김연태 · 김재경 · 김재준 · 김지현 · 김필진 · 나성일
박경옥 · 박유정 · 손영철 · 송정애 · 신미섭 · 안미선 · 안정미 · 여제호 · 유정례 · 유재문 · 이규순
이성식 · 이소연 · 이웅식 · 이재명 · 장환희 · 전수임 · 전창봉 · 조근영 · 조미영 · 조성준 · 지소영
최우석 · 최윤경 · 한정숙 · 황우정

## CD-ROM 실행 방법

CD-ROM에는 책 만들기에 필요한 생각 모으기 활동지와 라벨이 문서 파일 한글 2002로 제작(한글 프로그램 미설치자를 위한 한글 viewer 설치)되어 있습니다. CD-ROM을 CD drive에 삽입하면 프로그램이 자동 실행되고 활동자료의 제목이 화면에 나타납니다. 사용하고자 하는 생각 모으기 활동지 또는 라벨 제목을 클릭하면 해당 문서가 열립니다.

CD-ROM에 실린 자료 목록은 부록에 소개되어 있으므로 이를 참고하시기 바랍니다.

## CD-ROM 활용 방법

CD-ROM의 자료를 사용할 때에는 선택한 자료의 유형을 확인하고 흑백 또는 컬러 프린터에 적합한 용지 (A4 복사용지 또는 Formtec Label)를 삽입하여 흑백 또는 컬러 출력합니다. 생각 모으기 자료는 흑백으로 제작되어 있고 라벨 자료는 흑백과 컬러로 각각 제작되어 있으므로 원하는 유형의 라벨을 선택하여 흑백 또는 컬러 인쇄합니다. 사용하는 자료가 Formtec Label인 경우 제품은 시중 문구점에서 구입할 수 있으며, 각각의 제품은 20매 또는 100매 단위로 포장되어 판매되고 있습니다. 생각 모으기 활동지는 A4 복사용지 크기에 맞추어 제작되어 있으므로 복사용지(80g/㎡) 또는 A4 크기의 다양한 용지를 이용하여 출력하고 필요한 매수만큼 복사하여 사용합니다. 어린이의 발달단계 또는 활동 유형에 따라 A4 용지가 작은 경우 B4 또는 A3 용지에 확대 복사하여 사용할 수 있으며, 확대 복사하여 사용할 경우 확대 비율은 다음과 같습니다.

- A4 → B4 확대 시 122%
- A4 → A3 확대 시 141%

## 모양 본 제작 방법 및 사용방법

본 책에 소개된 작품을 제작할 수 있는 모양 본이 CD-ROM을 통해 제공되어 있습니다.

모양 본을 제작하는 방법은 다음과 같습니다.

① CD-ROM에서 사용하고자 하는 모양 본을 클릭하여 출력한다.
출력한 모양 본을 원하는 크기로 확대 또는 축소 복사한다.

② 출력한 모양 본 종이의 모양 선을 따라 자른다.

③ 선을 따라 자른 모양 종이를 마분지(500g) 또는 P.P 필름(500mic) 위에 올려놓고 유성펜을 이용하여 모양을 본뜬다.

④ 모양을 본 뜬 마분지 또는 P.P 필름을 선을 따라 자른다.

⑤ 모양 본이 뾰족한 경우 어린이에게 제공하기 전에 모양 본 사용 시 주의사항을 알려준다.

## CD-ROM 자료 사용 시 주의할 점

CD-ROM 자료 사용은 다음의 규정에 따릅니다.

1. CD-ROM에 실린 자료는 계약을 통해 허용한 경우를 제외하고 어떠한 부분도 출판물로 다시 만들거나 데이터로 저장될 수 없습니다. 또 서면 허가 없이는 어떤 방법으로나 형식으로도 다른 곳에 인용될 수 없으며 이에 대한 문의는 출판사로 연락하시기 바랍니다.
2. CD-ROM의 자료 사용은 교육 기관 및 가정의 교육 활동 내에서 허용됩니다.
3. CD-ROM의 자료는 판매하거나 대여하지 못합니다.

## 책 만들기 강좌 및 재료 구입 안내

「책 만들기를 통한 문해 활동 전문가과정」의 차시별 교육내용, 책 만들기에 필요한 지류, 접착 주머니, 투명 CD 구입에 따른 규격 및 단가표, 색상표, 재료 구입 신청서 그리고 신청 방법에 대한 구체적 안내문은 CD-ROM에 소개되어 있으므로 이를 참고하시기 바랍니다.

## 작품의 무단 복제 및 전제 금지

최유경유아놀이교육연구소 책 만들기 시리즈 ④

문학적 수준으로의 읽기와 쓰기를 위한 예술가로의 첫 발

**책 만들기를 통한 창의적 언어교육Ⅳ**

**FOR CD, PORKET, ENVELOPE & STAPLER BOOKS**

초판 1쇄 인쇄 2007년 11월
초판 1쇄 발행 2007년 11월

저 자 최 유 경
발 행 인 최 유 경
발 행 처 WOWPLAY
디자이너 이 홍
CD 제작 (주)CHAMP
인 쇄 성인문화사

주 소 467-861 경기도 이천시 부발읍 응암리 290-25
전 화 031. 635. 4993
F A X 031. 635. 4997
Home-page http://www.wowplay.org
E-mail wowplay@wowplay.org
등 록 2005. 1. 26. 제 303-2005-00004호

I S B N 978-89-91911-08-6 98370(세트)
978-89-91911-06-3 98370

I S B N (CD-ROM)
978-89-91911-08-6 98370(세트)
978-89-91911-10-9 98370

값 1세트(CD 1매 포함) 32,000원

# CHAPTER 1

## CD와 CD 케이스를 활용한 문해 활동

**Literacy Activities through CD & CD Case Books**

- 도넛카드
- 모자이크 아트 Ⅰ
- 모자이크 아트 Ⅱ
- 주머니 그림책
- 벽걸이 그림책

# 도넛카드

THE CIRCLE CHRISTMAS. 2005. 120㎜×120㎜.

## 활용 도서

- 말라 프레이지(2005). 산타할아버지는 세계 제일의 장난감 전문가. 넥서스주니어.

## 참고 도서

- 디디에 레비(2002). 산타할아버지의 비밀일기. 다슬.
- 레이먼드 브릭스(1995). 산타할아버지. 비룡소.
- 레이먼드 브릭스(1995). 산타할아버지의 휴가. 비룡소.
- 멜라니 월시(2006). 호호 기쁜 선물. 시공주니어.
- 빌 할리(2006). 산타할아버지, 안녕하세요? 큰북작은북.
- 샤비네 쿨러만(2005). 산타클로스는 몇 명일까? MEDIA2.0.
- 샌디 터너(2001). 멍멍 컹컹 산타 월월 클로스. 교학사.
- 아테네 랑엔(1999). 산타클로스를 만난 펠릭스. 아가월드.
- 알레스 쌍테르(2002). 산타할아버지는 어디로. 파랑새어린이.
- 에르빈 슈트리트마터(2007). 다락방에 사는 산타할아버지. 마루벌.
- 카노 준코(1999). 있잖아요, 산타마을에서는요…. 길벗어린이.
- 칼 노락(2001). 산타클로스의 비밀편지. 크레용하우스.
- 클레멘트 무어 글 · 엔 이본느 길버트 그림(2003). 산타클로스를 처음 만난 크리스마스이브. 종이나라.
- 편집부(2006). 내가 만드는 크리스마스트리. 코북.
- 한일(1997). 산타클로스 할아버지는 정말 계실까요? 한국산업훈련연구소.

## 생각 모으기

**Q.** CD를 이용하여 할 수 있는 문해 활동을 생각하고 적어보세요.

**A.**

**Q.** CD의 인쇄된 앞면이나 뒷면을 활용할 수 있는 방법을 생각하고 적어보세요.

**A.**

**Q.** CD의 구멍을 이용하여 끈을 걸거나 묶을 수 있는 다양한 방법을 생각하고 적어보세요.

**A.**

**Q.** CD를 전시할 수 있는 다양한 방법을 생각하고 적어보세요.

**A.**



## 자료 준비하기

- 수업용 도넛카드를 준비한다.
- 폐 CD 또는 투명 CD 여러 매와 Formtec Label 3642 라벨을 여러 매 준비한다.
- 산타마을 주소 라벨 3105(CD-ROM)를 Formtec Label 3105 라벨용지에 출력한다.

## 도구 준비하기

- 연필
- 색연필
- 사인펜
- 유성매직
- 유성펜
- 색종이
- 풀
- 가위
- 본드
- 본드판
- 핑킹가위
- 모양 펀치
- 면봉
- 팬시 라벨
- 색끈
- 팬시 도장
- 장식 재료
- 팬시 스티커
- 폼폼
- 낚시 줄
- CD용 에어봉투
- 플라스틱 색깔 CD 케이스
- 컬러 스탬프 패드

허채영(만 9세). 120㎜×120㎜.

## 그림책 소개하고 생각 모으기

- 그림책을 소개하고 이야기를 들려준다.
- 그림책의 이야기를 들려주고 책의 앞표지부터 한 장씩 넘겨가며 줄거리를 회상하고 이야기와 관련된 경험과 생각을 모은다.

**Q.** 이 책의 제목은 무엇이니?

**Q.** 산타할아버지는 어떤 일들을 하시니?

**Q.** 직접 만나지 못하는 어린이들을 위해 산타할아버지는 어떤 생각을 하셨니?

**Q.** 산타할아버지는 왜 세계 제일의 장난감 전문가일까?

**Q.** 세계 제일의 장난감 전문가인 산타할아버지는 어떤 방법으로 어린이들에게 줄 선물을 고르시니?

**Q.** 산타할아버지는 어떤 장난감들을 갖고 계실까?

**Q.** 산타할아버지는 세계의 많은 어린이들이 갖고 싶어 하는 선물을 어떻게 아셨을까?

**Q.** 산타할아버지는 어떤 선물을 갖고 싶어 하셨니?

**Q.** 왜 자전거를 갖고 싶어 하셨을까?
**Q.** 그럼, 산타할아버지께 자전거를 선물한 사람은 누구일까?
**Q.** 너희들은 산타할아버지께 어떤 선물을 받고 싶니?
**Q.** 산타할아버지께서는 내가 원하는 선물을 갖고 계실까?
**Q.** 만약 산타할아버지께서 내가 원하는 선물을 주지 않으신다면 왜 그럴까?
**Q.** 산타할아버지께 내가 원하는 크리스마스 선물을 받으려면 어떻게 해야 할까?
**Q.** 내가 받고 싶은 선물을 산타할아버지께 알려드릴 수 있는 방법은 무엇일까?
**Q.** 산타할아버지는 어디에 사실까?
**Q.** 산타할아버지가 사시는 곳의 주소는 어떻게 알아볼 수 있을까?
**Q.** 내가 만든 카드는 산타할아버지께 어떻게 보낼 수 있을까?

## 도넛카드 소개하고 생각 모으기

- 수업용 도넛카드를 소개하고 어떻게 만들고 무엇을 표현하게 될지 이야기 나눈다.

**Q.** 이것은 무엇일까?
**Q.** CD 모양을 보면 무엇이 생각나니?
**Q.** CD에 무엇이 붙여져 있니?
**Q.** CD 라벨을 붙인 CD를 이용하여 무엇을 할 수 있을까?
**Q.** CD를 이용하여 카드를 만들면 카드 이름을 무엇이라고 지을 수 있을까?
**Q.** 도넛카드를 이용하여 크리스마스카드를 만든다면 어떤 이야기를 담을 수 있을까?
**Q.** 산타할아버지께 카드 또는 편지를 보낸 적이 있니?
**Q.** 산타할아버지께 보내는 크리스마스카드에 어떤 이야기를 쓰고 싶니?
**Q.** 도넛카드의 앞면과 뒷면을 어떻게 꾸미면 좋을까?
**Q.** 산타클로스 할아버지께 크리스마스 도넛카드를 보내려면 어떻게 해야 할까?
**Q.** 우리가 만든 도넛카드를 다함께 보낼 수 있는 방법은 무엇일까?
**Q.** 도넛카드를 도넛 책으로 만들려면 어떻게 해야 할까?
**Q.** 도넛 책을 보면 무엇이 생각나니?
**Q.** 도넛 책에 새로운 이름을 짓는다면 무엇이라고 부를 수 있을까?
**Q.** 집에 있는 CD를 이용하여 도넛카드나 도넛 책을 만들고 싶을 때 생각해야 할 점은 무엇일까?

## 도넛카드 만들기

**① 폐 CD 또는 투명 CD 앞면에 Formtec Label 3642 라벨 붙이기**

- 사용하지 않는 CD 또는 투명 CD 앞면에 Formtec Label 3642 라벨을 1매씩 떼어 붙인다.
- 어린이 스스로 라벨의 중심을 맞추어 붙이기 어려워하는 경우 CD 앞면에 라벨을 부착하여 제공한다.
- CD의 양면을 활용하는 경우 CD 앞뒷면에 각각 라벨을 부착하여 사용한다.
- 투명 CD의 경우 라벨을 붙이지 않고 유성펜을 이용하여 직접 그림과 글을 담으면 독특한 시각적 효과를 나타낼 수 있다.
- 투명 CD는 「최유경유아놀이교육연구소」에서 판매되고 있으므로 이를 구입하여 사용한다(CD-ROM 참조).

② CD 앞면 꾸미기

- 라벨을 붙인 CD 앞면에 산타할아버지께 받고 선물이 무엇인지, 왜 그 선물을 받고 싶은지, 지난 1년 동안 어떤 착한 일을 했는지, 앞으로 어떤 착한 일을 계획하고 있는지 등에 대하여 적고 받고 싶은 선물을 그리거나 다양한 재료를 사용하여 아름답게 꾸민다.
- 어린이 스스로 글을 쓰기 어려운 경우 받고 싶은 선물을 그림으로 그리도록 지도한다.
- 그림의 형태가 불분명할 수 있으므로 받고 싶은 선물의 이름과 이유를 교사가 받아 적어준다.

③ CD 뒷면 꾸미기

- CD 뒷면에 Formtec Label 3642 라벨이나 적당한 크기의 팬시 라벨을 붙이고 그 위에 이름을 적는다.
- 표현할 내용이 많은 경우 뒷면에도 이야기를 쓰고 그림을 그리거나 다양한 재료를 사용하여 꾸민다.

④ 도넛카드 소개하고 감상하기

- 산타할아버지께 어떤 선물을 받고 싶다고 이야기 했는지 소개한다.
- 왜 그 선물을 받고 싶은지, 지난 1년 동안 어떤 착한 일을 했는지, 원하는 선물을 받으면 무엇을 하고 싶은지 등에 대하여 이야기 나눈다.
- 산타할아버지께 받고 싶은 선물이나 이야기가 독특하거나 재미있는 도넛카드를 알아본다.
- 도넛카드를 아름답게 꾸미거나 CD 앞뒷면을 전체적으로 활용하여 꾸민 카드를 알아본다.

⑤ 도넛카드 포장하기

- 완성한 도넛카드를 개별적으로 발송하는 경우, 다양한 색깔의 플라스틱 CD 케이스에 넣고 CD용 에어봉투에 담아서 발송해야 파손의 위험이 없고 카드로서의 아름다움이 돋보인다.
- 학급 어린이들의 전체 작품을 함께 엮는 경우 별도의 도넛카드를 준비하여 앞면에 제목과 학급 명을 적고 뒷면에 함께 한 어린이들의 이름을 자유롭게 적도록 지도한다.
- 완성한 표지 도넛카드를 앞면에 놓고 어린이들이 완성한 도넛카드를 차례로 모아 가운데 구멍을 통해 크리스마스에 어울리는 끈을 끼우고 매듭짓는다.
- 끈으로 연결하는 경우 끈의 길이는 도넛카드를 넘겨가며 읽을 수 있을 만큼 길게 잘라서 사용한다.

⑥ 도넛카드 발송하기(우편 발송시)

- CD용 에어봉투 앞면에 보내는 사람과 받는 사람의 주소를 적고 완성한 도넛카드를 넣어 봉한다.
- 도넛카드는 우편 포장하여 어린이의 가정이나 산타마을로 발송하거나 활동내용에 따라 그림책의 저자 또는 출판사로 보낸다.
- 산타마을의 주소는 **「Santa Claus Santapark Post Office 96930 Arctic Circle Suomi Finland」**라고 반드시 영문으로 적어야 핀란드의 산타마을로 배송되며 보내는 곳의 주소는 한글로 적어도 무방하다.
- 산타마을에 대한 다양한 정보와 자료는 **www.santapark.com**을 통해 알아볼 수 있다.
- 어린이 스스로 주소 쓰기가 어려운 경우 산타마을 주소 라벨 3105를 Formtec Label 3105 라벨을 제공하여 붙이도록 지도하고 보내는 곳의 주소와 이름을 기재해준다.
- 도넛카드를 우편 발송하는 경우 어린이와 함께 우체국으로 가서 스스로 무게를 재고 우표 또는 우편요금 스티커를 붙이는 과정을 경험하도록 지도한다.
- 어린이들과 우체국을 방문하는 경우 사전에 해당 우체국에 협조 공문을 발송하여 양해를 구하고 우체국에서 경험하게 될 상황과 공공시설에서의 예절에 대하여 충분한 이야기를 나눈 후 방문한다.
- 산타할아버지께 보내는 도넛카드를 가정으로 발송하는 경우 안내문을 통해 사전에 이에 대한 행사일정을 알리고 부모님 명의로 발송함으로써 어린이의 눈에 띄거나 자녀가 개봉하지 않도록 유의한다.

❶ CD 앞면에 Formtec Label 3642 라벨 붙이기

❷ CD 구멍을 통해 색 끈 끼워 엮기

❸ 플라스틱 CD 케이스에 완성한 CD를 넣고 CD용 에어봉투에 포장하기

⑦ 도넛카드 확장 활동 및 전시하기

- 도넛카드는 크리스마스뿐만 아니라 Valentine Day, 어린이날, 어버이날, 스승의 날, 입학식, 졸업식, 학급이나 기관의 각종 행사 때 주제에 따라 만들어 천정이나 벽면 또는 나무에 걸어서 장식한다.
- 도넛카드를 천정에 전시할 때 낚시줄의 길이를 다양하게 조절하여 도넛카드 걸어주고 벽면에 부착하는 경우 낚시줄을 사용하지 않고 벨크로테이프를 이용하여 높낮이를 다양하게 부착하면 전시효과가 높다.

### 경험 나누기

- 크리스마스가 지난 후 함께 모이는 시간에 크리스마스 선물로 무엇을 받았는지 소개한다.
- 산타할아버지께 받고 싶었던 선물과 같은 선물을 받았는지 또는 다른 선물을 받았는지 이야기 나눈다.
- 다른 선물을 받은 경우 왜 그 선물을 주셨을지 그 이유에 대하여 알아본다.
- 산타할아버지께 답장을 받은 친구가 있는지 알아본다.
- 산타할아버지께서 보내신 답장에 어떤 이야기가 쓰여 있는지 소개한다.
- 산타할아버지께 받은 크리스마스 선물 목록표를 만들어 전시한다.
- 내년 크리스마스가 다가오면 어떤 선물을 받고 싶은지 알아본다.
- 내년에 그 선물을 받기 위해서 해야 할 일이 무엇인지 생각을 모은다.
- 도넛카드를 만들면서 어렵거나 힘들었던 점이 있었는지 이야기 나눈다.
- 도넛카드를 이용하여 할 수 있는 새로운 활동에 대하여 알아본다.

# Gallery

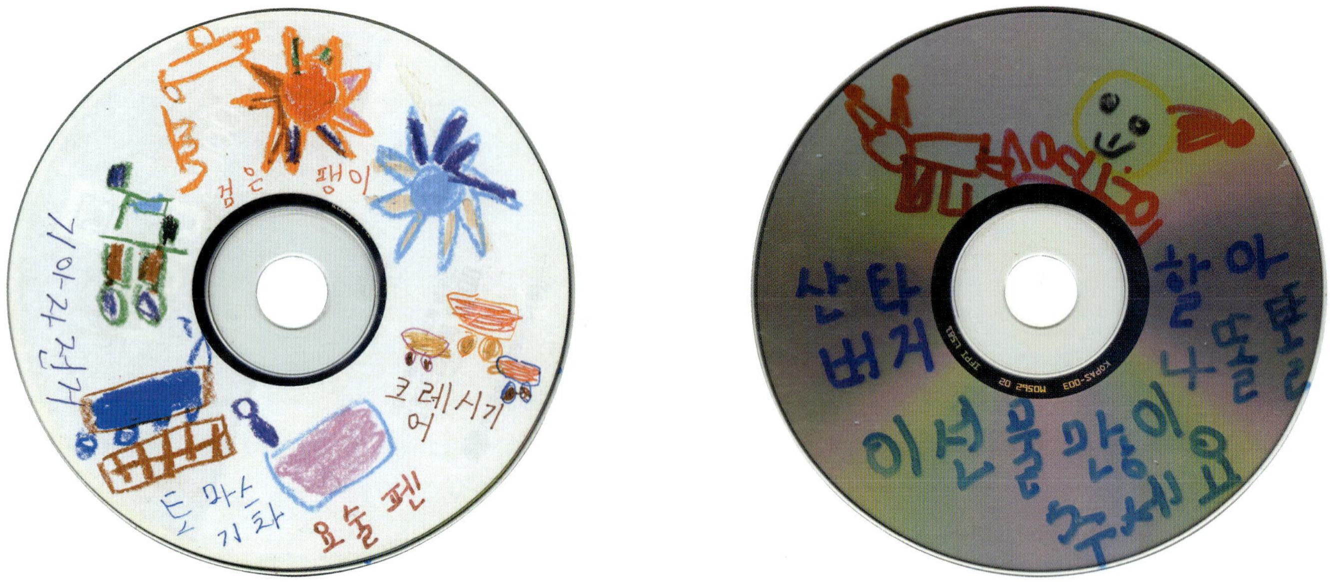

똘똘이

김주영1

작자 미상

정승환

진예진

작자 미상

최여진

# 모자이크 아트 I

권혁민 · 김재희 · 전 진 · 여승엽 · 황태랑 · 이유진 · 나지원 · 유승원(만 4세). 나비. 125㎜×140㎜.

## 활용도서

- 이동진(2001). 노랑나비 내 친구. 산하.

## 참고도서

- 사라 파넬리(2004). 날고 싶어. 보림.
- 수 언스테드(2006). 아름다운 나비 이야기. 삐아제어린이.
- 수 언스테드(2006). 아름다운 딱정벌레 이야기. 삐아제어린이.
- 에릭 칼(2005). 퉁명스러운 무당벌레. CM베이비.
- 이엘라 마리 · 엔조 마리(1996). 사과와 나비. 보림.

## 생각 모으기

**Q.** CD를 이용하여 할 수 있는 조형미술 활동을 생각하고 적어보세요.

**A.**

**Q.** 색종이 접기를 활용하여 CD를 꾸밀 수 있는 다양한 방법을 생각하고 적어보세요.

**A.**

**Q.** CD를 CD 케이스에 넣어서 전시할 수 있는 방법을 생각하고 적어보세요.

**A.**

**Q.** CD 모자이크 활동에 적합한 색종이 접기를 생각하고 적어보세요.

**A.**

**Q.** CD 모자이크 활동 시 고려해야 할 점은 무엇일까요?

**A.**

## 자료 준비하기

- 수업용 색종이 접기 CD 액자를 제작한다.
- 그림책이나 활동 주제에 따라 색종이 접기 순서도를 제작하여 준비한다.
- 폐 CD 또는 투명 CD 여러 매, Formtec Label 3642 라벨 여러 매, 플라스틱 색깔 CD 케이스 여러 매를 준비한다.
- Formtec Label 3621 · 3623 라벨을 여러 매 준비한다.
- 판권면 라벨 3105(CD-ROM)을 Formtec Label 3105 라벨용지에 출력한다.

## 도구 준비하기

- 연필
- 색연필
- 사인펜
- 유성매직
- 유성펜
- 색종이
- 풀
- 가위
- 핑킹가위
- 양면테이프
- 모양 펀치
- 본드
- 본드판
- 면봉
- 팬시 도장
- 팬시 스티커
- 팬시 라벨
- 장식 재료
- 글루건
- 부직포
- 아크릴 보드
- 컬러 스탬프 패드
- 벨크로 테이프

## 그림책 읽고 생각 모으기

- 그림책을 소개하고 이야기를 들려준다.
- 그림책의 이야기를 들려주고 책의 앞표지부터 한 장씩 넘겨가며 줄거리를 회상하고 이야기와 관련된 경험과 생각을 모은다.

**Q.** 노랑나비가 만난 친구들은 누구누구였니?

**Q.** 노랑나비가 찾는 친구는 누구일까?

**Q.** 회오리바람이 노랑나비를 데려다 준 곳은 어디니?

**Q.** 노랑나비는 회오리바람이 데려다 준 곳에서 무엇을 보았니?

**Q.** 노랑나비가 찾은 친구들은 누구였니?

**Q.** 친구들을 만난 노랑나비의 마음은 어땠을까?

**Q.** 친구들을 찾은 노랑나비는 어떤 놀이를 하고 지낼까?

**Q.** 만약 너희가 나비가 된다면 어떤 색깔의 나비가 되고 싶니?

**Q.** 왜 그 색깔의 나비가 되고 싶니?

**Q.** 나비가 된다면 어떤 친구들을 만나서 무엇을 하고 싶니?

## 색종이 접기 CD 액자 생각 모으기

- 수업용 색종이 접기 CD 액자를 소개하고 만드는 방법과 표현 내용에 대하여 알아본다.

**Q.** 이것은 무엇일까?

**Q.** CD를 이용하여 무엇을 할 수 있을까?

**Q.** CD에 그림책의 이야기를 어떻게 담을 수 있을까?

**Q.** 그림책 속 나비를 CD 위에 어떤 방법으로 꾸며줄 수 있을까?

**Q.** 색종이로 나비를 접어서 그림책 속 이야기를 꾸미려면 어떻게 해야 할까?

**Q.** CD 위에 색종이를 접어서 붙이려면 무엇을 사용해야 할까?

**Q.** CD 위에 색종이를 접어 붙일 때 어떤 점을 주의해야 할까?
**Q.** 색종이를 접어 붙인 CD를 보다 아름답게 만들려면 어떻게 꾸밀 수 있을까?
**Q.** 색종이를 접어 붙인 CD에 글을 쓰려면 어떻게 해야 할까?
**Q.** 색종이를 접어 꾸민 CD를 케이스에 넣으면 무엇처럼 보이니?
**Q.** CD 액자는 어떤 방법으로 전시할 수 있을까?
**Q.** CD 액자들을 연결하여 만든 작품을 무엇이라고 부를 수 있을까?
**Q.** 내가 만든 CD 액자에 제목과 지은이는 어떻게 나타낼 수 있을까?
**Q.** 벽면에 CD 액자를 붙이려면 어떻게 해야 할까?

## 색종이 접기 CD 액자 만들기

① 폐 CD 또는 투명 CD 앞면에 Formtec Label 3642 라벨 붙이기

- 사용하지 않는 CD 또는 투명 CD 앞면에 Formtec Label 3642 라벨을 1매씩 떼어 붙인다.
- 투명 CD는 라벨을 붙이지 않고 직접 색종이를 접어 붙이거나 그림을 그려 꾸미면 독특한 시각적 효과를 나타낼 수 있다.
- 투명 CD는 「최유경유아놀이교육연구소」에서 판매되고 있으므로 이를 구입하여 사용한다(CD-ROM 참조).

② CD 앞면 꾸미기

- 라벨을 붙인 면에 다양한 재료를 사용하여 나비의 친구, 나비가 좋아하는 것, 나비와 함께 볼 수 있는 것, 내가 나비라면 만나고 싶은 친구, 나비가 되어 하고 싶은 것 등을 자유롭게 그려서 꾸민다.
- 학급 전체 어린이들이 그림책의 내용에 따라 원하는 면을 선택하여 이야기를 적고 색종이를 접어 붙여서 한 권의 색종이 접기 이야기책을 만들도록 할 수 있다.



③ 나비 색종이 접어 붙이기

- 그림을 그린 CD 앞면에 원하는 색깔과 크기의 색종이를 선택하고 원하는 모양의 나비를 접어 양면테이프 또는 풀을 이용하여 붙이고 필요한 경우 여백에 이야기를 적는다.
- 활용도서와 활동 주제 또는 어린이의 발달수준에 따라 '나비' 외에 원하는 형태의 색종이 접기 작품이나 스스로 접기에 적합한 색종이 접기를 선택하여 활동한다.
- 색종이는 일반적으로 사용하는 크기(150㎜×150㎜)인 경우 접는 형태에 따라 CD 밖으로 튀어나올 수 있으므로 시중에서 판매되는 중형 또는 소형 색종이를 준비하거나 일반 색종이를 적당한 크기로 잘라서 제공한다.

④ CD 뒷면 꾸미기

- 작품에 대한 제목이나 이야기를 생각하고 CD 뒷면에 제목, 작품에 대한 설명이나 이야기 그리고 지은이를 적는다.
- 판권면 라벨 3105(CD-ROM) 라벨을 이용하여 판권면을 꾸미고 CD 뒷면에 붙이도록 할 수 있다.

⑤ CD 케이스에 끼우기

- 색종이를 접어 꾸민 CD를 원하는 색깔의 플라스틱 CD 케이스에 넣는다.
- Formtec Label 3621 또는 3623 라벨이나 팬시 라벨에 지은이와 제목을 쓰고 CD 케이스 앞면에 붙인다.

⑥ CD 액자 소개하기

- CD에 나비의 어떤 모습과 이야기를 표현했는지 소개한다.
- CD 액자의 색종이 접기 작품과 이야기가 아름답거나 시적인 작품을 알아본다.

⑦ CD 액자로 모자이크 만들기

- 벽면에 아크릴 보드 또는 하얀색 부직포를 붙이고 CD 케이스 뒷면에 벨크로테이프(까끌이)를 붙이거나 글루건을 이용하여 부직포 또는 아크릴 보드 위에 부착한다.
- 벽면 전체를 전시 공간으로 꾸미는 경우 벽면에 아크릴 보드를 견고하게 부착하고 투명 실리콘을 이용하여 다양한 색깔의 플라스틱 CD 케이스를 반영구적으로 사용할 수 있도록 부착하는 것이 적절하다.

## 감상하기

- 나비 색종이 접기 CD 모자이크를 감상하고 떠오르는 생각을 이야기 나눈다.
- 나비 외에 CD 액자에 접어 붙일 수 있는 다양한 색종이 접기를 알아본다.
- 색종이 접기 외에 CD 액자를 꾸밀 수 있는 조형 미술 활동에 대하여 이야기 나눈다.
- 나비를 접어 CD 액자를 만들면서 어렵거나 힘든 점이 있었는지 이야기 나눈다.
- CD 액자를 벽면에 붙여 구성할 수 있는 다양한 형태에 대하여 알아본다.
- CD 모자이크 활동 시 CD 외에 액자를 만들 때 활용할 수 있는 다양한 재료에 대하여 생각한다.
- CD를 CD 케이스 외에 전시할 수 있는 새로운 방법에 대하여 생각을 모은다.

**손동우 · 김다인 · 송현규 · 남하연 · 왕수진 · 정건호 · 최원준 · 최원희 · 작자 미상(만 4 · 5세). 그림 놀이터. 125㎜×140㎜.**

# 모자이크 아트 Ⅱ

황태랑 · 김재희 · 권혁민 · 이유진 · 여승엽 · 권혁민 · 전 진 · 나지원(만 4세). 아트 Ⅰ. 125㎜×140㎜.

## 활용도서

- 에바 헬러(2004). 감자야, 그림 그리자. 달리.

## 참고도서

- 루시 믹클레스웨이트(2006). 색깔. 토마토하우스.
- 손정미(2004). 미술아, 놀자. 한울림.
- 안 포르슬린드(2004). 무엇으로 그릴까? 비룡소.
- 편집부(2006). 빙글빙글 그리는 책. 삼성출판사.
- 편집부(2006). 엄마랑 그리는 책. 삼성출판사.

## 생각 모으기

**Q.** 플라스틱 CD 케이스에 넣을 수 있는 종이 규격을 재서 적어보세요.

**A.**

**Q.** CD 카드를 이용하여 할 수 있는 조형미술 활동을 생각하고 적어보세요.

**A.**

**Q.** 플라스틱 CD 케이스에 카드를 이용하여 조형미술 활동 시 고려해야 할 점을 생각하고 적어보세요.

**A.**

## 자료 준비하기

- 수업용 CD 카드 액자를 제작한다.
- 그림책이나 활동 주제에 따라 조형미술 작품을 제작하여 준비한다.
- 카드 120㎜×120㎜ 여러 매와 플라스틱 색깔 CD 케이스 여러 매를 준비한다.
- Formtec Label 3621 또는 3623 여러 매를 준비한다.
- 판권면 라벨 3105 · 3108(CD-ROM)을 Formtec Label 3105 · 3108 라벨용지에 출력한다.

## 도구 준비하기

- 연필
- 색연필
- 사인펜
- 유성매직
- 유성펜
- 색종이
- 풀
- 가위
- 핑킹가위
- 양면테이프
- 모양 펀치
- 팬시 도장
- 팬시 스티커
- 팬시 라벨
- 본드
- 본드판
- 면봉
- 장식 재료
- 물감
- 붓
- 물통
- 접시
- 물걸레
- 비닐매트
- 분무기
- 건조대
- 집게
- 원형 커터
- 글루건
- 부직포
- 벨크로 테이프
- 아크릴 보드
- 컬러 스탬프 패드

## 그림책 읽고 생각 모으기

- 그림책을 소개하고 이야기를 들려준다.
- 그림책의 이야기를 들려주고 앞표지부터 한 장씩 넘겨가며 책에 실린 작품을 감상하고 내용과 표현 방법에 대하여 이야기 나눈다.

**Q.** 이 그림책의 제목은 무엇이니?

**Q.** 이 그림책은 무엇을 이용하여 그림을 그렸니?

**Q.** 감자 그림을 그릴 때 필요한 것들은 무엇이니?

**Q.** 감자를 어떻게 만들어 그림을 그렸을까?

**Q.** 감자를 이용하여 무엇을 그렸니?

**Q.** 마음에 드는 감자 그림은 무엇이니?

**Q.** 동그라미, 세모, 네모, 막대 모양 감자로 무엇을 그리고 싶니?

**Q.** 감자 그림을 그릴 때 주의해야 할 점은 무엇일까?

**Q.** 그림을 그릴 때 감자 외에 어떤 야채나 물건을 이용할 수 있을까?

- 그림책을 활용하여 활동하지 않는 경우 다양한 방식의 조형미술 활동을 차례로 소개하고 표현 방법에 대하여 이야기 나눈다.

## CD 카드 액자 소개하고 생각 모으기

- 수업용 CD 카드 액자를 소개하고 만드는 방법에 대하여 알아본다.

**Q.** CD 케이스 안에 무엇이 들어있니?

**Q.** CD 케이스 안에 카드를 어떻게 넣었을까?

**Q.** CD 케이스 안에 그림 카드를 넣으면 어떤 느낌이 들까?

**Q.** 물감을 이용하여 어떤 그림을 그릴 수 있을까?

**Q.** 카드에 물감으로 어떤 그림을 그리고 싶니?

**Q.** 물감 작업을 할 때 주의해야 할 점은 무엇일까?

**Q.** 물감으로 그린 그림을 꾸밀 수 있는 방법은 무엇일까?

**Q.** 물감 그림에 꾸미기를 하려면 어떻게 해야 할까?

**Q.** 왜 물감이 마르고 난 후에 꾸미기를 해야 할까?
**Q.** 물감 그림 카드에 제목이나 작품에 대한 이야기를 적으려면 어떻게 해야 할까?
**Q.** 제목이나 작품 설명을 적을 때 이용할 수 있는 것에는 무엇이 있을까?

## CD 카드 액자 만들기

① 조형미술 활동 방법 소개하기

- 준비된 자료와 재료를 소개하고 활동 방법에 대하여 이야기 나눈다.
- 모자이크 아트 Ⅱ에 활용하는 조형미술 활동은 활용도서에 소개된 감자 그림 외에 교육 단원이나 주제에 따라 적절한 방법을 선정하여 다양하게 소개한다.

  예) 야채 도장 찍기, 물감 번지기, 물감 불기, 면봉 그림, 데칼코마니, 물감 혼합하기, 물감 흘리기, 종이 구겨 물감 찍기, 점 그림, 선 그림, 베껴 그리기, 색종이로 구성하기, 지문 그림, 입술 그림, 실 그림, 꼴라쥬, 종이 찢어 붙이기, 스크래치, 색종이 접어 붙이기, 스티커 그림, 먹물 그림, 마블링, 촛농 그림, 표백제 그림 등

② 조형미술 활동하기

- 카드 뒷면에 이름을 적거나 판권면 라벨, 팬시 라벨 또는 조각 종이를 붙이고 이름과 날짜를 적는다.
- 활동이 끝난 뒤 이름과 날짜를 적은 라벨의 상단이나 하단에 제목을 적도록 할 수 있다.
- 사용하는 자료 및 재료의 특성에 따라 활동방법 및 주의사항에 대하여 충분한 설명과 이야기를 나눈 후 물감 그림 활동을 진행한다.
- 소개된 조형미술 활동이나 원하는 방법으로 카드에 물감 그림을 그리거나 구성한다.
- 여러 매의 카드를 제공하고 한 가지 방법의 조형미술 활동을 다양한 형태로 표현하거나 구성하도록 지도한다.
- 물감 활동이 끝난 카드는 건조대에 걸어서 말린다.
- 물감이 마르면 카드의 구김이 펼쳐지도록 두꺼운 책이나 물건으로 눌러놓는다.

③ 그림 카드 탐색하고 꾸미기

- 물감이 마른 카드의 그림 형태 및 모양을 탐색하고 생각나는 것, 나타낼 수 있는 것, 표현하고 싶은 것 등에 대하여 탐색하고 이야기 나눈다.
- 물감 그림에 크레파스, 색연필 또는 사인펜 등을 이용하여 덧그리거나 다양한 재료를 이용하여 꾸민다.

④ 제목 및 이야기 적기

- 완성된 작품을 감상하고 제목을 짓는다.
- 팬시 라벨 또는 조각 종이에 제목이나 작품에 대한 이야기를 적고 카드 뒷면에 붙인다.
- 카드 뒷면이 물감 작업으로 지저분한 경우 같은 크기의 카드를 1매 준비하여 제목, 이야기, 이름, 날짜 등을 적고 완성한 물감 그림 카드 뒷면에 풀칠하여 붙인다.
- 판권면 라벨 3105 · 3108(CD-ROM) 라벨이나 팬시 라벨을 사용하여 카드 뒷면을 꾸미도록 할 수 있다.

⑤ CD 케이스에 그림 카드 끼우기

- 완성한 작품 카드를 플라스틱 색깔 CD 케이스에 끼워 넣는다.
- 필요한 경우 교사가 Formtec Label 3621 또는 3623 라벨에 지은이와 제목을 인쇄하여 출력하고 CD 케이스 앞면에 붙여준다.
- 어린이 개개인의 전시 공간을 마련하여 활동을 진행하는 경우 일주일 또는 한 달 간에 걸쳐 다양한 방법의 조형 미술 활동을 꾸준히 진행하고 작품을 차례로 끼워서 모자이크 아트를 완성하도록 지도한다.

⑥ CD 카드 액자 소개하기

- 어떤 방법으로 물감 그림을 그렸는지 소개한다.
- 제목과 표현 내용에 대하여 소개하고 감상 소감을 나눈다.
- 물감 그림 표현이 독특하거나 아름다운 작품을 알아본다.
- 재미있거나 흥미있는 조형미술 표현 방법에 대하여 이야기 나눈다.

⑦ CD 카드 액자로 모자이크 만들기

- 완성한 카드를 벽면에 부착한 플라스틱 색깔 CD 케이스에 끼워 넣거나 CD 케이스 뒷면에 벨크로테이프나 글루건을 이용하여 벽면에 부착한다.

## 감상하기

- 물감 그림 CD 모자이크를 감상하고 떠오르는 생각을 이야기 나누다.
- CD를 사용하여 만든 모자이크와 카드를 이용하여 만든 모자이크 작품의 차이가 무엇인지 그리고 느낌은 어떻게 다른지 이야기 나눈다.
- 카드에 물감 그림 외에 CD 액자를 이용하여 할 수 있는 새로운 활동에 대하여 알아본다.
- 플라스틱 CD 케이스에 넣는 카드의 다양한 형태에 대하여 알아본다.

황태랑 · 여승업 · 전 진 · 김재희 · 유승원 · 나지원 · 이유진(만 4세). 아트 Ⅱ. 125㎜×140㎜.

# 주머니 그림책

Remember the Christmas. 2007. 750㎜×165㎜ · 최유경. 2005. 900㎜×195㎜.

## 활용도서

- 이수지(2006). 움직이는 ㄱㄴㄷ. 천둥거인.

## 참고도서

- 김경미(2006). 동물친구 ㄱㄴㄷ. 웅진주니어.
- 박상철(2006). 고슴도치 ㄱㄴㄷ. 여우고개
- 박상철(2006). 과자 ㄱㄴㄷ. 여우고개
- 박은영(1997). 준영 ㄱㄴㄷ. 비룡소.
- 박은영(2007). 기차ㄱㄴㄷ. 비룡소.
- 이보나 흐미엘레프스카 그림 · 이지원 글(2005). 생각하는 ㄱㄴㄷ. 논장.
- 이억배(2005). 개구쟁이 ㄱㄴㄷ. 사계절.
- 이은경(2006). 동물 ㄱㄴㄷ. 배영교육.
- 허은미(2006). 말놀이나라 쫑쫑. 비룡소.

## 생각 모으기

**Q.** 병풍책 또는 깃발 병풍책에 CD를 붙일 수 있는 방법을 생각하고 적어보세요.

**A.**

**Q.** 병풍책 또는 깃발 병풍책에 CD와 CD 접착 주머니를 이용하여 할 수 있는 조형미술 활동과 문해 활동을 생각하고 적어보세요.

**A.**

**Q.** CD 접착 주머니를 이용하여 할 수 있는 말놀이를 생각하고 적어보세요.

**A.**

## 자료 준비하기

- 수업용 CD 접착 주머니 깃발 병풍책을 제작한다.
- 병풍 카드 600㎜×165㎜ 1매, 깃발 카드 150㎜×165㎜ 5매, 표지 카드 130㎜×145㎜ 2매, 다양한 크기의 낱말 카드 여러 매, CD 접착 주머니 5매를 준비한다.
- Formtec Label 3104 · 3621 라벨을 여러 매 준비한다.
- 말놀이 라벨 3621(CD-ROM)를 Formtec Label 3621 라벨용지에 출력한다.
- 자음 라벨 3110 · 모음 라벨 3110(CD-ROM)을 Formtec Label 3110 라벨용지에 출력한다.
- 말놀이 ㄱㄴㄷ 생각 모으기(CD-ROM)를 A4 복사용지에 출력한다.
- 판권면 라벨 3108 · 3114 · 3116(CD-ROM)을 Formtec Label 3108 · 3114 · 3116 라벨용지에 출력한다.

## 도구 준비하기

- 연필
- 색연필
- 사인펜
- 유성매직
- 유성펜
- 색종이
- 풀
- 가위
- 핑킹가위
- 모양 펀치
- 본드
- 본드판
- 본 폴더
- 자
- 자음 도장
- 팬시 도장
- 팬시 라벨
- 팬시 스티커
- 자음 스티커
- 장식 재료
- 컬러 스탬프 패드

강석환(만 5세). 한 단계씩 올라가는 나라. 600㎜×165㎜.

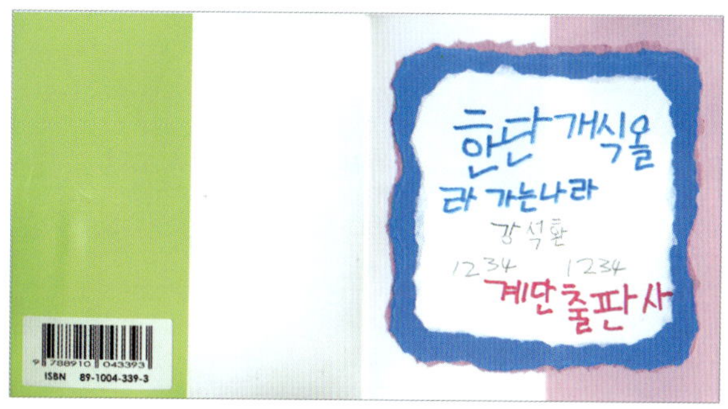

앞표지 · 뒷표지

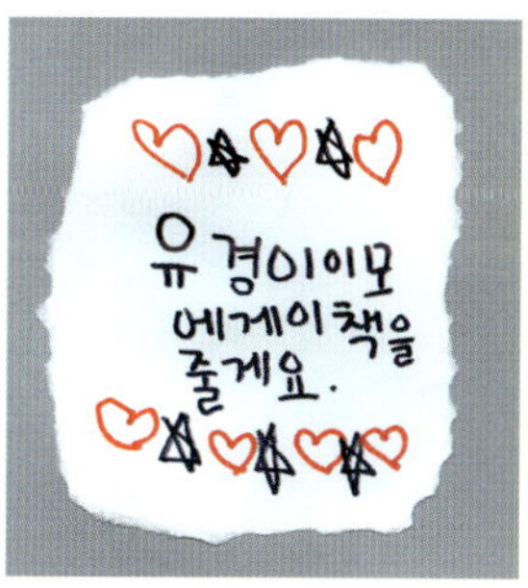

헌정사 (깃발병풍책 1면)

한 글자 낱말 (깃발 카드 1면)

두 글자 낱말 (깃발 카드 2면)

세 글자 낱말 (깃발 카드 3면)

네 글자 낱말 (깃발 카드 4면)

## 그림책 읽고 생각 모으기

- 그림책을 소개하고 이야기를 들려준다.
- 그림책의 이야기를 들려주고 앞표지부터 한 장씩 넘겨가며 책 속의 담긴 각 자음들과 관련된 낱말의 뜻과 표현방법에 대하여 이야기 나눈다.

**Q.** 이 그림책의 제목은 무엇이니?

**Q.** '움직인다'는 것은 어떤 뜻일까?

**Q.** 사물의 동작이나 작용을 나타내는 낱말을 다른 말(또는 어른이 사용하는 말)로 무엇이라고 부를까?

**Q.** 이 그림책은 다른 그림책과 어떤 점이 다르니?

**Q.** 이 그림책에 나오는 ㄱㄴㄷ 같은 것을 무엇이라고 할까?
**Q.** 움직이는 'ㄱ' 에는 무엇이 있었니?
**Q.** '가두다' 는 어떤 뜻일까?
**Q.** 너희가 '가두다' 를 그림으로 설명한다면 어떻게 표현하고 싶니?
**Q.** 그럼 '가두다' 외에 움직이는 'ㄱ' 에는 또 어떤 낱말이 있을까?
**Q.** 이 책에 소개된 움직이는 낱말 중에 마음에 드는 낱말은 무엇이니?
**Q.** 왜 그 낱말이 마음에 드니?
**Q.** 움직이는 ㄱㄴㄷ 외에 또 어떤 ㄱㄴㄷ을 만들 수 있을까?

## CD 접착 주머니 깃발 병풍책 소개하고 생각 모으기

- 수업용 CD 접착 주머니 깃발 병풍책을 소개하고 어떻게 꾸미고 무엇을 표현할 수 있는지 이야기 나눈다.

**Q.** 이 책은 어떤 점이 특별하니?
**Q.** 전에 만들었던 깃발 병풍책과 어떤 점이 다르니?
**Q.** 깃발 병풍책에 어떻게 비닐 주머니를 붙였을까?
**Q.** 비닐 주머니가 어떻게 생겼니?
**Q.** 비닐 주머니는 어떻게 사용하는 것일까?
**Q.** 이 책에는 몇 개의 주머니가 붙여져 있니?
**Q.** 각각의 주머니 속에 무엇을 넣을 수 있을까?
**Q.** CD 접착 주머니가 붙여진 깃발 병풍책의 이름은 무엇이라고 지을 수 있을까?
**Q.** 주머니 속에 내가 생각하거나 알고 있는 낱말을 모으려면 어떻게 해야 할까?
**Q.** 내가 생각한 ㄱㄴㄷ을 무엇에 적어서 주머니 속에 넣을 수 있을까?
**Q.** 각각의 주머니에 어떤 ㄱㄴㄷ을 적어서 넣고 싶니?
**Q.** 내가 생각한 ㄱㄴㄷ이 어떤 낱말인지 알려주려면 어떻게 해야 할까?
**Q.** 주머니 속 ㄱㄴㄷ의 제목은 책의 어느 부분에 표시해 주면 좋을까?
**Q.** 이 책의 앞표지와 뒷표지는 어떻게 꾸밀 수 있을까?

- '움직인다' 의 의미에 대하여 알아보고 ㄱ~ㅎ까지 각각의 자음으로 시작하는 다양한 의미의 동사에 대하여 생각을 모으고 말놀이 ㄱㄴㄷ 생각 모으기(CD-ROM) 활동지에 주제와 낱말을 적는다.

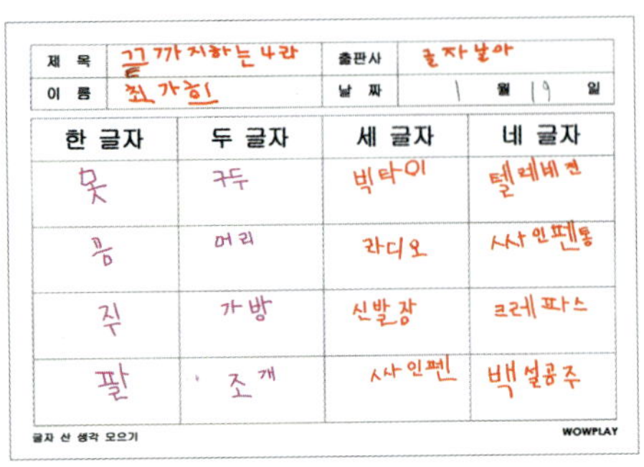

제목: 끝까지하는나라 / 출판사: 글자날아 / 이름: 최가희 / 날짜: 1월 19일

| 한 글자 | 두 글자 | 세 글자 | 네 글자 |
|---|---|---|---|
| 못 | 가두 | 빅타이 | 텔레비전 |
| 등 | 머리 | 라디오 | 사인펜들 |
| 직 | 가방 | 신발장 | 크레파스 |
| 팔 | 조개 | 사인펜 | 백설공주 |

글자 산 생각 모으기 WOWPLAY

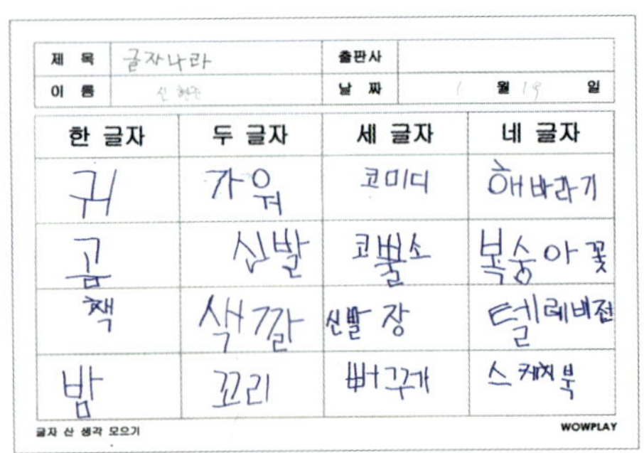

제목: 글자나라 / 출판사: / 날짜: 월 13 일

| 한 글자 | 두 글자 | 세 글자 | 네 글자 |
|---|---|---|---|
| 귀 | 가위 | 코미디 | 해바라기 |
| 곰 | 신발 | 코뿔소 | 복숭아꽃 |
| 책 | 색깔 | 신발장 | 텔레비전 |
| 밤 | 꼬리 | 뻐꾸기 | 스케치북 |

글자 산 생각 모으기 WOWPLAY

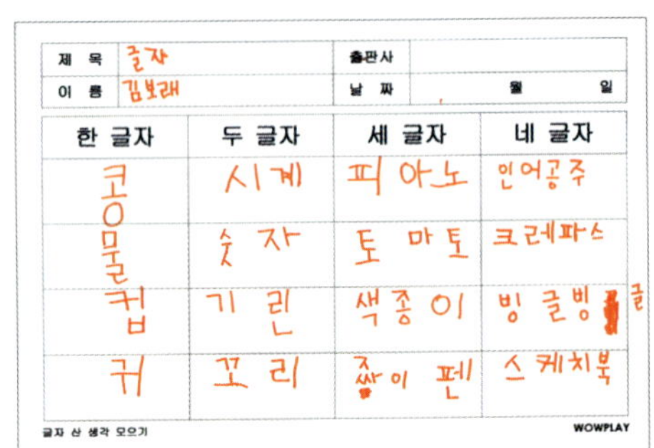

제목: 글자 / 이름: 김보래 / 출판사: / 날짜: 월 일

| 한 글자 | 두 글자 | 세 글자 | 네 글자 |
|---|---|---|---|
| 콩 | 시계 | 피아노 | 인어공주 |
| 물 | 숫자 | 토마토 | 크레파스 |
| 컵 | 기린 | 색종이 | 빙글빙글 |
| 귀 | 꼬리 | 싸인펜 | 스케치북 |

글자 산 생각 모으기 WOWPLAY

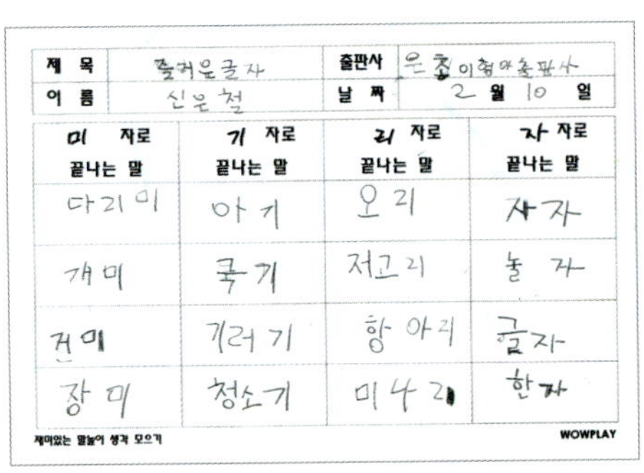

제목: 즐거운글자 / 출판사: [illegible] / 이름: 신은철 / 날짜: 2월 10일

| 미 자로 끝나는 말 | 기 자로 끝나는 말 | 리 자로 끝나는 말 | 자 자로 끝나는 말 |
|---|---|---|---|
| 다리미 | 아기 | 오리 | 사자 |
| 개미 | 국기 | 저고리 | 놀자 |
| 거미 | 기러기 | 항아리 | 글자 |
| 장미 | 청소기 | 미나리 | 한자 |

재미있는 말놀이 생각 모으기 WOWPLAY

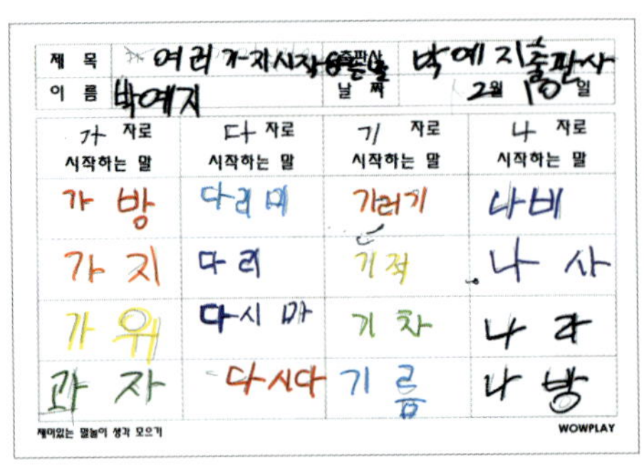

제목: 여러가지시작하는말 / 출판사: 낙예지출판사 / 이름: 박예지 / 날짜: 2월

| 가 자로 시작하는 말 | 다 자로 시작하는 말 | 기 자로 시작하는 말 | 나 자로 시작하는 말 |
|---|---|---|---|
| 가방 | 다리미 | 기러기 | 나비 |
| 가지 | 다리 | 기적 | 나사 |
| 가위 | 다시마 | 기차 | 나라 |
| 과자 | 다시다 | 기름 | 나방 |

재미있는 말놀이 생각 모으기 WOWPLAY

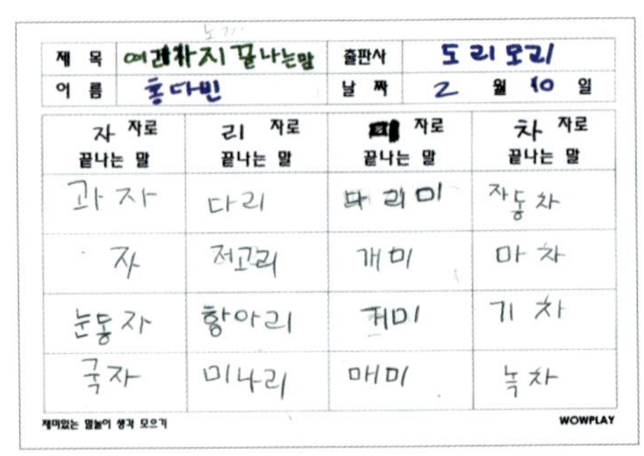

제목: 여러가지끝나는말 / 출판사: 도리모리 / 이름: 홍다빈 / 날짜: 2월 10일

| 자 자로 끝나는 말 | 리 자로 끝나는 말 | 미 자로 끝나는 말 | 차 자로 끝나는 말 |
|---|---|---|---|
| 과자 | 다리 | 다리미 | 자동차 |
| 자 | 저고리 | 개미 | 마차 |
| 눈동자 | 항아리 | 거미 | 기차 |
| 국자 | 미나리 | 매미 | 녹차 |

재미있는 말놀이 생각 모으기 WOWPLAY

- '움직이는 ㄱㄴㄷ' 외에 자음을 이용하여 알아볼 수 있는 다양한 주제에 대하여 이야기 나누고 생각한 주제에 따라 알고 있거나 탐색한 낱말을 말놀이 ㄱㄴㄷ 생각 모으기 활동지에 적도록 지도한다.

예) 살아있는 ㄱㄴㄷ(생물) · 아름다운 ㄱㄴㄷ(형용사) · 소리 ㄱㄴㄷ(의성어) · 동작 ㄱㄴㄷ(의태어) · 모양 ㄱㄴㄷ · 동물 ㄱㄴㄷ · 식물 ㄱㄴㄷ · 물건 ㄱㄴㄷ · 과자 ㄱㄴㄷ · 이름 ㄱㄴㄷ · 색깔 ㄱㄴㄷ · 장난감 ㄱㄴㄷ · 그림책 ㄱㄴㄷ · 곤충 ㄱㄴㄷ · 물고기 ㄱㄴㄷ 등

- 활용도서 외에 활동 내용에 따라 CD 접착 주머니 깃발 병풍책 또는 CD 접착 주머니 병풍책을 이용하여 할 수 있는 활동에 대하여 이야기 나누고 접합한 유형의 생각 모으기 활동지를 이용하여 계획을 세운다.
- 활동 내용에 따라 부록에 제공된 생각 모으기 활동지 외에 『책 만들기를 통한 창의적 언어교육 I · II · III』에 제공된 CD-ROM의 다양한 양식을 출력하여 활용한다.

## CD 접착 주머니 깃발 병풍책 만들기

① 8면 병풍책 만들기

- 600㎜×165㎜ 크기의 병풍 카드를 지그재그로 접어서 4면 병풍책을 만든다.
- 4면 병풍책을 다시 지그재그로 접어서 8면 병풍책을 만든다.
- 활동 내용이나 방법에 따라 4면 깃발 병풍책보다 긴 길이의 병풍책을 만들려면 4면 깃발 병풍책에 2면 깃발 병풍책(300㎜×195㎜) 또는 같은 크기의 4면 깃발 병풍책(600㎜×195㎜)을 연결하여 6면, 8면, 10면, 12면, 14면 깃발 병풍책을 제작하여 활동한다.
- 병풍책의 면을 늘리는 방법은 52쪽을 참고한다.
- CD 접착 주머니 깃발 병풍책은 양면색지를 사용하기 보다는 머메이드(186g/㎡), 양면 뉴칼라(186g/㎡), 아트지(300g/㎡), 스타드림(240g/㎡ · 360g/㎡), 흑기사(250g/㎡ · 300g/㎡), 크라프트보드(250g/㎡ · 300g/㎡)와 같은 평량이 높은 두꺼운 지류를 준비하여 제작해야 무게감을 지탱할 수 있으며 견고성이 높다.
- 평량이 200g 이상인 지류는 어린이 스스로 접기에 어려움을 느끼므로 교사가 병풍책을 접어서 제공하는 것이 적절하며, 자와 본 폴더를 이용하여 접는 선을 표시한 후 접어야 깨끗하게 접을 수 있다.

❶-1 자를 대고 본 폴더로 선 긋기
❶-2 8면 병풍책 만들기

② 깃발 카드 붙이기

- 8면 병풍책의 1면에 풀칠하고 깃발 카드 1매를 붙인다.
- 8면 병풍책의 2면, 4면, 6면, 8면에 각각 풀칠하고 깃발 카드를 1매씩 붙인다.

❷-1 8면 병풍책 1면에 깃발 카드 붙이기
❷-2 8면 병풍책 2, 4, 6, 8면에 깃발 카드 붙이기

③ 깃발 병풍책에 CD 접착 주머니 붙이기

- CD 접착 주머니 뒷면의 열려진 면에 손을 집어넣고 앞편의 절취선을 따라 천천히 뜯어 입구를 연다.
- 4면 깃발 병풍책의 각각의 본문 면 중앙 부분에 입구를 연 CD 접착 주머니의 배지를 떼어내고 붙인다.
- 접착 주머니를 붙일 때 카드에 윗부분을 먼저 붙이고 아래 부분을 붙이거나 왼쪽 부분을 먼저 붙이고 오른쪽으로 밀어서 붙인다.
- 어린이 스스로 절취선을 뜯기 어려워하는 경우 교사가 뜯어서 제공한다.

- CD 접착 주머니는 한 번 붙이면 다시 떼어낼 수 없으므로 CD 접착 주머니의 양끝을 잡고 붙이는 방법을 연습한 후 배지를 떼어내고 붙이도록 지도한다.
- 어린이 스스로 CD 접착 주머니를 붙이는데 어려움을 느끼는 경우 교사가 붙이는 과정을 관찰하도록 지도한다.
- CD 접착 주머니는 「최유경유아놀이교육연구소」에서 개발되어 제작 및 판매되고 있으므로 이를 구입하여 사용한다(CD-ROM 참조).

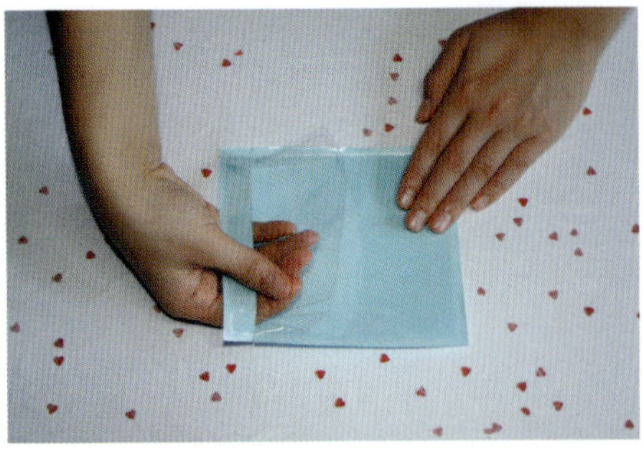
❸-1 접착 주머니 뒷면의 절단선 안으로 손을 넣어 앞면의 절취선을 뜯는다.

❸-2 뒷면의 위 · 아래 접착 배지를 떼어낸다.

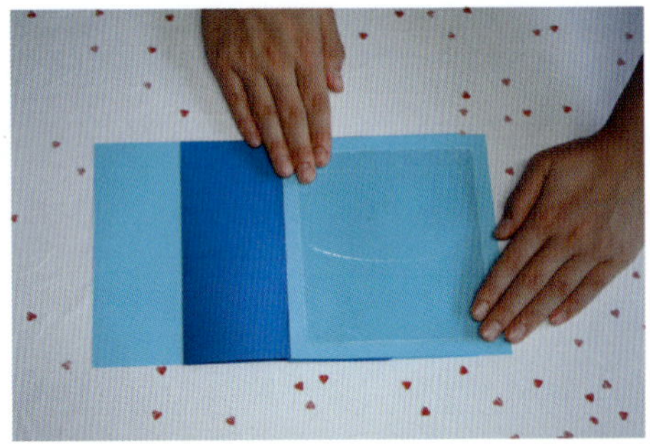
❸-3 CD 접착 주머니를 깃발 카드 중앙에 각각 붙인다.

④ 앞표지 꾸미기
- 말놀이 ㄱㄴㄷ 주머니 책에 붙일 수 있는 제목을 생각하도록 격려한다.
- 말놀이 ㄱㄴㄷ 주머니 책을 만드는 출판사 명으로 무엇이 적절할지 이야기 나눈다.
- 개별적으로 사용하는 출판사 명이 있는 경우 출판사 명을 따로 정하지 않는다.
- 하얀색 표지 카드에 생각 모으기를 통해 지은 제목과 출판사 명을 적고 지은이와 앞표지 그림 등을 담는다.
- 자음 도장을 이용하여 자유롭게 도장을 찍어 앞표지를 꾸미도록 할 수 있다.
- 완성한 앞표지 카드 뒷면에 풀칠하고 깃발 병풍책의 앞표지 중앙에 붙인다.
- 활동 내용이나 방법에 따라 본문을 먼저 완성하고 앞표지는 나중에 꾸미도록 할 수 있다.
- 여러 명의 어린이가 활동에 참여하여 한 권의 책을 만드는 경우 표지 카드 대신에 CD 접착 주머니를 붙이고 다양한 크기의 낱말 카드에 어린이 각자 이름을 적어 주머니 안에 넣도록 지도한다.

⑤ 주제 라벨 붙이기
- 말놀이 라벨 3621(CD-ROM) 라벨에서 원하는 주제 라벨을 떼어 CD 접착 주머니 상단 중앙 부분에 각각 차례로 붙인다.
- 활동 내용에 따라 자음 라벨 3110 · 모음 라벨 3110(CD-ROM) 라벨을 출력하여 사용하거나 다양한 유형의 팬시 라벨을 제공하고 원하는 말놀이 주제를 적어서 CD 접착 주머니 상단이나 하단에 붙이도록 지도한다.

⑥ 낱말 카드 꾸미기
- 다양한 크기의 낱말 카드에 각각의 주제에 적합한 낱말을 생각하고 말놀이 ㄱㄴㄷ 생각 모으기 활동지를 참고하여 한 낱말씩 적고 주제에 따라 작성한 낱말 카드를 CD 접착 주머니에 각각 집어넣는다.
- 낱말 카드는 한 글자, 두 글자, 세 글자, 네 글자에 적당한 크기로 잘라서 제공하거나 어린이들이 원하는 크기로 오려서 사용하도록 지도한다.
- CD 접착 주머니 깃발 병풍책은 일주일 또는 한 달에 걸쳐 각 주제에 적합한 낱말을 꾸준히 생각하고 자유선택 활동이나 대집단 활동 시간에 지속적으로 활동하여 주머니를 채우도록 지도한다.
- 활용도서 또는 활동내용에 따라 낱말 카드 외에 폐 CD, 투명 CD, 그림 카드 등을 이용하여 책 만들기 활동을 진행한다.

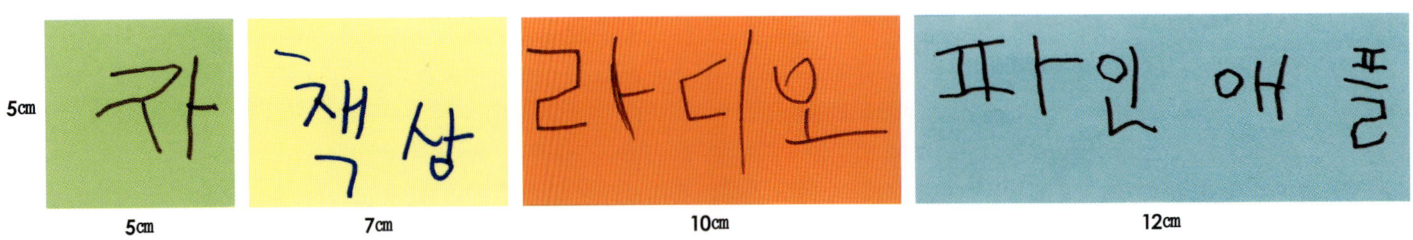

⑦ 헌정사 꾸미기

■ 책 만들기 경험이 풍부한 어린이와 활동한 경우 Formtec Label 3108 · 3114 · 3116 또는 팬시 라벨이나 낱말 카드에 완성된 책을 선물하고 싶거나 책을 만들면서 생각하거나 느낀 점 등을 적도록 지도한다.
■ 작성한 헌정사 카드 뒷면에 풀칠하고 깃발 병풍책 1면의 원하는 위치에 붙인다.

⑧ 뒷표지 꾸미기

■ 뒷표지에 펴낸 날, 펴낸 이, 펴낸 곳, 가격, 전화번호, 주소 등을 적고 바코드를 오려 붙이거나 원하는 형태로 그리고 ISBN을 설정하여 판권면을 꾸민다.
■ 여러 명의 어린이가 참여하는 제작한 경우 활동을 완성한 후 의논하여 함께 꾸미도록 지도한다.
■ 깃발 병풍책 카드의 색깔이 짙은 색인 경우 하얀색 표지 카드를 준비하여 제공한다.
■ 완성한 뒷표지 카드 뒷면에 풀칠하고 CD 접착 주머니 깃발 병풍책의 뒷표지 중앙에 붙이도록 지도한다.
■ 판권면 라벨 3108 · 3114 · 3116(CD-ROM) 라벨을 이용하여 뒷표지를 꾸미도록 할 수 있다.

## 소개하기 · 감상하기

■ CD 접착 주머니 깃발 병풍책의 각각의 주머니에 어떤 주제의 낱말을 생각하고 알아보았는지 소개한다.
■ 주제에 따라 어떤 낱말들을 생각하여 적어 넣었는지 낱말 카드를 한 장씩 꺼내어 소개한다.
■ 낱말 카드를 소개할 때 수수께끼 활동으로 진행할 수 있다.
■ 각각의 낱말들이 어떤 의미인지 알아본다.
■ 독특한 낱말이나 재미있는 낱말을 생각하여 적은 카드를 알아본다.
■ 소개된 낱말 중에 뜻을 모르거나 처음 듣는 낱말이 있는지 알아본다.
■ 생각하여 적은 낱말을 이용하여 문장 만들기 놀이를 한다.
■ 주머니 속에 낱말 카드 외에 또 어떤 것들을 넣을 수 있을지 이야기 나눈다.
■ 주머니 그림책을 만들면서 어렵거나 힘들었던 점이 있었는지 알아본다.
■ CD 접착 주머니 깃발 병풍책을 이용하여 할 수 있는 새로운 활동에 대하여 이야기 나눈다.
■ 교실의 한 공간을 마련하여 완성된 주머니 그림책을 서로 감상할 수 있도록 전시한다.

## 변형활동 · 확장활동

■ 책 만들기 경험이 적거나 연령이 어린 어린이들과 활동하는 경우 깃발 병풍책 대신에 병풍책에 CD 접착 주머니를 붙이고 활동을 진행한다.
■ 책 만들기 경험이 풍부하거나 연령이 높은 어린이들과 활동하는 경우 14면 CD 접착 주머니 병풍책 또는 14면 CD 접착 주머니 깃발 병풍책을 제작하고 각각의 면에 ㄱ~ㅎ까지 14개 자음에 따라 생각나는 낱말, 좋아하는 낱말, 알고 있는 낱말, 아빠와 엄마께 들은 낱말 등 주제에 따라 적합한 낱말들을 적어 넣도록 지도한다(Gallery 30~31쪽 참고).
■ 자음 또는 모음을 이용한 말놀이 활동은 어린 연령의 어린이에게는 적합한 활동이 아니므로 폐 CD, 투명 CD, 정사각형 카드(120㎜×120㎜), 원형 카드(지름 120㎜) 등을 이용하여 CD 모자이크 Ⅰ · Ⅱ에 소개된 다양한 형태의 조형미술 활동으로 진행하는 것이 적절하다(Gallery 32쪽 참고).
■ 10면 · 14면 CD 접착 주머니 병풍책 또는 10면 · 14면 CD 접착 주머니 깃발 병풍책을 제작하여 모음 · 자음 말놀이 활동을 진행하는 경우 자음 라벨 3110 · 모음 라벨 3110(CD-ROM)을 Formtec Label 3110 라벨용지에 출력하여 제공하거나 자음 · 모음 스티커 또는 도장을 이용하여 각각의 면에 표시하도록 지도한다.
■ 활동 내용과 표현 방법에 따라 CD 접착 주머니 병풍책과 CD 접착 주머니 깃발 병풍책은 제시된 600㎜×165㎜ 크기의 카드 외에 600㎜×195㎜ 크기의 카드를 이용하여 만들 수 있다(Gallery 32쪽 참고).
■ 600㎜×195㎜ 크기의 카드를 이용하여 CD 접착 주머니 병풍책 또는 CD 접착 주머니 깃발 병풍책을 만드는 경우 CD 주머니 상단에 주제 또는 제목 라벨을 붙이기보다는 주머니를 붙인 본문 면 하단의 여백을 활용하는 것이 적절하다(Gallery 32쪽 참고).
■ 위와 같은 활동은 CD 접착 주머니 외에 접착 주머니(대 · 소)를 이용하여 진행할 수 있으며, 접착 주머니를 활용한 책 만들기 방법은 Chapter 2와 Chapter 3을 참고한다.

# Gallery

경기도청어린이집 친구들(만 4세). 쑥쑥 크는 말놀이. 2400㎜×150㎜.

앞표지

헌정사(깃발 병풍책 1면)

뒷표지

김병권(깃발 카드 1)

허영재(깃발 카드 2)

고주성(깃발 카드 3)

권현선(깃발 카드 4)

나용준(깃발 카드 5)

최원준(깃발 카드 6)

홍강래(깃발 카드 7)

조성태(깃발 카드 8)

이정수(깃발 카드 9)

송현규(깃발 카드 10)

김운진(깃발 카드 11)

정재빈(깃발 카드 12)

선현규(깃발 카드 13)

안가현(깃발 카드 14)

판권면(깃발 병풍책 30면)

# Gallery

쑥쑥이어린이집 친구들과 강석환(만 4 · 5세). 예쁘게 꾸민 CD. 1500㎜×195㎜.

# 벽걸이 그림책

김진영 요 · 곡 / 최유경 엮음. 2005. 개구쟁이들의 노래주머니. 1500㎜×175㎜.
The Winter Festival Ⅰ. 2007. 1500㎜×170㎜ · The Winter Festival Ⅱ. 2007. 1500㎜×170㎜.

## 활용도서

- 패드릭 멕도넬(2006). 아트. 지경사.

## 참고도서

- 서세옥 그림 · 김향수 글(2006). 즐거운 비. 한솔수북.
- 안 포르슬린드(2004). 무엇으로 그릴까? 비룡소.
- 에릭 바튀(2004). 만약 눈이 빨간색이라면. 문학동네어린이.
- 에바 헬러(2002). 색깔들의 숨은 이야기. 성우.
- 요아힘 륀네퍼(2004). 화가 몰 아저씨 이것이 정말 미술인가요? 달리.
- 제롬 뤼이이에(1999). 색깔나라 여행. 크레용하우스.

## 생각 모으기

**Q.** 병풍책을 이용하여 벽에 걸 수 있는 방법을 생각하고 적어보세요.

**A.**

**Q.** 벽걸이 그림책을 만들 때 고려해야 할 점을 생각하고 적어보세요.

**A.**

**Q.** CD 접착 주머니 벽걸이 책에 담을 수 있는 다양한 것들을 생각하고 적어보세요.

**A.**

**Q.** 폐 CD 또는 투명 CD를 이용하여 CD 접착 주머니 벽걸이 책을 꾸밀 수 있는 과학 활동을 생각하고 적어보세요.

**A.**

**Q.** 그림 카드를 이용하여 CD 접착 주머니 벽걸이 책에 표현할 수 있는 문해 활동을 생각하고 적어보세요.

**A.**

## 자료 준비하기

- 수업용 CD 접착 주머니 벽걸이책을 제작한다.
- 배지 카드 사용시: 벽걸이 카드 820㎜×170㎜ 1매, 배지 카드 150㎜×165㎜ 6매, 폐 CD 또는 투명 CD 6매, CD 접착 주머니 6매를 준비한다.
- 배지 카드 미 사용시: 벽걸이 카드 740㎜×150㎜ 1매, 표지 카드 130㎜×145㎜ 2매, 폐 CD 또는 투명 CD 6매, CD 접착 주머니 6매를 준비한다.
- 그림책 생각 모으기 · 기본 도형 구성하기 생각 모으기(CD-ROM) 중 활동 내용에 따라 적합한 생각 모으기 활동지를 A4 복사용지에 출력한다.
- Formtec Label 3621 · 3642 라벨을 여러 매 준비한다.

## 도구 준비하기

- 연필
- 색연필
- 사인펜
- 유성매직
- 유성펜
- 색종이
- 풀
- 가위
- 물감
- 붓
- 물통
- 본드
- 본드판
- 면봉
- 핑킹가위
- 팬시 스티커
- 모양 펀치
- 집게
- 팬시 도장
- 접시
- 물걸레
- 아일릿 펀치
- 아일릿
- 분무기
- 구슬
- 색 끈
- 비닐매트
- 건조대
- 팬시 라벨
- 본플러
- 자
- 컬러 스탬프 패드

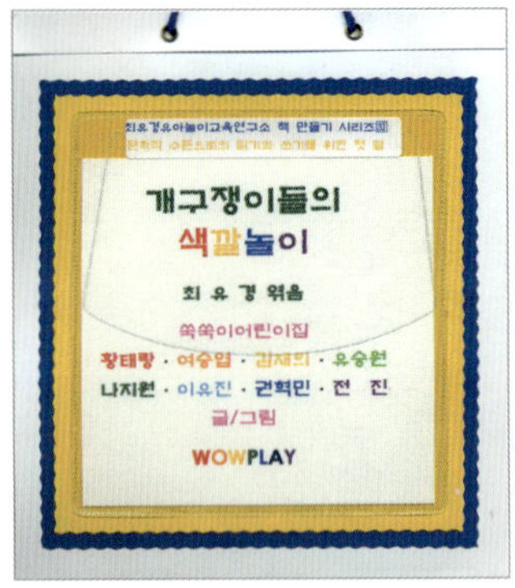


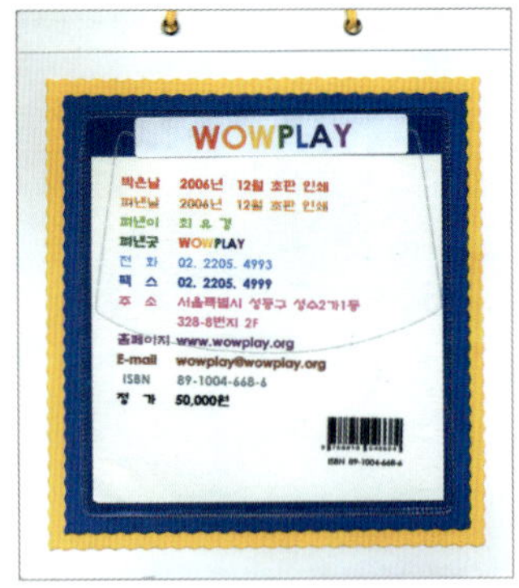

황태랑(1단)
여승엽(2단)
김재희(3단)
유승원(4단)

나지원(5단)
이유진(6단)
권혁민(7단)
전 진(8단)

개구쟁이들의 색깔놀이. 1500㎜×175㎜.
개구쟁이들의 생각주머니. 1500㎜×175㎜.
데굴데굴 붕붕 Ⅰ · Ⅱ. 750㎜×175㎜.

## 그림책 읽고 생각 모으기

- 그림책을 소개하고 이야기를 들려준다.
- 그림책의 이야기를 들려주고 앞표지부터 한 장씩 넘겨가며 책 속의 담긴 이야기나 작품을 감상하고 표현 방법과 느낌에 대하여 이야기 나눈다.

**Q.** 이 그림책의 제목은 무엇이니?
**Q.** '아트' 란 무슨 뜻일까?
**Q.** 이 그림책의 주인공은 누구니?
**Q.** '그림이' 의 단짝은 누구니?
**Q.** '그림이' 는 언제가 제일 신난다고 했니?
**Q.** '그림이 '는 그림을 그릴 때마다 어떻게 그리니?
**Q.** 그림이가 손을 따라 쪼르르 올렸다 내렸다 따라오라는 대로 가니까 어떤 그림이 나타났니?
**Q.** '그림이' 는 붓에 물감을 묻혀 어떤 그림을 그렸니?
**Q.** '그림이' 는 친구에게 어떤 그림을 선물했니?
**Q.** '그림이' 는 친구에게 선물해 줄 그림을 무엇으로 그렸니?
**Q.** '그림이' 가 잠든 사이에 어떤 그림을 보았니?
**Q.** '그림이' 가 잠에서 깨어났을 때 어떤 일이 있었니?
**Q.** 왜 그림이의 엄마는 '그림이' 의 그림을 냉장고에 붙여놓은 것일까?
**Q.** 너희들이 그린 그림을 엄마께서 냉장고에 붙여주신 적이 있니?
**Q.** '그림이' 가 그린 그림 중에 어떤 방법으로 그린 그림이 마음에 드니?
**Q.** '그림이' 가 그린 방법 외에 또 어떤 방법으로 그림을 그릴 수 있을까?
**Q.** '그림이' 처럼 손이 가자는 대로 따라가면 어떤 그림이 나올까?
**Q.** '그림이' 처럼 마음대로 그린 물감 그림을 어떻게 꾸밀 수 있을까?
**Q.** 그림을 그리고 물감을 칠하면 어떤 그림이 나타날까?

## CD 접착 주머니 벽걸이책 소개하고 생각 모으기

- 수업용 CD 접착 주머니 벽걸이 책을 소개하고 어떻게 만들고 무엇을 표현할 수 있는지 이야기 나눈다.

**Q.** 이 책은 어떤 모양이니?
**Q.** 이 책은 그동안 만들었던 책들과 어떤 점이 다르니?
**Q.** 왜 책에 끈을 달았을까?
**Q.** 책에 어떻게 끈을 달았을까?
**Q.** 구멍에 끼운 고리는 무엇일까?
**Q.** 왜 구멍에 고리를 끼웠을까?
**Q.** 고리는 어떻게 끼웠을까?
**Q.** 이런 고리를 무엇이라고 할까?
**Q.** 이렇게 구멍에 아일릿을 끼울 수 있도록 도와주는 도구를 무엇이라고 할까?
**Q.** 아일릿 펀치는 어떻게 사용하는 것일까?
**Q.** 끈이 달린 이 책은 어떻게 전시할 수 있을까?
**Q.** 벽면에 끈을 걸어 전시하면 어떤 모양이 될까?
**Q.** 이 책의 이름은 무엇이라고 지을 수 있을까?
**Q.** 벽걸이 그림책의 주머니 속에 그림을 그려 넣을 수 있는 방법은 무엇일까?
**Q.** '그림이' 처럼 물감과 크레파스를 이용하여 CD에 그림을 그릴 수 있는 방법은 무엇일까?
**Q.** 물감과 크레파스를 이용하여 CD 또는 카드에 그림을 그릴 때 주의해야 할 점은 무엇일까?

- 물감을 이용한 구성활동이나 자유로운 표현활동으로 책 만들기를 진행하는 경우 생각 모으기 활동지는 사용하지 않는다.
- 활용도서 외에 활동 내용에 따라 적합한 유형의 생각 모으기 활동지를 이용하여 CD 접착 주머니 벽걸이 책을 어떻게 꾸미고 어떤 이야기를 담을 것인지 계획을 세우도록 격려한다.

## CD 접착 주머니 벽걸이책 만들기

① 2면 카드 접기

- 벽걸이 카드를 절반으로 접어서 2면 카드를 만든다.
- CD 접착 주머니 벽걸이책은 일반 색지를 사용하기 보다는 평량이 186g/㎡~300g/㎡ 사이의 평량이 높은 두꺼운 지류를 준비하여 제작해야 무게감을 지탱할 수 있으며 견고성이 높다.
- 평량이 200g 이상인 지류는 어린이 스스로 접기에 어려움을 느끼므로 교사가 병풍책을 접어서 제공하는 것이 적절하며, 자와 본 폴더를 이용하여 접는 선을 표시한 후 접어야 깨끗하게 접을 수 있다.
- 본 폴더를 사용하여 종이를 접는 방법은 27쪽을 참고한다.

② 시접 접기

- 2면 카드의 열려진 면 양끝을 2㎝ 정도 접었다 펼친다.

③ 시접 붙이기

- 양끝을 접은 2면 카드를 펼치고 양끝의 시접 부분에 풀칠하여 뒤쪽으로 꺾어 붙인다.

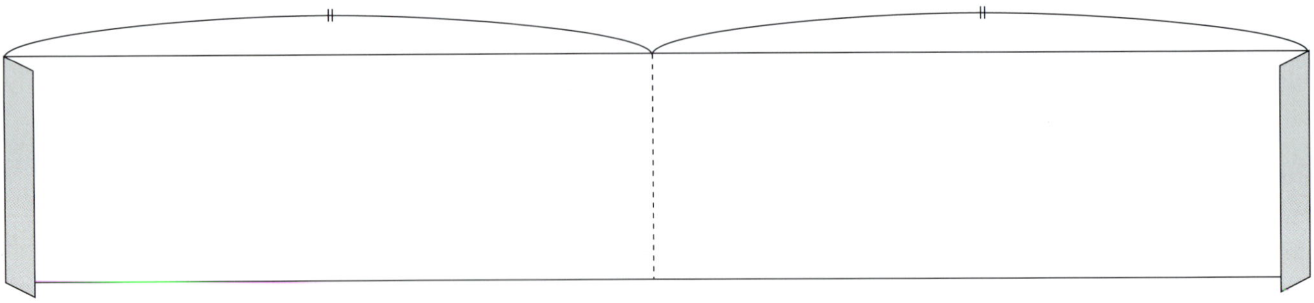

④ 4면 병풍 접기

- 풀칠하여 붙인 두 겹의 양끝 시접을 남겨두고 2면 카드를 지그재그로 접어서 4면 병풍책을 만든다.

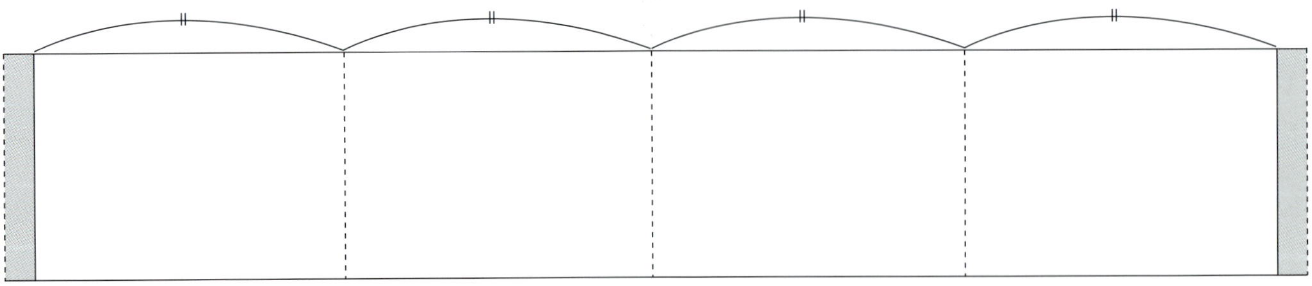

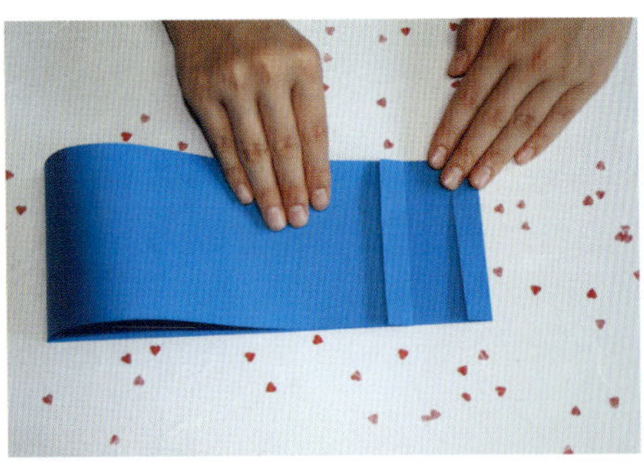

❷ 시접을 접은 2면 카드

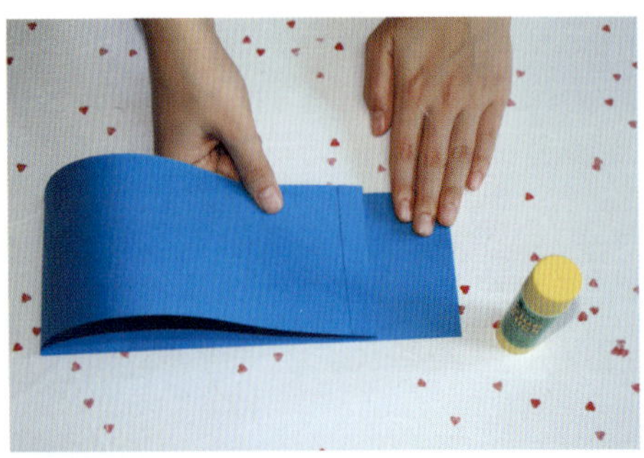

❸ 양면의 시접을 꺾어 붙이기

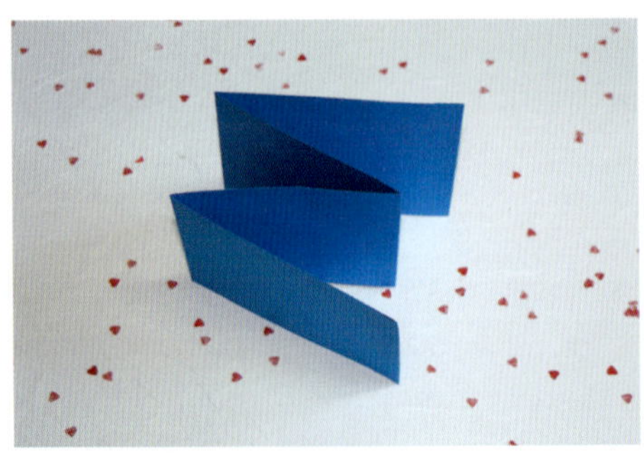

❹ 시접을 제외하고 4면 접기

⑤ 아일릿 박기

- 4면 병풍책의 양끝 시접 부분을 마주보게 접는다.
- 마주보게 접은 병풍책의 양끝 시접 부분에 적당한 간격으로 아일릿 펀치를 이용하여 2개의 구멍을 뚫는다.
- 4개의 구멍에 각각 아일릿 앞면을 시접이 달린 4면 병풍책 앞면에 끼운다.
- 아일릿 펀치의 튀어나온 요철 부분에 아일릿의 앞면이 아래로 가도록 끼우고 아일릿 펀치를 완전히 누른다.
- 아일릿을 박을 때 완전히 눌러야 구멍에서 빠지지 않으므로 어린이들은 교사가 아일릿 펀치를 사용하여 아일릿을 박는 과정을 관찰하도록 지도한다.

⑥ 끈 끼우기

- 4면 병풍책의 위아래 부분에 만든 고리 부분에 색 끈을 끼우고 매듭짓는다.

❺-1 아일릿 펀치로 구멍 뚫기

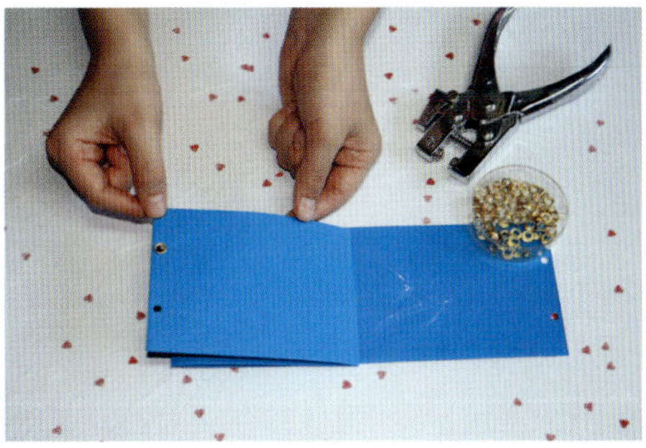

❺-2 병풍책 앞면 구멍에 아일릿 앞면 끼우기

❺-3 아일릿 펀치의 요철 부분에 아일릿 앞면이 오도록 끼우고 누르기

⑦ 벽걸이 책에 CD 접착 주머니 붙이기(28쪽 참고)

- CD 접착 주머니 뒷면의 열려진 면에 손을 넣어 앞면의 절취선을 따라 천천히 뜯어 입구를 연다.
- 아일릿을 박고 끈을 끼운 벽걸이 책을 세로로 길게 펼치고 각각의 면 중앙에 입구를 연 CD 접착 주머니의 뒷면 배지를 떼어 차례로 붙인다.
- 820㎜×170㎜ 크기의 벽걸이 카드를 사용하여 제작하는 경우 150㎜×165㎜ 크기의 배지 카드에 CD 접착 주머니를 붙이고 뒷면에 풀칠하여 붙인다.
- 어린이 스스로 CD 접착 주머니를 붙이는데 어려움을 느끼는 경우 교사가 붙이는 과정을 관찰하도록 지도한다.
- CD 접착 주머니는 「최유경유아놀이교육연구소」에서 개발되어 제작 및 판매되고 있으므로 이를 구입하여 사용한다(CD-ROM 참조).

⑧ 앞표지 꾸미기

- 앞표지에 제목, 지은이, 출판사를 적고 앞표지 그림을 그리거나 다양한 재료를 이용하여 꾸민다.
- 벽걸이 카드 색깔이 짙은 색인 경우 적합한 크기의 하얀색 배지 카드를 준비하여 제공한다.
- 완성한 앞표지 카드 뒷면에 풀칠하여 벽걸이책의 앞표지 중앙에 붙인다.
- 배지 카드를 사용하는 대신 본문과 같은 방법으로 CD 접착 주머니를 붙이고 정사각형 카드, 원형 카드, 폐 CD, 투명 CD 등을 이용하여 앞표지를 꾸미도록 할 수 있다.
- 활동 내용이나 표현 방법에 따라 본문 면을 완성한 후 앞표지를 꾸미도록 지도한다.

⑨ CD 또는 카드 꾸미기

- CD 위에 생각 모으기 활동지를 참고하여 활동 주제에 따라 생각, 경험, 느낌 등을 글과 그림으로 표현하고 다양한 재료를 이용하여 꾸민다.
- 폐 CD를 이용하여 그림을 그리는 경우 CD 앞면에 Formtec Label 3642 라벨을 붙이고 꾸민다.
- 폐 CD에 물감을 이용하여 그림을 그리는 경우 Formtec Label 3642 라벨에 물감 그림을 그리고 물감이 마르면 라벨을 떼어서 CD 위에 붙인다.
- Formtec Label 3642 라벨에 그림을 그린 경우 중앙의 원형 라벨을 떼어내지 않고 함께 떼어 CD 위에 붙이면 그림의 일부가 사라지지 않고 다양한 형태의 표현을 할 수 있다.
- 활동 내용에 따라 위와 같은 방법으로 하루에 2~3매씩 3~4회에 걸쳐 나머지 면들을 꾸민다.

⑩ CD 접착 주머니에 CD 또는 카드 넣기

- 각각의 CD 접착 주머니에 그림을 그린 CD를 1장씩 집어넣는다.
- 주머니에 CD를 넣는 방법은 앞면의 점선을 뜯어내고 넣거나 벽걸이 병풍책에 CD 접착 주머니를 붙이기 전에 뒷면 상단의 열려진 면을 벌려서 집어넣고 벽걸이 카드에 붙인다.

⑪ 작품 감상하고 제목 짓기

- 완성한 작품을 감상하고 생각나는 것이나 느낌을 이야기 나누고 제목을 짓는다.
- Formtec Label 3621 라벨에 생각한 제목을 적고 CD 접착 주머니 상단 중앙 부분에 각각 붙인다.
- 자유로운 물감 그림으로 추상적 표현의 작품은 제목을 짓지 않는다.
- 어린이 스스로 글을 쓰기 어려운 경우 다양한 유형의 팬시 라벨에 교사가 제목이나 이야기를 받아 적어주거나 Formtec Label 3621 라벨에 출력하여 붙여준다.

⑫ 뒷표지 꾸미기

- 뒷표지에 펴낸 날, 펴낸 이, 펴낸 곳, 가격, 전화번호, 주소 등을 적고 바코드를 오려 붙이거나 원하는 형태로 그리고 ISBN을 설정하여 판권면을 꾸민다.
- 벽걸이 카드의 색깔이 짙은 색인 경우 적합한 크기의 하얀색 표지 카드를 준비하여 제공한다.
- 완성한 뒷표지 카드 뒷면에 풀칠하여 벽걸이책의 뒷표지 중앙에 붙이도록 지도한다.
- 표지 카드를 사용하는 대신 본문과 같은 방법으로 CD 접착 주머니를 붙이고 원형 카드, 폐 CD 또는 투명 CD를 이용하여 뒷표지를 꾸미도록 할 수 있다.
- 앞표지와 뒷표지에도 본문과 같이 CD 접착 주머니를 붙이고 조형미술 작품 CD나 그림 카드를 넣어서 꾸밀 수 있다.



## 소개하기 · 감상하기

- 물감을 이용하여 무엇을 어떻게 표현했는지 소개한다.
- 표현 내용이나 방법이 아름답거나 독특한 작품을 알아본다.
- 어떤 유형의 조형미술 활동이 재미있거나 흥미로웠는지 이야기 나눈다.
- 완성한 조형미술 작품을 이용하여 할 수 있는 새로운 활동에 대하여 알아본다.
- 벽걸이 그림책을 만들면서 어렵거나 힘들었던 점이 있었는지 알아본다.
- CD 접착 주머니 벽걸이 책을 이용하여 할 수 있는 새로운 활동에 대하여 이야기 나눈다.
- 교실의 한 공간을 마련하여 완성된 벽걸이 그림책을 서로 감상할 수 있도록 전시한다.

## 변형활동 · 확장활동

- CD 접착 주머니 벽걸이 책은 8면 또는 12면 벽걸이 책을 제작하여 일주일, 한 달 또는 1년 동안 다양한 주제와 방법의 조형 미술 활동으로 꾸준히 제작하여 완성하면 작품으로서의 가치가 높아진다.
- 조형미술 활동 외에 학급에서 진행하는 교육 활동이나 내용과 관련하여 다양한 영역의 교육과정과 연계하여 통합적 활동이 되도록 진행한다.
- CD 접착 주머니와 투명 CD 또는 폐 CD를 사용하지 않고 지름 120㎜ 원형 카드 또는 120㎜×120㎜ 크기의 정사각형 카드를 병풍책, 깃발 병풍책 또는 벽걸이책에 직접 붙여서 제작할 수 있다(Gallery 40쪽 참고).
- 8면 또는 12면 CD 접착 주머니 벽걸이 책을 만드는 경우 교실의 한 두 벽면이나 복도 및 공동 공간을 전시 공간으로 꾸미고 어린이들 각자의 빈 벽걸이 책을 걸어주고 1면부터 12면까지 책이 완성되는 과정을 감상할 수 있도록 전시하는 것이 적절하다.
- 조형미술 작품을 이용하여 이야기를 만들거나 동시를 짓고 작품 여백이나 그림 위에 이야기나 동시를 적어 그림과 글이 어울린 통합적 교육활동을 전개한다.

경기도청어린이집 친구들(만 4세)
개구쟁이들의 생각주머니. 1500㎜×175㎜.

이채원 · 김다은 · 박수경 · 작자 미상(만 3 · 4 · 5세)
동그라미 아트. 600㎜×195㎜.

# Gallery

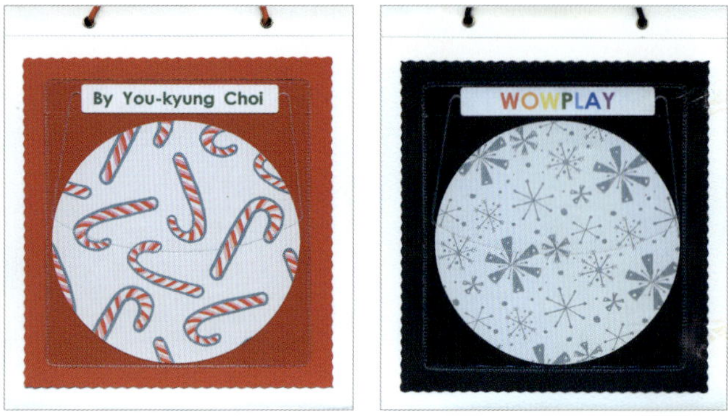


앞표지 뒷표지

앞표지 뒷표지

The Winter Festival Ⅰ. 2007. 1500㎜×170㎜.

김진영 요 · 곡 / 최유경 엮음. 2005.
개구쟁이들의 노래주머니. 1500㎜×175㎜.

# CHAPTER 2

# 주머니를 활용한 문해 활동

## Literacy Activities through Pocket Books

- 말놀이 동시집
- BOOK GALLERY
- 움직이는 책꽂이
- 착한 어린이표 달력

# 말놀이 동시집

나. 2004. 6200㎜×205㎜.
그림책 프로젝트Ⅰ. 2007. 6200㎜×205㎜.



## 활용도서

- 최승호 글 · 윤정주 그림(2005). 말놀이 동시집1. 비룡소.
- 최승호 글 · 윤정주 그림(2006). 말놀이 동시집2. 비룡소.
- 최승호 글 · 윤정주 그림(2007). 말놀이 동시집3. 비룡소.

## 참고도서

- 김용택 시 · 정순희 그림(2001). 나비가 날아간다. 미세기.
- 박문희 엮음(2000). 침 튀기지 마세요. 고슴도치.
- 박문희 엮음(2000). 튀겨질 뻔 했어요. 고슴도치.
- 신현림 시 · 홍성지 그림(2007). 초코파이 자전거. 비룡소.
- 정두리 시 · 김현주 그림(2001). 와! 맛있는 동시. 계림닷컴.
- 정지용 외 · 방정화 그림(2002). 생각까지 예뻐지는 동시. 깊은책속옹달샘.
- 최명란 시 · 김선지 그림(2007). 하늘천 따지. 비룡소.
- 최지영(2005). 멋쟁이 몬드리안. 다빈치기프트.
- 크리스틴 오코넬 조지(2006). 색종이로 시를 접어요. 큰북작은북.

## 생각 모으기

**Q.** 카드를 이용하여 주머니를 만들 수 있는 방법을 생각하고 적어보세요.

**A.**

**Q.** 병풍책을 이용하여 주머니를 만들 수 있는 방법을 생각하고 적어보세요.

**A.**

**Q.** 주머니 병풍책을 만들 때 고려해야 할 점들을 생각하고 적어보세요.

**A.**

## 자료 준비하기

- 수업용 주머니 병풍책을 제작한다.
- 병풍 카드 1080㎜×240㎜ 1매, 동시 카드 115㎜×175㎜ 10매를 준비한다.
- 말놀이 동시집 생각 모으기(CD-ROM)를 A4 복사용지에 출력한다.
- 주머니 모양 본 297㎜×50㎜ 여러 매를 제작한다.
- Formtec Label 3108 라벨을 여러 매 준비한다.
- 판권면 라벨 3108 · 3114 · 3116(CD-ROM)을 Formtec Label 3108 · 3114 · 3116 라벨용지에 출력한다.

## 도구 준비하기

| | | | | | | |
|---|---|---|---|---|---|---|
| ■ 연필 | ■ 색연필 | ■ 사인펜 | ■ 유성매직 | ■ 유성펜 | ■ 색종이 | ■ 풀 |
| ■ 가위 | ■ 핑킹가위 | ■ 모양 펀치 | ■ 본드 | ■ 본드판 | ■ 면봉 | ■ 팬시 도장 |
| ■ 팬시 스티커 | ■ 팬시 라벨 | ■ 장식 재료 | ■ 장식재료 | ■ 본 폴더 | ■ 자 | ■ 컬러 스탬프 패드 |

신현준(만 6세). 동시의 세상으로 올라오세요. 1040㎜×195㎜.

최가희(만 5세). 동시시대. 1040㎜×195㎜.

## 그림책 읽고 생각 모으기

- 동시 그림책을 소개하고 순서에 관계없이 원하는 면을 선택하여 하루에 한두 편씩 동시를 읊어준다.
- 동시의 내용이나 특징에 따라 다양한 방법으로 읊어보고 느낌과 경험에 대하여 이야기 나눈다.
- 낱말에 대한 경험과 느낌을 바탕으로 소개한 동시의 시구를 바꾸어보거나 운율과 리듬에 따라 적합한 낱말이나 새로운 리듬과 운율로 바꾸어 새로운 동시를 짓는다.

- 어린이들이 함께 지은 동시는 말놀이 동시집 생각 모으기(CD-ROM) 활동지에 교사가 받아 적고 함께 감상할 수 있도록 적당한 위치에 부착해 놓는다.
- 교사가 받아 적은 동시를 원하는 어린이가 말놀이 동시집 생각 모으기 활동지에 옮겨 적은 후 여백에 그림을 그려 꾸미도록 지도한다.
- 대집단으로 활동하는 경우 말놀이 동시집 생각 모으기(CD-ROM) 활동지를 A3 크기로 확대 복사하여 사용하는 것이 적절하다.

## 주머니 병풍책 소개하고 생각 모으기

- 수업용 주머니 병풍책을 소개하고 어떻게 만들고 무엇을 표현할 수 있는지 이야기 나눈다.

**Q.** 이 책은 병풍책과 비교하여 어떤 점이 다르니?
**Q.** 병풍책을 어떻게 접으면 이렇게 주머니를 만들 수 있을까?
**Q.** 이 책의 이름은 무엇이라고 지을 수 있을까?
**Q.** 주머니 병풍책의 주머니 속에 무엇을 넣을 수 있을까?
**Q.** 주머니 속에 넣을 수 있는 종이는 어떤 크기여야 할까?
**Q.** 주머니 병풍책 속의 카드를 이용하여 어떤 활동을 할 수 있을까?
**Q.** 카드에 동시를 지어 꾸미면 어떤 책이 될까?
**Q.** 동시를 지을 때 적어야 할 것들은 무엇일까?
**Q.** 동시를 담은 카드를 어떻게 꾸미면 아름답게 보일까?
**Q.** 주머니 병풍책의 주머니 앞부분은 어떻게 꾸며줄 수 있을까?

## 주머니 병풍책 만들기

① 주머니 모양 본 만들기

- A4(297㎜×210㎜) 크기의 P · P 필름(500mic)을 가로로 길게 297㎜×50㎜ 크기로 자른다.

② 주머니 선 긋기

- 병풍 카드를 펼치고 제작한 주머니 모양 본을 카드 하단에 맞추어 올려놓는다.
- 주머니 모양 본의 상단 선을 따라 연필 또는 본 폴더로 연속하여 선을 긋는다.
- 말놀이 동시집은 일반 색지를 사용하기 보다는 평량이 186g/㎡~300g/㎡ 사이의 평량이 높은 두꺼운 지류를 준비하여 제작해야 무게감을 지탱할 수 있으며 견고성이 높다.
- 평량이 200g 이상인 지류는 어린이 스스로 접기에 어려움을 느끼므로 교사가 병풍책을 접어서 제공하는 것이 적절하며, 자와 본 폴더를 이용하여 접는 선을 표시한 후 접어야 깨끗하게 접을 수 있다.
- 본 폴더를 사용하여 종이를 접는 방법은 27쪽을 참고한다.

| 모양 본 | |
|---|---|

③ 2면 카드 접기

- 주머니 선을 그은 병풍 카드를 절반으로 접어서 2면 카드를 만든다.

④ 시접 접기

- 절반으로 접은 2면 카드의 열려진 면 양끝의 두 겹을 2㎝ 정도 접는다.
- 2㎝ 정도 접은 시접 부분을 각각 앞뒤로 접었다 펼친다.
- 시접을 접을 때 열려진 양 끝 면이 아닌 연결된 중심 면을 접지 않도록 주의한다.

⑤ 시접 상단 자르기

- 양끝을 접어서 시접을 만든 2면 카드를 하단 주머니 시접 부분을 제외하고 시접의 상단 부분을 접은 선을 따라 잘라낸다.

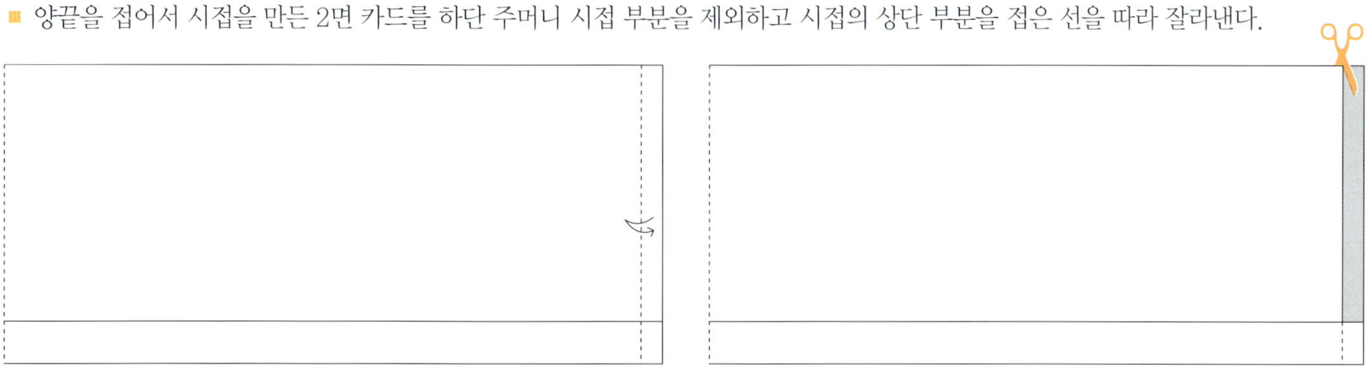

❷ 주머니 모양 본을 하단에 맞추어 올려놓고 모양 본 윗면을 따라 선을 긋는다.

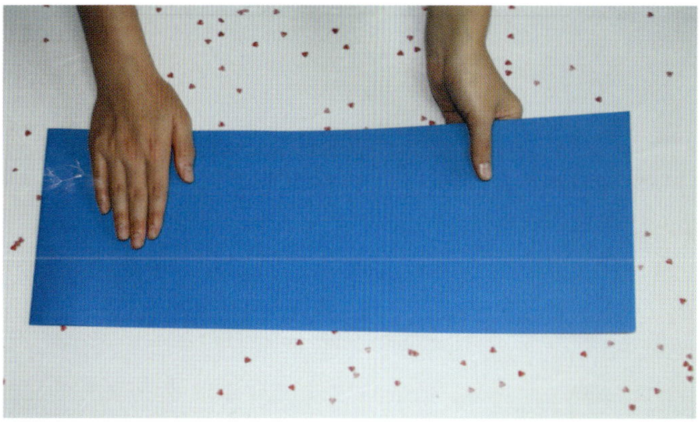

❸ 주머니 선을 그은 병풍 카드를 절반으로 접어 2면 카드를 만든다.

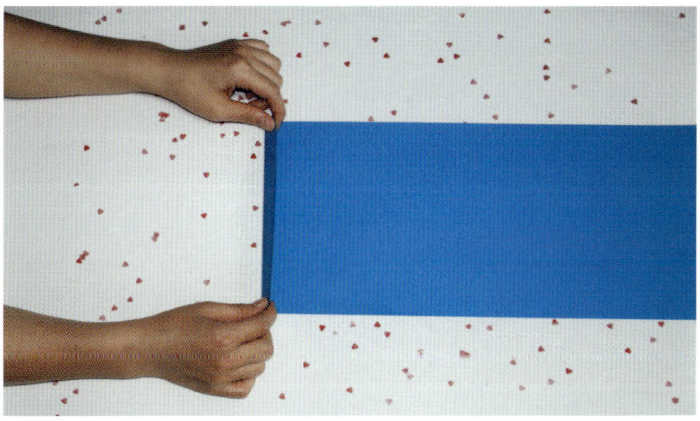

❹ 절반으로 접은 2면 카드의 열려진 면을 2㎝ 정도 동시에 접어서 시접을 만든다.

❺ 양면 시접의 하단 부분을 남겨두고 상단 부분을 잘라낸다.

⑥ 주머니 접어 올리기

- 양끝의 시접을 잘라 낸 2면 카드를 펼친다.
- 상단 시접 부분을 잘라내고 남은 하단의 주머니 부분을 선을 따라 위로 접어 올린다.

⑦ 시접 붙이기

- 접어 올린 주머니의 양끝 시접 앞부분에 각각 풀칠하고 안쪽으로 꺾어 붙인다.
- 연령이 어린 어린이들과 활동하는 경우 시접 부분을 만들지 않고 주머니를 접어 올린 후 양끝에 클립을 이용하여 주머니 양끝이 풀어지지 않도록 고정시킨다(Gallery 49쪽 참고).

⑧ 8면 병풍 접기

- 주머니 시접을 붙인 2면 주머니 카드를 지그재그로 접어서 8면 주머니 병풍책을 만든다.

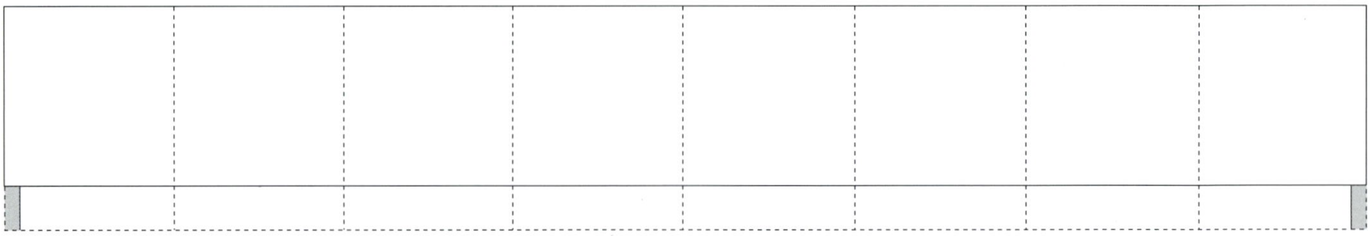

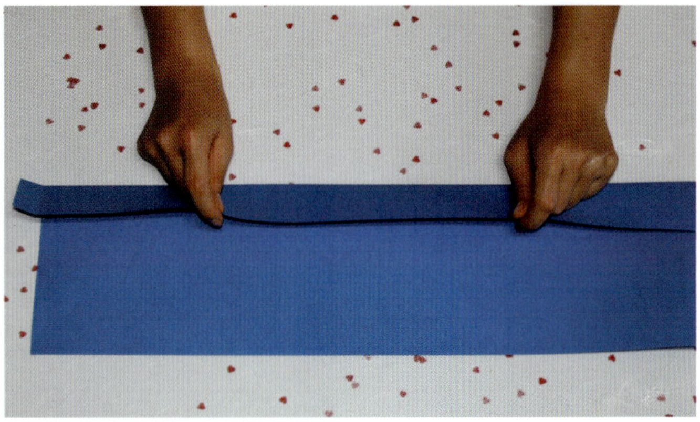

❻ 하단 주머니 부분을 접어 올린다.

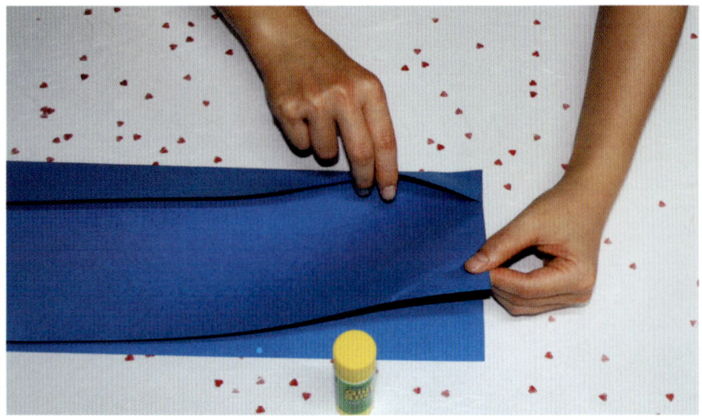

❼ 하단 주머니 시접 앞부분에 풀칠하고 안쪽으로 꺾어 붙인다.

⑨ 앞표지 꾸미기

- 동시 카드를 담는 주머니 책에 붙일 수 있는 제목과 출판사 명을 생각하도록 격려한다.
- 개별적으로 사용하는 출판사 명이 있는 경우 출판사 명을 따로 정하지 않는다.
- 동시 카드에 생각 모으기를 통해 지은 제목, 지은이, 그리고 출판사 명을 적고 앞표지 그림을 그려 꾸민다.
- 완성한 카드 뒷면에 풀칠하여 앞표지 중앙에 붙인다.

⑩ 동시 짓고 생각 모으기

- 동시 그림책의 자음과 모음 중에 원하는 글자를 선택하여 같은 글자로 시작하는 다양한 낱말을 생각한다.
- 말놀이 동시집 생각 모으기 활동지에 자모음을 이용하여 생각한 낱말 중에 좋아하는 낱말을 선택하여 적고 낱말과 관련하여 생각나는 것, 알고 있는 것, 궁금한 것, 하고 싶은 것 등에 대하여 생각하고 자유롭게 동시를 짓는다.
- 생각 모으기 활동지에 작성한 동시를 친구들에게 소개하고 감상 소감을 이야기 나눈다.
- 동시에 대한 친구들의 생각과 느낌을 바탕으로 바꾸고 싶거나 추가하고 싶은 부분을 생각하고 생각 모으기 활동지에 수정한다.
- 동시 짓기 활동 시 다양한 방식의 동시를 소개하고 소개된 동시의 유형에 따라 동시를 짓도록 지도한다.

  예) 문답식 동시 : 여우야, 여우야 뭐 하니? 똑같아요, 어디까지 왔나? 우리 집에 왜 왔니?, 맹꽁 등
  반복식 동시 : 꼭꼭 숨어라, 꼬마야, 꼬마야, 두껍아, 두껍아 등
  이야기가 있는 동시 : 숲 속 작은 집, 꽃밭에서, 꼬부랑 할머니 등
  운율이 있는 동시 : 리리리자로 끝나는 말은, 숫자풀이, 나무 타령, 잠자리, 이서방 등

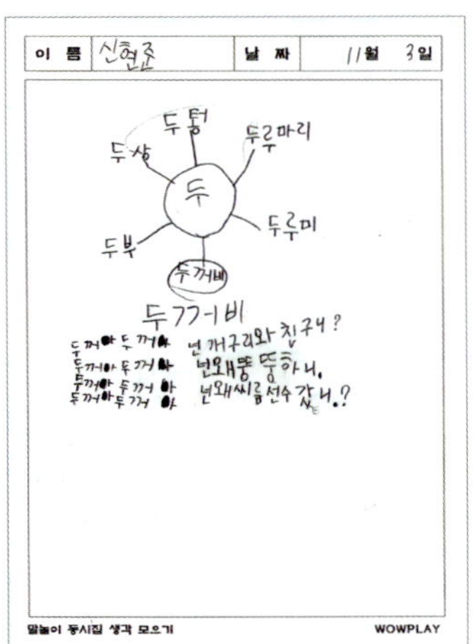


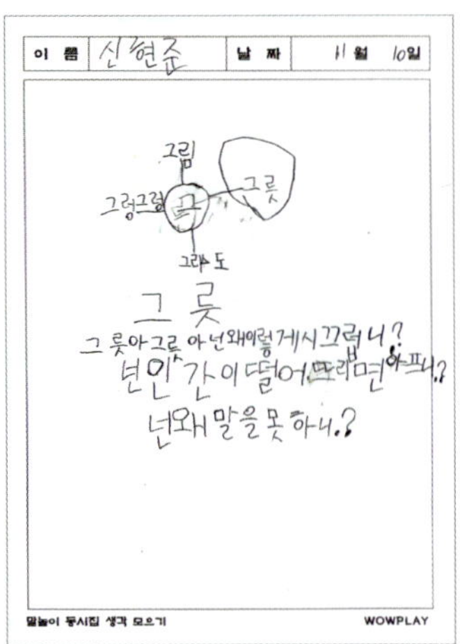


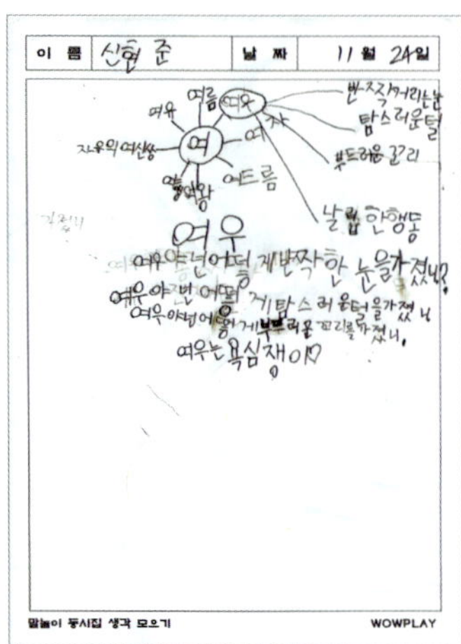


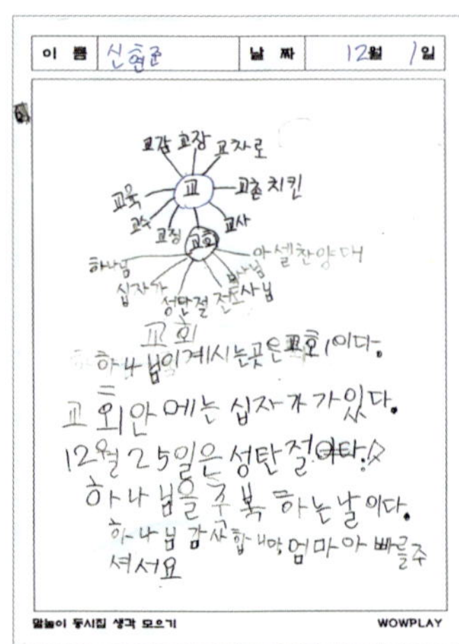

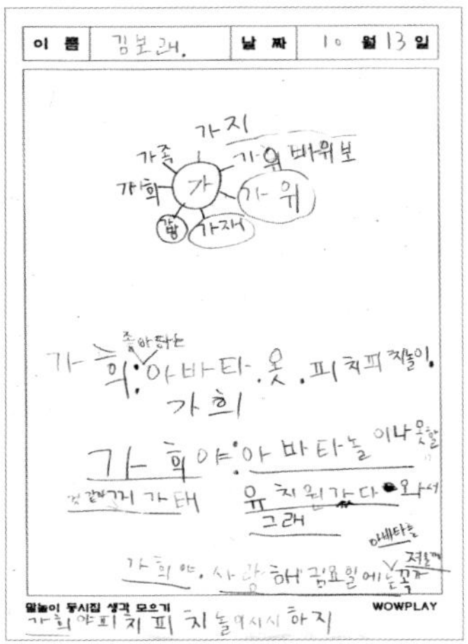

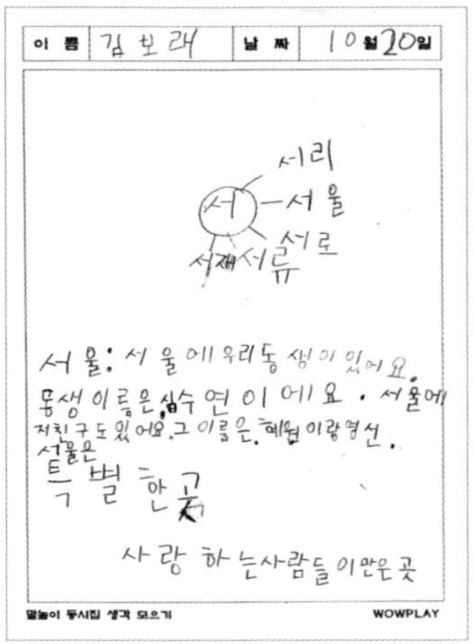

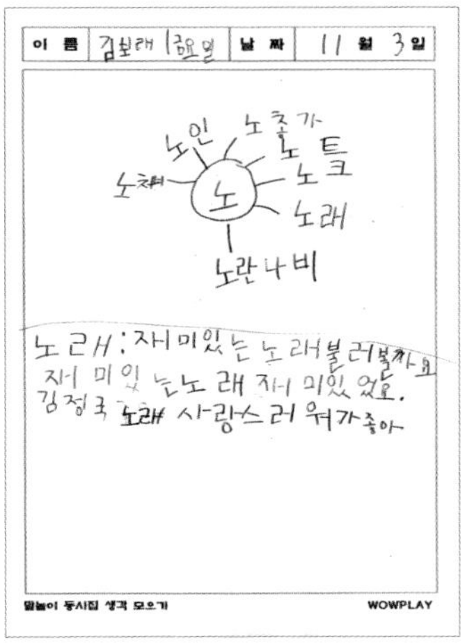

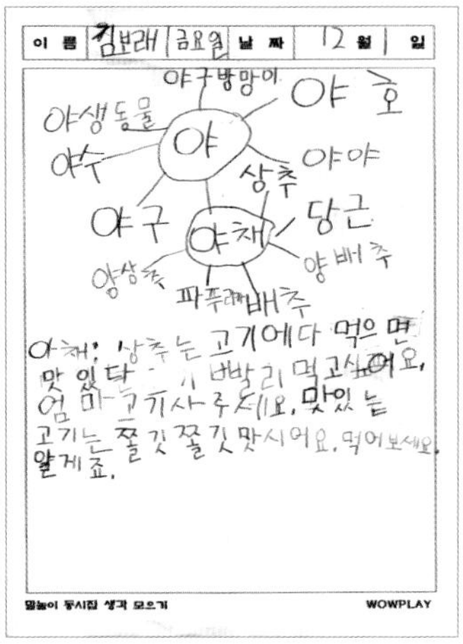



⑪ 동시 카드 꾸미기

- 말놀이 동시집 생각 모으기 활동지를 참고하여 동시 카드에 동시를 옮겨 적고 그림을 그려 꾸민다.
- 동시 짓기는 개별적으로 자유선택활동 시 자유롭게 활동하거나 대집단 활동 시간을 마련하여 하루에 한 편씩 완성하고 일주일에 두세 편씩 꾸준히 활동하여 동시 카드를 작성하도록 지도한다.
- 완성한 동시 카드는 차례로 8면 주머니 병풍책의 주머니 속에 집어넣는다.
- 동시 카드 주머니 병풍책은 1권을 완성한 후 같은 방법으로 1년 이상 꾸준히 활동하면 문학적 글쓰기 발달에 효과적이다.
- 교육 주제나 활동 내용에 따라 동시 짓기 외에 주말 지낸 이야기 그리기, 그림책을 읽고 인상 깊은 장면 그리기, 공연 관람 후 중심 장면 그리기, 내가 읽은 그림책 광고하기 등의 활동으로 진행할 수 있다.



⑫ 주머니에 제목 카드 붙이기

- 완성한 동시 카드를 집어넣은 주머니 앞부분에 제목 카드 또는 팬시 라벨을 붙이고 동시 제목을 적는다.

⑬ 뒷표지 꾸미기

- 동시 카드에 펴낸 날, 펴낸 이, 펴낸 곳, 가격, 전화번호, 주소 등을 적고 바코드를 오려 붙이거나 원하는 형태로 그리고 ISBN을 설정하여 판권면을 꾸민다.
- 뒷표지 그림을 그리고 동시집 광고 문구나 문집을 완성한 소감을 적어서 꾸밀 수 있다.
- 완성한 카드 뒷면에 풀칠하여 뒷표지 중심에 붙인다.
- 다양한 크기의 판권면 라벨(CD-ROM)을 사용하여 꾸미도록 할 수 있다.

## 소개하기 · 감상하기

- 동시를 한 편씩 완성할 때마다 친구들에게 읊어주도록 지도한다.
- 동시의 특징적인 운율이나 형식에 대하여 알아본다.
- 동시의 운율이나 형식이 새롭거나 독특한 작품을 알아본다.
- 동시가 재미있거나 독특한 작품을 알아본다.
- 아름다운 동시를 선정하여 다함께 읊고 후속 동시를 짓는다.
- 동시 카드를 아름답게 꾸민 작품을 알아본다.
- 동시 카드 주머니 책의 제목과 출판사 명을 무엇이라고 지었는지 소개한다.
- 동시 카드에 동시 외에 어떤 이야기를 담을 수 있을지 이야기 나눈다.
- 주머니 병풍책에 동시 카드 외에 무엇을 넣어서 꾸밀 수 있을지 알아본다.
- 말놀이 동시집을 만들면서 어렵거나 힘들었던 점이 있었는지 알아본다.
- 주머니 병풍책을 이용하여 할 수 있는 새로운 활동에 대하여 이야기 나눈다.
- 교실의 한 공간을 마련하여 완성된 말놀이 동시집 주머니 병풍책을 서로 감상할 수 있도록 전시한다.

# Gallery

신현준(만 6세). 동시의 세상으로 올라오세요. 1040㎜×195㎜.

최가희(만 5세). 동시시대. 1040㎜×195㎜.

나. 2004. 6200㎜×205㎜.

브로슈어 모음집 Ⅰ. 2007. 960㎜×210㎜.

MY MESSAGES···. 2007. 960㎜×215㎜.

그림책 프로젝트 Ⅰ. 2007. 6200㎜×205㎜.

# BOOK GALLERY

그림책 프로젝트 Ⅱ. 2007. 1020㎜×220㎜.

## 생각 모으기

**Q.** 어린이들과 함께 만들었던 책 유형들을 생각하고 적어보세요.

**A.**

**Q.** 어린이들의 책 만들기 작품을 전시하고 보관할 수 있는 방법을 생각하고 적어보세요.

**A.**

**Q.** 접착 주머니를 이용하여 만들 수 있는 책 유형을 생각하고 적어보세요.

**A.**

**Q.** 접착 주머니를 이용하여 만든 책을 보관하는 방법을 생각하고 적어보세요.

**A.**

**Q.** 접착 주머니 병풍책을 이용하여 할 수 있는 문해 활동을 생각하고 적어보세요.

**A.**

## 자료 준비하기

- 수업용 접착 주머니 병풍책을 제작한다.
- 접착 주머니(대) 사용시: 병풍 카드 680㎜×220㎜ 2매, 연결 카드 40㎜×220㎜ 1매, 접착 주머니(대) 150㎜×143㎜ 10매, 표지 카드 135㎜×195㎜ 2매를 준비한다.
- 접착 주머니(소) 사용시: 병풍 카드 600㎜×195㎜ 2매, 연결 카드 40㎜×195㎜ 1매, 접착 주머니(소) 130㎜×125㎜ 10매, 표지 카드 115㎜×175㎜ 2매를 준비한다.
- 다양한 크기(270㎜×195㎜, 390㎜×180㎜, 390㎜×270㎜, 390㎜×540㎜, 540㎜×195㎜, 675㎜×195㎜, 1080㎜×195㎜)의 책만들기 카드 또는 그동안 만들었던 책들을 준비한다.
- 알파벳 대문자 라벨 · 알파벳 소문자 라벨 3110(CD-ROM)을 Formtec Label 3110 라벨용지에 출력한다.
- Formtec Label 3104 · 3621 라벨 또는 팬시 라벨 여러 매를 준비한다.

## 도구 준비하기

- 연필
- 색연필
- 사인펜
- 유성매직
- 유성펜
- 색종이
- 풀
- 가위
- 핑킹가위
- 모양 펀치
- 본드
- 본드판
- 면봉
- 팬시 도장
- 팬시 스티커
- 팬시 라벨
- 장식 재료
- 본 폴더
- 자
- 컬러 스탬프 패드

신현준(만 5세). 신현준의 책 모음집. 1020㎜×220㎜.

전태현(만 5세). 신나는 동시. 1020㎜×220㎜.

최여진 글 · 고희은 · 권현선 · 한 율 · 황태랑 · 나지원 그림(만 3 · 4 · 5 · 6 · 9 · 11세). 아트 Ⅲ. 2007. 860㎜×160㎜.

## 접착 주머니 병풍책 소개하고 생각 모으기

- 수업용 접착 주머니 병풍책을 소개하고 어떻게 만들고 무엇을 표현할 수 있는지 이야기 나눈다.

**Q.** 이 책은 병풍책과 비교하여 어떤 점이 다르니?
**Q.** 주머니 병풍책과 비교하면 어떤 점이 다르니?
**Q.** 병풍책에 어떻게 주머니를 붙인 것일까?
**Q.** 이 접착 주머니는 어떻게 사용하는 것일까?
**Q.** 이 책의 이름은 무엇이라고 지을 수 있을까?
**Q.** 접착 주머니 병풍책의 주머니 속에 무엇을 넣을 수 있을까?
**Q.** 주머니 속에 넣을 수 있는 카드나 물건은 어떤 크기여야 할까?
**Q.** 접착 주머니 병풍책의 주머니 속에 그동안 내가 만든 책을 넣으면 어떤 모양이 될까?
**Q.** 내가 만든 책들을 넣은 접착 주머니 병풍책의 이름은 무엇이라고 지을 수 있을까?
**Q.** 접착 주머니 속에 넣은 책이 어떤 책인지 알려주려면 어떻게 해야 할까?
**Q.** 접착 주머니 병풍책에 내가 만든 책 외에 무엇을 넣어서 꾸밀 수 있을까?

## 접착 주머니 병풍책 만들기

① 4면 병풍책 만들기

- 접착 주머니(대) 사용시: 병풍 카드 680㎜×220㎜ 2매를 지그재그로 접어서 각각 4면 병풍책 2권을 만든다.
- 접착 주머니(소) 사용시: 병풍 카드 600㎜×190㎜ 2매를 지그재그로 접어서 각각 4면 병풍책 2권을 만든다.
- 접착 주머니 병풍책은 일반 색지를 사용하기 보다는 평량이 186g/㎡~300g/㎡ 사이의 평량이 높은 두꺼운 지류를 준비하여 제작해야 무게감을 지탱할 수 있으며 견고성이 높다.
- 평량이 200g 이상인 지류는 어린이 스스로 접기에 어려움을 느끼므로 교사가 병풍책을 접어서 제공하는 것이 적절하며, 자와 본 폴더를 이용하여 접는 선을 표시한 후 접어야 깨끗하게 접을 수 있다.
- 본 폴더를 사용하여 종이를 접는 방법은 27쪽을 참고한다.

② 8면 병풍책 만들기

- 연결 카드 40㎜×220㎜ 또는 40㎜×195㎜ 크기의 카드를 길게 절반으로 접어서 2면 막대 카드를 만든다.
- 2면으로 접은 연결 카드의 양면에 풀칠하고 각각의 면에 4면 병풍책 2권을 연결하여 붙인다.
- 책 만들기 경험이 풍부하지 않은 어린이들과 활동하는 경우 8면 병풍책 보다는 4면 병풍책(680㎜×220㎜ 또는 600㎜×195㎜)을 만들어 활동하도록 지도한다.

❷-1 4면 병풍책 만들기

❷- 2 면 연결 카드 양면에 풀칠하기

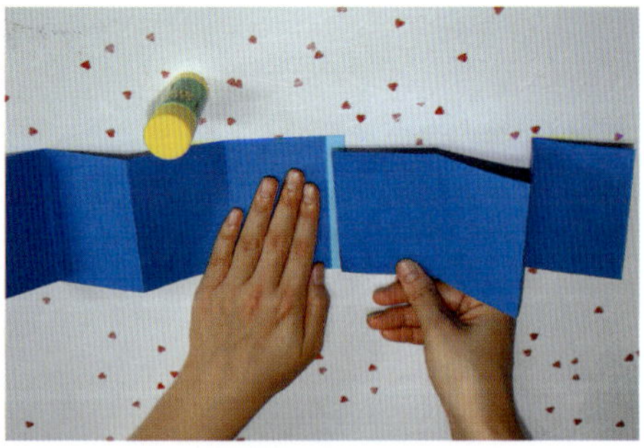
❷-3 연결 카드 양면에 4면 병풍책 붙이기

③ 접착 주머니 붙이기

- 8면 병풍책의 앞표지, 뒷표지 그리고 본문 면 중앙 부분에 접착 주머니의 배지를 떼어내고 각각 붙인다.
- 접착 주머니는 한 번 붙이면 다시 떼어낼 수 없으므로 접착 주머니의 양끝을 잡고 붙이는 방법을 연습한 후 배지를 떼어내고 붙이도록 지도한다.
- 접착 주머니를 붙일 때 카드에 윗부분을 먼저 붙이고 아래 부분을 붙이거나 왼쪽 부분을 먼저 붙이고 오른쪽으로 밀어서 붙인다.
- 어린이 스스로 접착 주머니를 붙이는데 어려움을 느끼는 경우 교사가 붙이는 과정을 관찰하도록 지도한다.
- 접착 주머니는 「최유경유아놀이교육연구소」에서 개발하여 대(150㎜×143㎜)와 소(130㎜×125㎜) 크기로 제작되어 판매되고 있으므로 제작하는 책의 크기에 따라 필요한 규격을 구입하여 사용한다(CD-ROM 참조).

④ 접착 주머니 병풍책에 책 만들기 작품 끼우기

- 접착 주머니 8면 병풍책의 앞표지부터 뒷표지까지 10개의 접착 주머니 속에 그동안 만들었던 책 만들기 작품을 1권씩 차례로 집어 넣는다.
- 책 만들기 작품을 접착 주머니에 넣을 때 앞표지 주머니에 가장 마음에 드는 작품을 집어넣고 뒷표지에는 주머니 속에 완전히 들어 가는 작은 크기의 작품을 넣도록 지도한다.
- 접착 주머니 속에 책 만들기 작품을 넣을 때 만든 날짜에 따라 순서대로 집어넣어야 책 만들기 교육 과정과 발달내용을 이해하는데 도움이 된다.
- 앞표지와 뒷표지의 접착 주머니 속에 책 만들기 작품을 넣지 않고 135mm×195mm 또는 115mm×175mm 크기의 표지 카드에 앞표지와 뒷표지를 꾸며서 집어넣도록 할 수 있다.
- 표지 카드를 이용하여 앞표지를 꾸미는 경우 앞표지에는 접착 주머니 속에 넣은 각각의 책 제목을 적고 그림책의 중심 장면이나 주인공 모습을 그리고 뒷표지 카드에는 각각의 책들을 소개하거나 광고하는 문구를 적어서 꾸미도록 지도한다.

**❸-1 접착 주머니 뒷면의 배지를 떼어낸다.**

**❸-2 접착 주머니를 카드 중앙에 맞추어 각각 붙인다.**

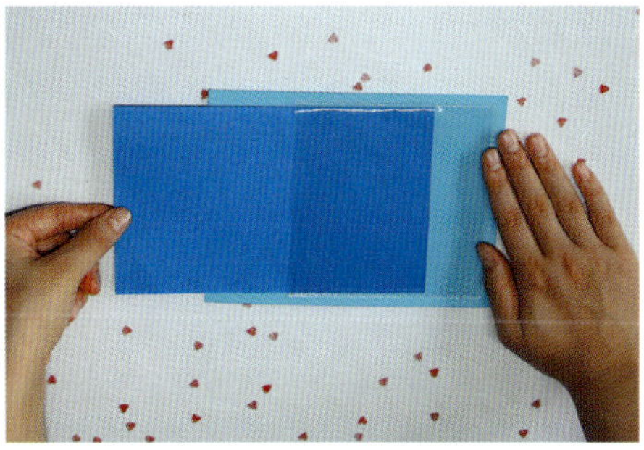

**❹ 접착 주머니 속에 책 만들기 작품을 한 권씩 집어 넣는다.**

⑤ 제목 라벨 붙이기

- 접착 주머니 병풍책의 각각의 접착 주머니 속에 만들어 넣은 책의 제목 또는 책의 유형(예: 삼각대 카드, 병풍책, 깃발 병풍책, 큰 책, 주인공 POP-UP BOOK, 나비 POP-UP BOOK, 개구리 POP-UP BOOK 등)을 팬시 라벨 또는 Formtec Label 3104 · 3621 라벨에 적어서 접착 주머니 하단 중앙 부분에 각각 붙인다.
- 책의 제목이나 유형 외에 각각의 책을 만드는데 활용한 그림책 명, 참고도서 명(예: OOO책을 읽고), 책을 만든 날짜 등을 적을 수 있다.
- 어린이의 연령이나 발달수준에 따라 제목을 적지 않거나 교사 또는 부모가 적어 붙여준다.

⑥ 다양한 유형의 책 만들기

- 접착 주머니에 넣을 수 있는 다양한 유형의 책 만들기 방법은 『책 만들기를 통한 창의적 언어교육 Ⅰ · Ⅱ · Ⅲ』(최유경 저. 서울: WOWPLAY)과 본 서에 소개된 활동을 참고하여 제작한다.
- 책에 담는 자료 유형에 따라 접착 주머니 대 · 소 외에 CD 접착 주머니를 함께 사용할 수 있다.

## 소개하기 · 감상하기

- 접착 주머니 병풍책에 어떤 책들을 넣었는지 소개한다.
- 접착 주머니 병풍책에 담은 책들을 설명하는 카드 또는 라벨을 어떻게 적었는지 소개한다.
- 그동안 만들었던 책들 중에 가장 마음에 들거나 다시 만들고 싶은 책이 무엇인지 이야기 나눈다.
- 접착 주머니 병풍책에 책을 넣을 때 주의하거나 고려해야 할 점에 대하여 알아본다.
- 접착 주머니 병풍책에 그 동안 만들었던 책 외에 무엇을 넣어서 꾸밀 수 있을지 알아본다.
- 접착 주머니 속에 카드를 이용하여 할 수 있는 문해 활동에 대하여 알아본다.
- 접착 주머니를 이용하여 만들 수 있는 새로운 형태의 책 만들기 방법에 대하여 생각을 모은다.
- BOOK GALLERY 접착 주머니 병풍책을 만들면서 어렵거나 힘들었던 점이 있었는지 알아본다.
- 접착 주머니 병풍책을 이용하여 할 수 있는 새로운 활동에 대하여 이야기 나눈다.
- 교실의 한 공간을 마련하여 완성된 BOOK GALLERY 접착 주머니 병풍책을 서로 감상할 수 있도록 전시한다.

# Gallery

전태현(만 5세). 신나는 동시. 1020㎜×220㎜.

개구쟁이 그림놀이(만 4 · 5 · 6세). 2005. 1200㎜×180㎜.

# Gallery

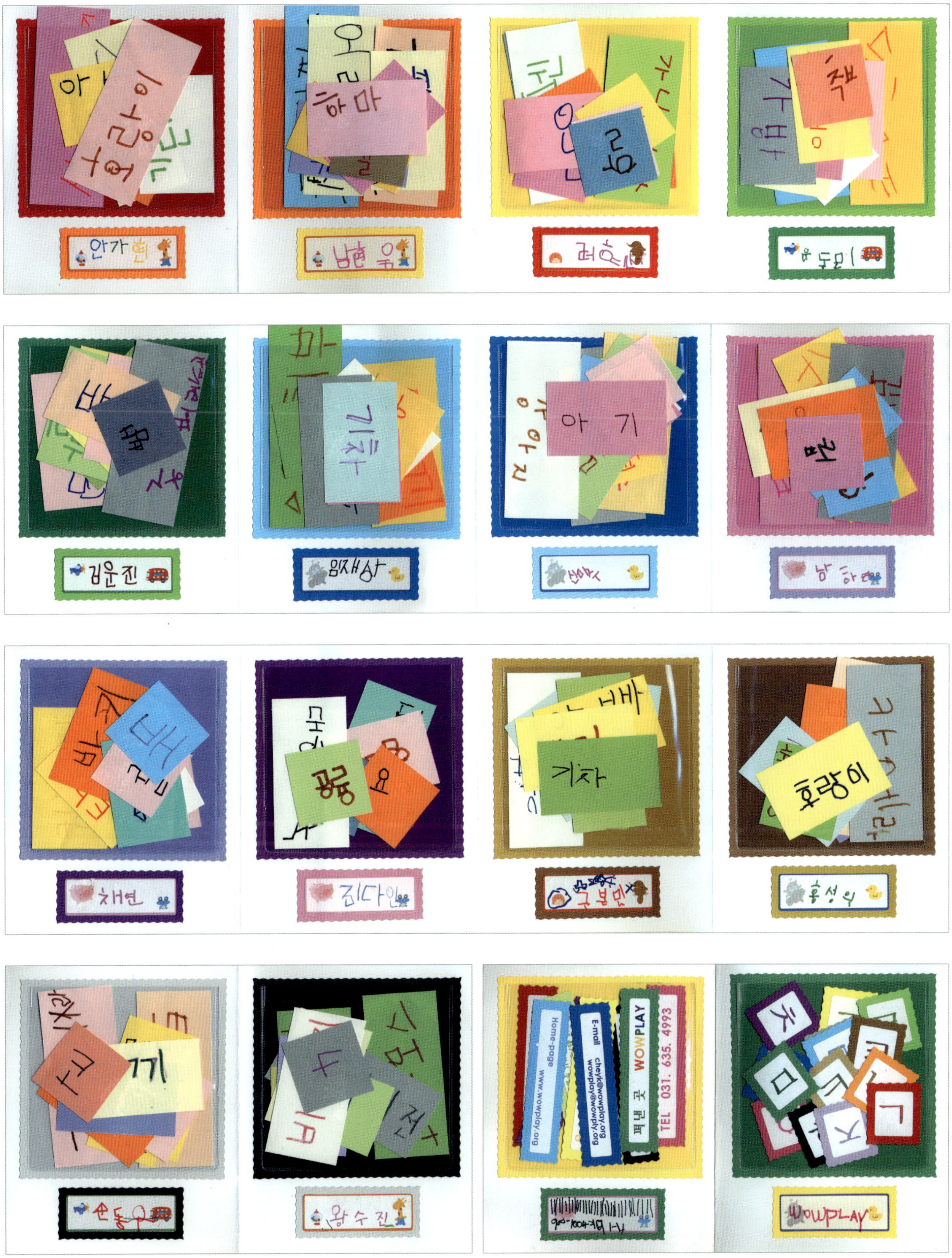

경기도청어린이집 친구들(만 4세). 쑥쑥 크는 말놀이. 2240㎜×195㎜.

# Gallery

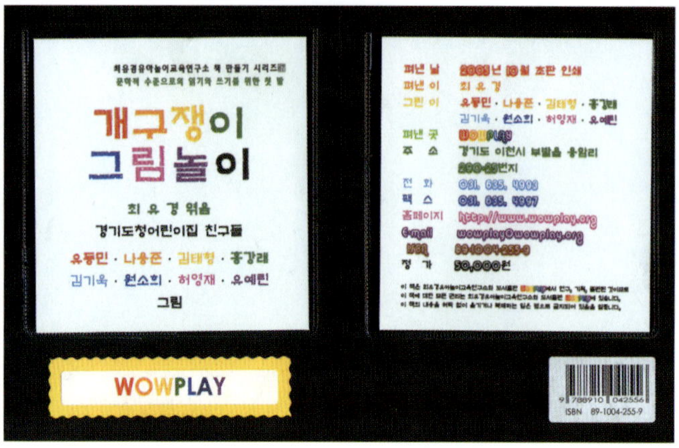


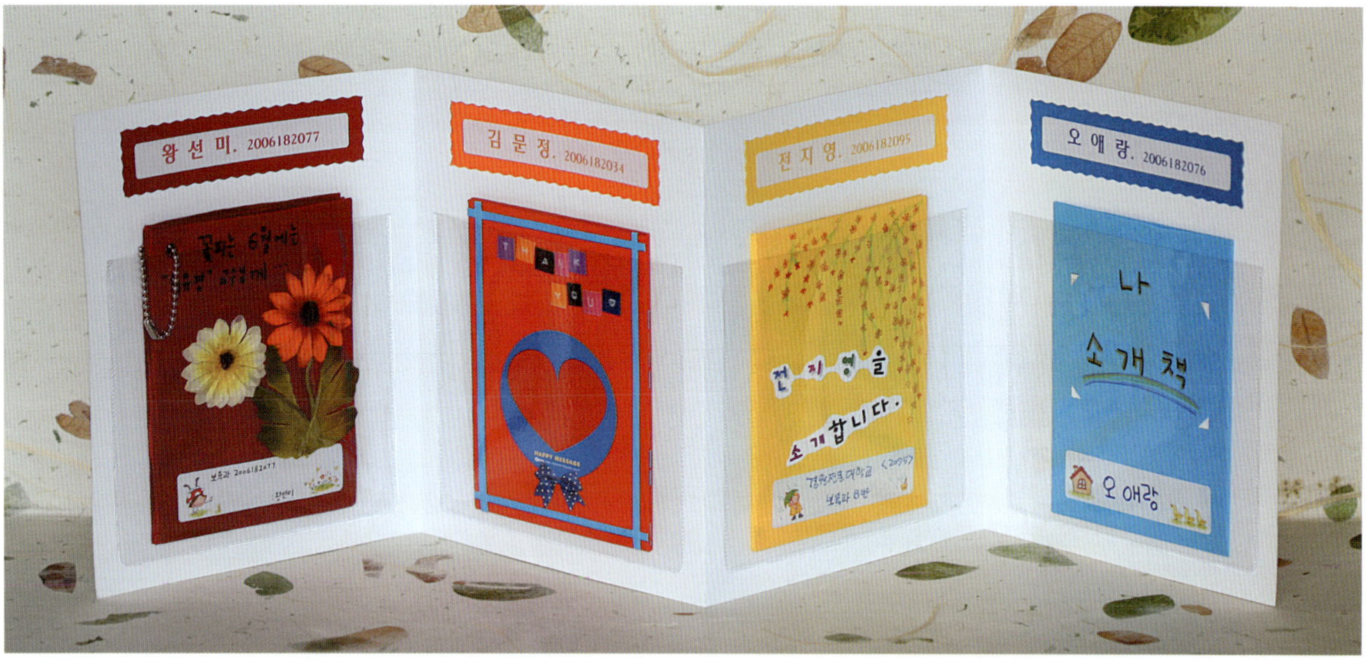

영유아프로그램 2007. 2007. 600㎜×195㎜ · 개구쟁이 그림놀이. 2005. 1200㎜×180㎜ · 경기도청어린이집 친구들(만4세). 쑥쑥 크는 말놀이. 2240㎜×195㎜.

오애랑. 나 소개책. 365㎜×129㎜.

김문정. THANK YOU! 365㎜×129㎜.

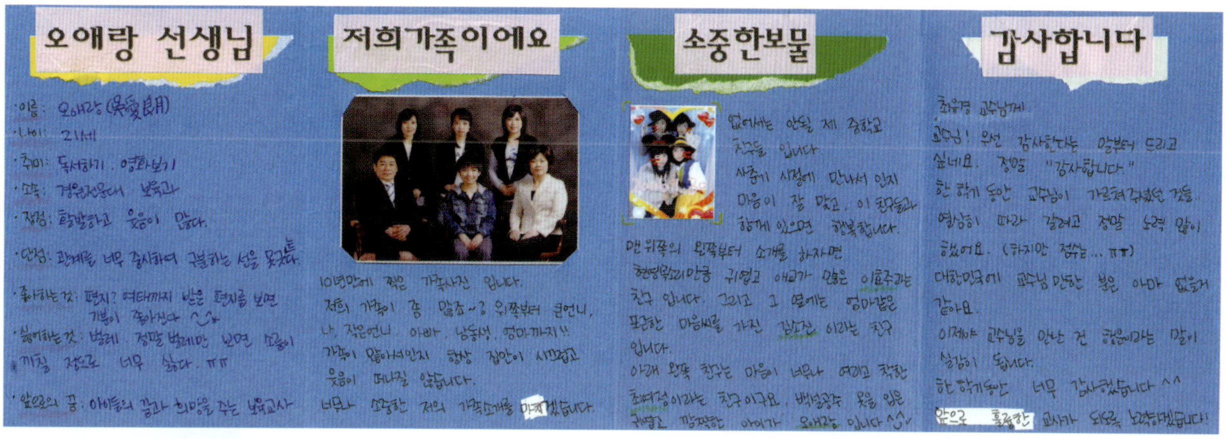


오애랑. 나 소개책. 365㎜×129㎜.

김문정. THANK YOU! 365㎜×129㎜.

영유아프로그램 2007. 2007. 600㎜×195㎜.

# Gallery

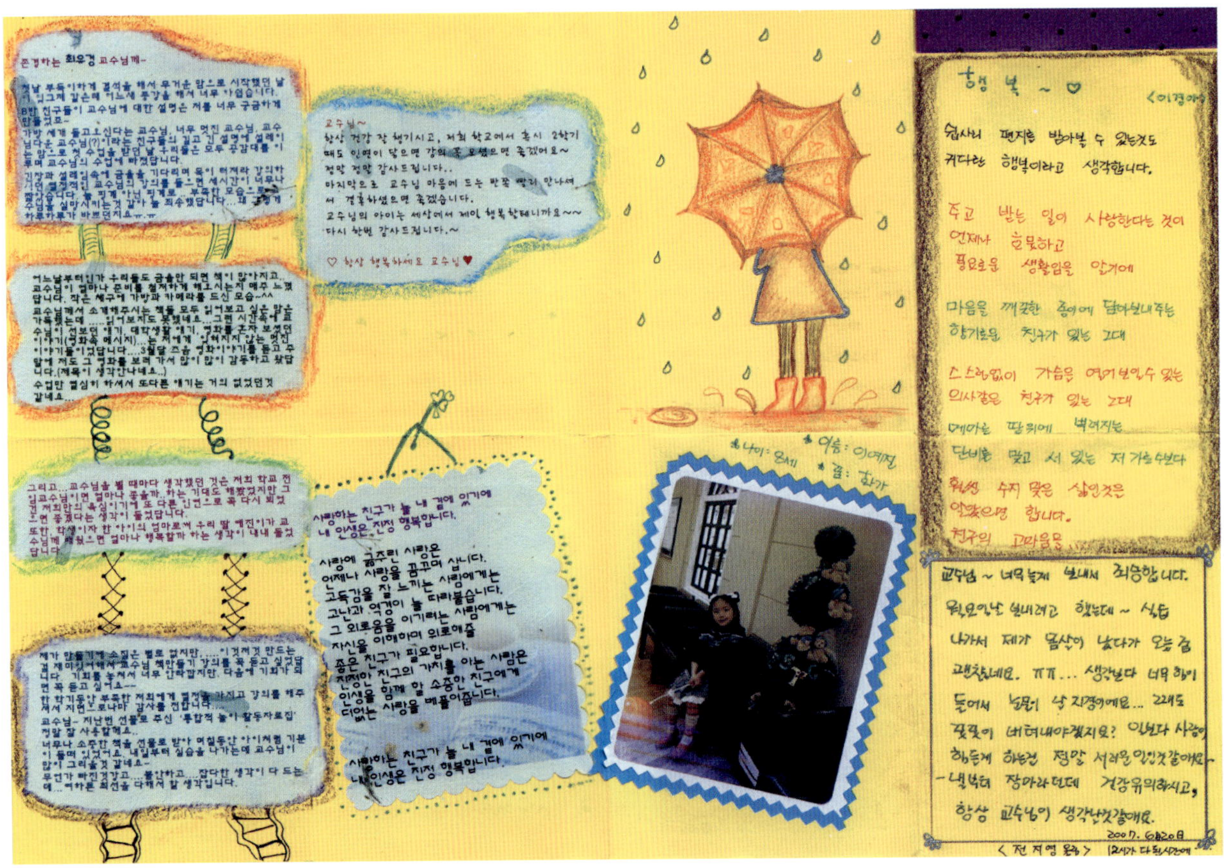


전지영. 전지영을 소개합니다. 365㎜×258㎜.

영유아프로그램 2007. 2007. 600㎜×195㎜.

# 움직이는 책꽂이

Choi' s Story. 2007. 2550㎜×220㎜.
그림책 프로젝트Ⅲ. 2007. 1530㎜×220㎜.



## 생각 모으기

**Q.** 가족이 주인공으로 등장하는 그림책들을 찾아보고 제목, 지은이, 출판사 명을 적어보세요.

**A.**

**Q.** 동물들이 주인공으로 등장하는 그림책들을 찾아보고 제목, 지은이, 출판사 명을 적어보세요.

**A.**

**Q.** 글자 없는 그림책들을 제목, 지은이, 출판사 명을 적어보세요.

**A.**

**Q.** 그림책을 소개할 때 필요한 내용들에 대하여 생각하고 적어보세요.

**A.**

**Q.** 그림책에 대한 다양한 정보를 얻을 수 있는 면(판권면)에 기재되는 내용들을 알아보고 각각의 내용에 따른 의미를 적어보세요.

**A.**

## 자료 준비하기

- 수업용 접착 주머니 깃발 병풍책을 제작한다.
- 접착 주머니(대) 사용시: 병풍 카드 680㎜×220㎜ 2매, 깃발 카드 170㎜×220㎜ 9매, 그림책 카드 135㎜×195㎜ 9매, 연결 카드 40㎜×220㎜ 1매, 접착 주머니(대) 150㎜×143㎜ 10매를 준비한다.
- 접착 주머니(소) 사용시: 병풍 카드 600㎜×195㎜ 2매, 깃발 카드 150㎜×195㎜ 9매, 그림책 카드 115㎜×175㎜ 9매, 연결 카드 40㎜×195㎜ 1매, 접착 주머니(소) 130㎜×125㎜ 10매를 준비한다.
- 움직이는 책꽂이 생각 모으기(CD-ROM)를 A4 복사용지에 출력한다.
- 움직이는 책꽂이 라벨 3621(CD-ROM)을 Formtec Label 3621 라벨용지에 출력한다.
- 판권면 라벨 3108 · 3114 · 3116(CD-ROM)을 Formtec Label 3108 · 3114 · 3116 라벨용지에 출력한다.

## 도구 준비하기

- 연필
- 색연필
- 사인펜
- 유성매직
- 유성펜
- 색종이
- 풀
- 가위
- 핑킹가위
- 모양 펀치
- 본드
- 본드판
- 면봉
- 팬시 도장
- 팬시 스티커
- 팬시 라벨
- 장식 재료
- 본 폴더
- 자
- 컬러 스탬프 패드

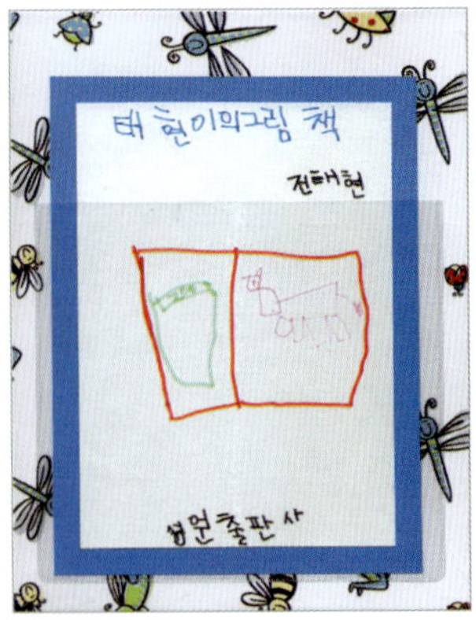

전태현(만 5세). 태현이의 그림책. 1530㎜×225㎜.

김보래(만 5세). 재미있는 동시. 1530㎜×225㎜.

## 그림책 생각 모으기

- 기관에서 어린이들과 함께 읽었던 그림책, 교실 내에 비치되어 있는 그림책, 어린이들이 가정에서 읽었던 그림책, 갖고 있는 그림책, 갖고 싶은 그림책 등에 대하여 이야기 나눈다.

**Q.** 그동안 우리가 읽었던 그림책 또는 그림동화 중에 생각나는 그림책은 무엇이니?
**Q.** 우리 교실에는 어떤 그림책들이 있니?
**Q.** 어떤 그림책들을 가지고 있니?
**Q.** 집에 있는 그림책 중에 가장 재미있게 읽은 그림책은 무엇이니?
**Q.** 왜 그 그림책이 재미있었니?
**Q.** 집에 있는 그림책 중에 가족이 등장하는 그림책에는 어떤 것들이 있니?
**Q.** 집에 있는 그림책 중에 동물이 주인공인 그림책은 무엇이니?
**Q.** 주인공이 특이한 그림책은 무엇이니?
**Q.** 왜 그 주인공이 특이하다고 생각하니?
**Q.** 그림책에 글자가 없이 그림으로만 그려진 그림책이 있었니?
**Q.** 그림책 작가 중에 특히 좋아하는 작가가 있니?

**Q.** 왜 그 작가를 좋아하니?
**Q.** 좋아하는 그림책 작가를 만나면 어떤 이야기를 하고 싶니?
**Q.** 우리가 읽었던 그림책 중에 같은 작가가 그린 그림책은 어떤 것들이 생각나니?
**Q.** 내가 그림책 작가가 된다면 어떤 이야기의 그림책을 만들고 싶니?
**Q.** 언제, 어떤 책을 읽었는지 시간이 지난 뒤에도 알 수 있는 방법은 무엇일까?
**Q.** 독서 목록을 작성할 때 적어야 할 내용들은 무엇일까?
**Q.** 그림책을 소개할 때 알려주어야 하는 내용은 무엇일까?
**Q.** 그림책의 앞표지에는 어떤 것들이 표현되어 있니?
**Q.** 그림책의 뒷표지에는 어떤 내용이 담겨져 있니?
**Q.** 책을 만든 곳이나 만든 사람 등에 대한 다양한 정보가 적혀있는 곳은 어디일까?
**Q.** 책의 제작에 따른 다양한 정보를 담고 있는 면을 무엇이라고 할까?
**Q.** 만약 판권면이 없다면 어떤 어려움이 있을까?
**Q.** 그림책을 읽고 나서 내가 느낀 것을 오랫동안 기억하거나 남길 수 있는 방법은 무엇일까?
**Q.** 그림책 외에 좋아하는 책이 있니?

## 움직이는 책꽂이 접착 주머니 깃발 병풍책 소개하고 생각 모으기

- 수업용 접착 주머니 깃발 병풍책을 소개하고 어떻게 만들고 무엇을 표현할 수 있는지 이야기 나눈다.

**Q.** 이 책은 깃발 병풍책과 비교하여 어떤 점이 다르니?
**Q.** 접착 주머니 병풍책과 비교하면 어떤 점이 다르니?
**Q.** 이 책의 이름은 무엇이라고 지을 수 있을까?
**Q.** 접착 주머니 깃발 병풍책의 주머니 속에 무엇을 넣을 수 있을까?
**Q.** 접착 주머니 깃발 병풍책의 주머니 속에 넣을 수 있는 종이는 어떤 크기여야 할까?
**Q.** 접착 주머니 깃발 병풍책의 주머니 속에 내가 읽었거나 갖고 있는 그림책들에 대하여 소개한다면 어떤 이야기들을 알려줄 수 있을까?
**Q.** 그림책의 제목, 지은이, 출판사, 주인공, 등장하는 인물들, 펴낸 날, 가격, ISBN 등 잘 모르는 내용을 적거나 그리려면 어떻게 해야 할까?
**Q.** 내가 갖고 있는 그림책들을 알아보려면 어떻게 해야 할까?
**Q.** 그림책의 주인공이 누구인지 알아보려면 어떻게 해야 할까?
**Q.** 그림책을 소개하는 카드를 넣은 접착 주머니 깃발 병풍책의 제목은 무엇이라고 지을 수 있을까?

- 움직이는 책꽂이 생각 모으기(CD-ROM) 활동지에 주제에 적합한 그림책을 생각하거나 알아보고 필요한 경우 그림책을 참고하여 간단히 표현한다.
- 생각 모으기 활동지의 주제에 따라 필요한 경우 생각 모으기 활동지를 가정으로 보내 집에서 어린이 스스로 책꽂이에 꽂혀있는 다양한 책들을 탐색하고 표현하여 기관으로 가져와 후속 활동을 진행한다.

## 움직이는 책꽂이 접착 주머니 깃발 병풍책 만들기

① 4면 병풍책 만들기

- 접착 주머니(대) 사용시 : 병풍 카드 680㎜×220㎜ 2매를 지그재그로 접어서 각각 4면 병풍책 2권을 만든다.
- 접착 주머니(소) 사용시 : 병풍 카드 600㎜×195㎜ 2매를 지그재그로 접어서 각각 4면 병풍책 2권을 만든다.
- 움직이는 책꽂이 접착 주머니 깃발 병풍책은 일반 색지를 사용하기 보다는 평량이 186g/㎡~300g/㎡ 사이의 평량이 높은 두꺼운 지류를 준비하여 제작해야 무게감을 지탱할 수 있으며 견고성이 높다.
- 평량이 200g 이상인 지류는 어린이 스스로 접기에 어려움을 느끼므로 교사가 병풍책을 접어서 제공하는 것이 적절하며, 자와 본 폴더를 이용하여 접는 선을 표시한 후 접어야 깨끗하게 접을 수 있다.
- 본 폴더를 사용하여 종이를 접는 방법은 27쪽을 참고한다.

② 8면 병풍책 만들기

- 지그재그로 접은 4면 병풍책 2권을 다시 각각 지그재그로 접어서 각각 8면 병풍책 2권을 만든다.

③ 16면 병풍책 만들기(52쪽 참고)

- 연결 카드 40㎜×220㎜ 또는 40㎜×195㎜ 크기의 카드를 길게 절반으로 접어서 2면 막대 카드를 만든다.
- 2면으로 접은 연결 카드의 양면에 풀칠하고 각각의 면에 8면 병풍책 2권을 연결하여 붙이고 지그재그로 접어서 16면 병풍책을 만든다.
- 책 만들기 경험이 풍부하지 않은 어린이들과 활동하는 경우 8면 깃발 병풍책 보다는 4면 깃발 병풍책(680㎜×220㎜ 또는 600㎜×195㎜)을 만들어 활동하도록 지도한다.

④ 깃발 카드 붙이기(27쪽 참고)

- 16면 병풍책의 1면에 풀칠하고 깃발 카드 1매를 붙인다.
- 16면 병풍책의 2면, 4면, 6면, 8면, 10면, 12면, 14면, 16면에 각각 풀칠하고 깃발 카드를 1매씩 붙인다.

⑤ 깃발 병풍책에 접착 주머니 붙이기(52~53쪽 참고)

- 8면 깃발 병풍책의 앞표지와 뒷표지 중앙 부분에 접착 주머니의 배지를 떼어내고 각각 붙인다.
- 8면 깃발 병풍책의 본문 면 중앙 부분에 접착 주머니의 배지를 떼어내고 각각 붙인다.
- 앞표지와 뒷표지는 접착 주머니 대신에 표지 카드를 붙여서 꾸밀 수 있다.
- 접착 주머니는 한 번 붙이면 다시 떼어낼 수 없으므로 접착 주머니의 양끝을 잡고 붙이는 방법을 연습한 후 배지를 떼어내고 붙이도록 지도한다.
- 어린이 스스로 접착 주머니를 붙이는데 어려움을 느끼는 경우 교사가 붙이는 과정을 관찰하도록 지도한다.
- 접착 주머니는 「최유경유아놀이교육연구소」에서 개발하여 대(150㎜×143㎜)와 소(130㎜×125㎜) 크기로 제작되어 판매되고 있으므로 제작하는 책의 크기에 따라 필요한 규격을 구입하여 사용한다(CD-ROM 참조).





⑥ 앞표지 꾸미기

- 내가 읽었던 그림책, 갖고 있는 그림책, 기억에 남는 그림책 등을 소개하는 그림책에 붙일 수 있는 다양한 제목을 생각하도록 격려한다.
- 그림책을 소개하는 책을 만드는 출판사 명으로 무엇이 적절할지 이야기 나눈다.
- 개별적으로 사용하는 출판사 명이 있는 경우 출판사 명을 따로 정하지 않는다.
- 그림책 카드에 생각 모으기를 통해 지은 제목과 출판사 명을 적고 지은이와 앞표지 그림 등을 담는다.
- 완성한 앞표지 카드를 8면 깃발 병풍책의 앞표지 접착 주머니에 집어넣는다.
- 앞표지에 접착 주머니를 붙이지 않은 경우 완성한 앞표지 카드 뒷면에 풀칠하여 붙인다.
- 그림책 카드를 보다 견고하고 돋보이게 만들고 싶은 경우 115㎜×175㎜ · 135㎜×195㎜ 크기의 하얀색 그림책 카드 위에 표현하고 135㎜×195㎜ · 155㎜×215㎜ 크기의 다양한 색깔 배지 카드 위에 풀칠하여 붙인다.

⑦ 움직이는 책꽂이 라벨 붙이기

- 움직이는 책꽂이 라벨 3621(CD-ROM) 라벨에서 원하는 주제 라벨을 떼어 8장의 그림책 카드 상단 중앙 부분에 차례로 붙이고 깃발 병풍책의 주머니 속에 집어넣는다.
- 움직이는 책꽂이 라벨 3621(CD-ROM)은 다양한 주제를 다루고 있으므로 어린이들이 개별적으로 원하는 주제의 라벨을 떼어서 사용하거나 교사가 주제를 정하여 제공한다.
- 움직이는 책꽂이 라벨 3621(CD-ROM) 라벨을 대신에 어린이들과 의논하여 그림책에 대하여 알아보고 싶은 주제를 정하여 스스로 그림책 카드에 탐색 주제를 적거나 팬시 라벨에 적어서 붙이도록 할 수 있다.

  예) 엄마가 등장하는 그림책, 아빠가 등장하는 그림책, 나와 같은 어린아이가 등장하는 그림책, 강아지(또는 다른 종류의 동물들)가 등장하는 그림책, 도깨비가 등장하는 그림책, 말썽꾸러기 또는 개구쟁이가 주인공인 그림책, 교통기관이 등장하는 그림책, 우리나라 작가가 그린 그림책, 외국 작가가 그린 그림책, 두 명이 주인공인 그림책, 세 명이 주인공이 그림책, 그림책 모양이 특별한 그림책, 이야기가 행복하게 끝나는 그림책, 이야기가 슬프게 끝나는 그림책, 이야기가 재미있는 그림책, 다시 읽고 싶은 그림책, 이야기를 새롭게 바꾸고 싶은 그림책 등

### ⑧ 그림책 카드 꾸미기

- 움직이는 책꽂이 라벨을 붙인 각각의 그림책 카드를 한 장씩 꺼내어 탐색 주제에 대하여 생각하고 생각 모으기 활동지를 참고하여 글과 그림으로 표현한다.
- 필요한 경우 주제에 따라 교실을 자유로이 탐색하며 그림책 카드를 작성하는 데 필요한 정보를 찾아 관찰하며 표현하도록 지도한다.
- 어린이가 가지고 있는 그림책을 적어야 하는 경우 그림책 카드를 집으로 가져가서 활동하고 다시 원으로 가져오도록 지도한다.
- 그림책에 대한 상세한 정보를 표현해야 하는 경우 해당 그림책을 개별적으로 가져오거나 전시된 곳에서 탐색하고 관찰하며 내용을 담는다.
- 앞표지와 마찬가지로 그림책 카드를 보다 견고하고 돋보이게 만들고 싶은 경우 115㎜×175㎜ · 135㎜×195㎜ 크기의 하얀색 그림책 카드 위에 그림책 주제와 내용을 표현하고 135㎜×195㎜ · 155㎜×215㎜ 크기의 다양한 색깔 배지 카드 위에 풀칠하여 붙인다.
- 완성한 그림책 카드는 다시 접착 주머니 속에 집어넣는다.
- 위와 같은 방법으로 나머지 7매의 그림책 카드를 차례로 완성한다.
- 그림책 카드를 꾸미는 활동은 한 번에 완성하지 않고 하루에 1매 또는 2매씩 여러 차례에 걸쳐 충분히 탐색하고 작성하도록 지도한다.
- 그림책 카드 꾸미기 외에 학급에서 진행 중인 프로젝트에 관한 조별 생각 모으기 활동 자료 또는 프로젝트와 관련된 책을 제작하고 이를 꽂아서 전시하면 프로젝트에 따른 전개 과정 및 활동 내용을 이해할 수 있고 어린이들간 다양한 생각을 공유할 수 있는 기회를 제공할 수 있다.

### ⑨ 그림책 카드 소개하기

- 그림책 카드를 모두 완성한 후 소개하려면 시간이 많이 소요되고 어린이들이 지루해할 수 있으므로 카드를 한 장 씩 완성할 때마다 알아보고 표현한 내용을 소개하도록 지도한다.
- 학급의 정원이 많으면 모든 어린이들이 발표할 시간이 충분치 않으므로 주제별로 인원을 정하여 골고루 발표할 수 있도록 배려한다.

### ⑩ 뒷표지 꾸미기

- 그림책 카드에 펴낸 날, 펴낸 이, 펴낸 곳, 가격, 전화번호, 주소 등을 적고 바코드를 오려 붙이거나 원하는 형태로 그리고 ISBN을 설정하여 판권면을 꾸민다.
- 책 만들기 경험이 풍부한 어린이는 뒷표지 그림을 그리고 광고 문구를 적도록 지도한다.
- 판권면 라벨 3108 · 3114 · 3116(CD-ROM)을 Formtec Label 3108 · 3114 · 3116 라벨용지에 출력하여 제공하고 판권면 라벨을 사용하여 뒷표지를 꾸미도록 할 수 있다.
- 완성한 뒷표지 카드를 8면 깃발 병풍책의 뒷표지 접착 주머니에 집어넣는다.
- 뒷표지에 접착 주머니를 붙이지 않은 경우 완성한 뒷표지 카드 뒷면에 풀칠하여 붙인다.
- 앞표지와 마찬가지로 그림책 카드를 보다 견고하고 돋보이게 만들고 싶은 경우 115㎜×175㎜ · 135㎜×195㎜ 크기의 하얀색 그림책 카드 위에 판권면을 표현하고 135㎜×195㎜ · 155㎜×215㎜ 크기의 다양한 색깔 배지 카드 위에 풀칠하여 붙인다.

## 소개하기 · 감상하기

- 어떤 주제의 그림책들을 알아보았는지 소개한다.
- 소개한 주제들을 탐색하면서 재미있었거나 마음에 드는 주제가 무엇이었는지 이야기 나눈다.
- 주제에 적합한 그림책을 찾는데 어려웠거나 찾을 수 없는 주제가 있었는지 알아본다.
- 소개한 움직이는 책꽂이 접착 주머니 깃발 병풍책 중에서 많은 정보를 담은 작품을 알아본다.
- 내가 만든 그림책의 이야기와 그림이 재미있거나 독특한 작품을 알아본다.
- 친구가 소개한 그림책 중에 읽어보고 싶거나 소개되지 않은 내용을 알고 있는지 이야기 나눈다.
- 접착 주머니 깃발 병풍책에 그림책 카드 외에 무엇을 넣어서 꾸밀 수 있을지 알아본다.
- 움직이는 책꽂이 접착 주머니 깃발 병풍책을 만들면서 어렵거나 힘들었던 점이 있었는지 알아본다.
- 접착 주머니 깃발 병풍책을 이용하여 할 수 있는 새로운 활동에 대하여 이야기 나눈다.
- 교실의 한 공간을 마련하여 완성된 움직이는 책꽂이 접착 주머니 깃발 병풍책을 서로 감상할 수 있도록 전시한다.

# Gallery

전태현(만 5세). 태현이의 그림책. 1530㎜×225㎜.

김보래(만 5세). 재미있는 동시. 1530㎜×225㎜.

2004 MERRY CHRISTMAS! 2004. 1950㎜ × 190㎜.

경기도청어린이집 친구들(만 5세). 모양으로 그리는 세상. 1020㎜ × 225㎜.

# 착한 어린이표 달력

200812. 2007. 540㎜×360㎜ · 200911. 2007. 540㎜×360㎜.

## 활용도서

- 존 업다이크 글 · 트리나 샤르트 하이먼 그림(2007). 어린이의 열두 달. 열린어린이.

## 참고도서

- 낸시 엘리자베스 월리스(2006). 씨! 씨! 씨! 가문비어린이.
- 레오 리오니(2005). 한 해 열두 달. 마루벌.
- 엘사 베스코브(2006). 일 년은 열두 달. 시공주니어.
- 우나 야콥스(2007). 열두 달 지구 이야기. 풀빛.
- 우나 야콥스(2007). 열두 달 태양 이야기. 풀빛.
- 이름가르트 루흐트(2006). 열두 달 나무 이야기. 풀빛.
- 이름가르트 루흐트(2006). 열두 달 숲 이야기. 풀빛.

## 생각 모으기

**Q.** 달력을 만들려면 어떤 자료가 필요할까요?

**A.**

**Q.** 달력을 이용하여 할 수 있는 수 활동을 생각하고 적어보세요.

**A.**

**Q.** 달력을 이용하여 할 수 있는 문해 활동을 생각하고 적어보세요.

**A.**

**Q.** 슬라이드 필름 파일에 넣을 수 있는 다양한 자료들을 생각하고 적어보세요.

**A.**

## 자료 준비하기

- 수업용 착한 어린이표 달력을 제작한다.
- 달력 카드 540㎜×360㎜ 1매, 슬라이드 필름 파일 3매, 숫자 카드 100㎜×50㎜ 40매, 요일 카드 50㎜×50㎜ 20매를 준비한다.
- 착한 어린이표 달력 생각 모으기(CD-ROM)를 A4 복사용지에 출력한다.
- Formtec Label 3639 라벨용지를 여러 매 준비한다.

## 도구 준비하기

- 연필
- 색연필
- 사인펜
- 유성매직
- 유성펜
- 색종이
- 풀
- 가위
- 핑킹가위
- 모양 펀치
- 본드
- 본드판
- 면봉
- 팬시 도장
- 팬시 스티커
- 팬시 라벨
- 장식 재료
- 본 폴더
- 자
- 숫자 스티커
- 양면테이프
- 칼
- 원형 컷터
- 컬러 스탬프 패드
- 스프레이 접착제

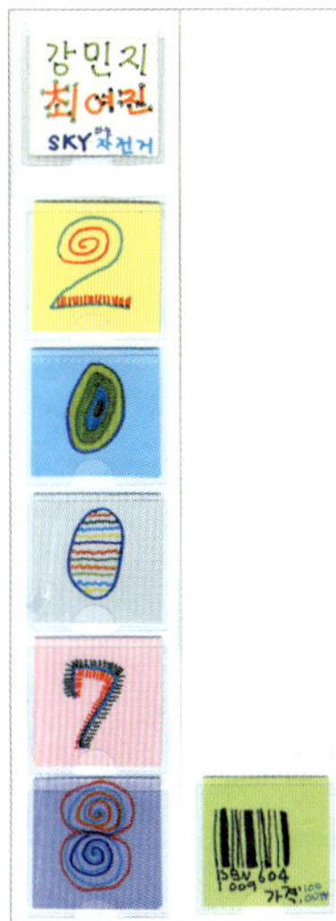

강민지 · 최여진(만 10 · 11세). 하늘자전거 200708. 540㎜×360㎜.

## 그림책 생각 모으기

- 그림책을 소개하고 이야기를 들려준다.
- 그림책을 읽어주는 달의 면을 선택하여 읽어주거나 하루에 두세 달의 시를 읊어주고 시와 관련된 경험과 생각을 모은다.

**Q.** 이 그림책의 제목은 무엇이니?
**Q.** 열두 달은 무엇을 의미하는 것일까?
**Q.** 열두 달은 숫자로 어떻게 나타낼까?
**Q.** 어린이들의 열두 달은 어른들의 열두 달과 어떤 점이 다를까?
**Q.** 1월에는 왜 낮이 짧고 해님은 '불똥' 만 하다고 했을까?
**Q.** '불똥' 만하다는 것은 얼마만한 크기일까?
**Q.** 1월에는 무엇을 할 수 있니?
**Q.** 2월은 1월과 비교하여 어떤 변화가 있니?
**Q.** 2월에 어린이들은 무엇을 했니?
**Q.** 왜 2월에 모두에게 줄 사랑의 하트를 만들까?
**Q.** 3월이 되면 어린이는 무엇을 할 수 있을까?
**Q.** 4월이 되면 주변에서 무엇을 볼 수 있을까?
**Q.** 5월에 어린이들은 밖에 나가 무엇을 할 수 있을까?
**Q.** 6월에 나무는 어떤 모습으로 변해 있을까?
**Q.** 7월에는 어떤 국경일 있니?
**Q.** 그 날은 어떤 날이니?
**Q.** 8월이 되면 어떤 놀이를 하고 싶니?
**Q.** 9월이 되면 왜 사방에서 향긋한 냄새가 날까?
**Q.** 10월에 외국의 어린이들은 어떤 놀이를 하니?
**Q.** 우리는 10월이 되면 무엇을 할 수 있을까?
**Q.** 11월이 되면 나무들의 모습은 어떻게 변하니?
**Q.** 12월에 가장 즐거운 날은 언제니?
**Q.** 크리스마스에 무엇을 하고 싶니?.
**Q.** 12월이 지나면 무엇이 돌아오니?
**Q.** 새해가 되면 무엇이 변하니?

## 착한 어린이표 달력 소개하고 생각 모으기

- 수업용 착한 어린이표 달력을 소개하고 어떻게 만들고 무엇을 표현할 수 있는지 이야기 나눈다.

**Q.** 이 책은 병풍책과 어떤 점이 다르니?
**Q.** 접착 주머니 병풍책과 비교하여 어떤 점이 다르니?
**Q.** 병풍책을 접었을 때 모습과 펼쳤을 때 모습이 어떻게 생겼니?
**Q.** 병풍책에 무엇이 붙여져 있니?
**Q.** 길고 커다란 병풍책의 주머니 속에 무엇이 들어가 있니?
**Q.** 이 책의 이름은 무엇이라고 지을 수 있을까?
**Q.** 한 해 열두 달의 변화를 알 수 있거나 나타내는 것에는 무엇이 있을까?
**Q.** 달력을 만드는데 필요한 것들은 무엇일까?
**Q.** 여러 가지 색깔의 카드를 이용하여 무엇을 만들려는 것일까?
**Q.** 주머니 속 카드를 이용하여 달력을 만든다면 카드에 어떤 것들을 적어야 할까?
**Q.** 주머니 카드가 있는 병풍책 달력에 월, 요일 그리고 날짜는 어디에 적으면 될까?
**Q.** 이 달의 달력을 만들려면 날짜를 적을 때 무엇을 보고 적어야 할까?
**Q.** 월, 요일, 날짜를 적고 난 첫 번째 칸의 나머지 카드에는 무엇을 적어서 꾸며줄 수 있을까?
**Q.** 이 달에 기념일이나 특별한 행사는 무엇이 있을까?

**Q.** 날짜 카드는 왜 두 겹으로 만들었을까?

**Q.** 날짜 카드 안쪽에는 어떤 이야기를 적을 수 있을까?

**Q.** 날짜 카드 안쪽에 그 날의 이야기를 쓰는 것 외에 또 무엇을 적을 수 있을까?

**Q.** 앞표지의 주머니 속 카드는 어떻게 꾸밀 수 있을까?

- 활동에 참여하는 어린이의 발달수준에 따라 착한 어린이표 달력 생각 모으기(CD-ROM) 활동지에 달력과 부모님 인터뷰를 통해 해당 월에 대한 다양한 정보를 탐색하여 적도록 할 수 있다.

## 착한 어린이표 달력 만들기(교사 제작 단계)

- 착한 어린이표 달력 만들기는 두꺼운 카드로 접고 칼과 스프레이 본드를 사용해야 하므로 교사 제작 단계와 어린이 활동 단계로 나누어 진행한다.

① 8면 병풍책 만들기

- 달력 카드를 지그재그로 접어서 4면 병풍책을 만든다.
- 지그재그로 접은 4면 병풍책을 다시 지그재그로 접어서 8면 병풍책을 만든다.
- 달력 카드는 일반 색지를 사용하기 보다는 평량이 186g/㎡~300g/㎡ 사이의 평량이 높은 두꺼운 지류를 준비하여 제작해야 무게감을 지탱할 수 있으며 견고성이 높다.
- 평량이 200g 이상인 지류는 어린이 스스로 접기에 어려움을 느끼므로 교사가 병풍책을 접어서 제공하는 것이 적절하며, 자와 본 폴더를 이용하여 접는 선을 표시한 후 접어야 깨끗하게 접을 수 있다.
- 본 폴더를 사용하여 종이를 접는 방법은 27쪽을 참고한다.

② 슬라이드 필름 파일 5단 카드로 자르기

- 슬라이드 필름 파일 3매를 세로로 놓고 각각의 연결선 중심을 따라 길게 잘라서 5단 필름 12매를 만든다.
- 슬라이드 필름 파일을 자를 때 양면의 파일을 사용할 수 있도록 연결선을 주의하여 자른다.

③ 5단 슬라이드 필름 파일 1단으로 자르기

- 5단으로 자른 슬라이드 필름 2매를 각각 1단씩 잘라서 1단 필름 10매를 만든다.

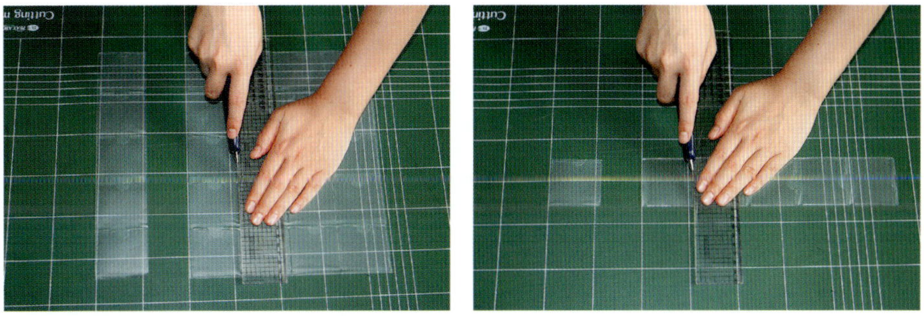

❷ 슬라이드 필름 파일 5단으로 자르기
❸ 5단 슬라이드 필름 파일 1단으로 자르기

④ 앞표지에 1단 · 5단 슬라이드 필름 파일 붙이기(71쪽 참고)

- 바닥에 신문지를 넓게 펴고 1단과 5단 슬라이드 필름 파일 각 1매를 뒤집어 놓는다.
- 1단과 5단 슬라이드 필름 파일 뒷면에 스프레이 접착제를 골고루 뿌린다.
- 8면 병풍책의 앞표지 상단에 스프레이 접착제를 1단 슬라이드 필름 파일을 먼저 붙이고 그 아래에 5단 슬라이드 필름 파일을 붙인다.
- 스프레이 접착제는 분사될 때 넓게 퍼지는 특징이 있으므로 신문지는 충분히 준비하여 바닥에 펼쳐놓고 되도록 교실 밖에서 사용하는 것이 적절하다.
- 스프레이 본드 대신에 양면테이프를 슬라이드 필름 파일에 적합한 크기로 잘라서 붙일 수 있다.

⑤ 8면 병풍책 본문에 1단 · 5단 슬라이드 필름 파일 붙이기(71쪽 참고)

- 앞표지와 같은 방법으로 1단과 5단 슬라이드 필름 파일 각 8매를 뒤집어 펼쳐놓는다.
- 1단과 5단 슬라이드 필름 파일 뒷면에 스프레이 접착제를 골고루 뿌린다.

■ 8면 병풍책 본문 면 상단에 스프레이 접착제를 1단 슬라이드 필름 파일을 먼저 붙이고 그 아래에 5단 슬라이드 필름 파일을 각각 붙인다.

⑥ 뒷표지에 1단 슬라이드 필름 파일 붙이기(71쪽 참고)

■ 앞표지와 같은 방법으로 1단과 5단 슬라이드 필름 파일 각 8매를 뒤집어 펼쳐놓는다.

■ 1단과 5단 슬라이드 필름 파일 뒷면에 스프레이 접착제를 골고루 뿌린다.

## 착한 어린이표 달력 만들기(어린이 활동 단계)

① 앞표지 슬라이드 필름 파일에 요일 카드 끼우기

■ 앞표지의 1단과 5단 슬라이드 필름 파일에 요일 카드 50㎜×50㎜ 6매를 각각 끼운다.

② 병풍책 1면 슬라이드 필름 파일에 요일 카드 끼우기

■ 병풍책 1면의 1단과 5단 슬라이드 필름 파일에 요일 카드 50㎜×50㎜ 6매를 각각 끼운다.

③ 병풍책 2면~8면 1단 슬라이드 필름 파일에 요일 카드 끼우기

■ 병풍책 2, 3, 4, 5, 6, 7, 8면의 1단 슬라이드 필름 파일에 요일 카드 50㎜×50㎜ 7매를 각각 끼운다.

④ 숫자 카드 2단 접기

■ 숫자 카드 100㎜×50㎜ 40매를 반으로 접어서 2단 카드를 만든다.

⑤ 병풍책 2면~8면 5단 슬라이드 필름 파일에 숫자 카드 끼우기

■ 병풍책 2, 3, 4, 5, 6, 7, 8면의 5단 슬라이드 필름 파일에 반으로 접은 숫자 35매를 펼쳐서 뒷면만 들어가도록 각각 끼운다.

⑥ 뒷표지 슬라이드 필름 파일에 요일 카드 · 숫자 카드 끼우기

■ 뒷표지의 1단 슬라이드 필름 파일에 요일 카드 또는 반으로 접은 숫자 카드 1매를 끼운다.

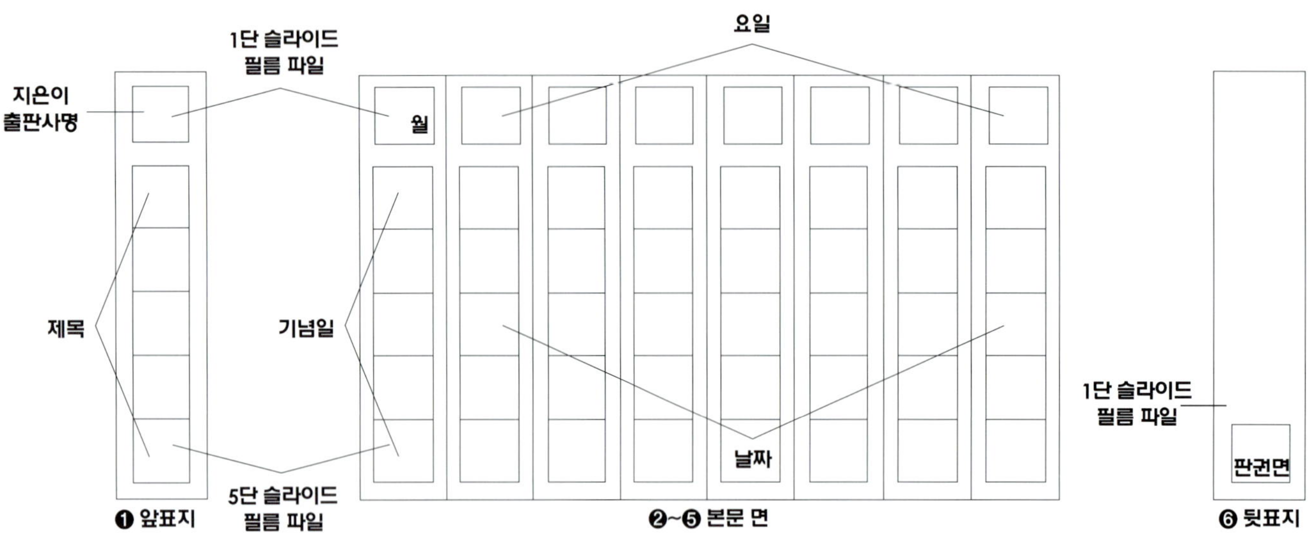


⑦ 앞표지 꾸미기

■ 올해가 몇 년도 인지 생각하고 달력에 어울리는 5글자의 다양한 제목을 생각하도록 격려한다.

■ 달력을 만드는 출판사 명으로 무엇이 적절할지 이야기 나눈다.

■ 개별적으로 사용하는 출판사 명이 있는 경우 출판사 명을 따로 정하지 않는다.

■ 앞표지 1단 슬라이드 필름 파일에 끼운 카드를 꺼내어 지은이와 출판사 명을 적는다.

■ 앞표지의 5단 슬라이드 필름 파일에 끼운 카드 5매를 꺼내어 년도를 적거나 5글자의 달력 제목을 적는다.

■ 제목을 5글자로 정하기 어려워하는 경우 원하는 제목을 적어 끼우고 남는 공간은 비워둔다.

■ 요일 카드의 색깔이 짙은 경우 카드 앞면에 Formtec Label 3639 라벨용지를 붙이고 꾸미도록 지도한다.

⑧ 달력 만들기

- 본문 1면 1단 슬라이드 필름 파일 속의 카드를 꺼내어 몇 월 달력인지 월을 적어 끼운다.
- 본문 2면부터 8면의 1단 슬라이드 필름 파일 속의 카드를 꺼내어 요일을 적어 차례로 끼운다.
- 개별적으로 탁상달력을 준비하고 본문 2면부터 8면까지의 5단 슬라이드 필름 파일 속의 카드를 한 매씩 꺼내 요일에 맞추어 날짜를 적고 차례로 끼운다.
- 본문 1면 5단 슬라이드 필름 파일 속의 2단 카드를 꺼내어 해당 월의 중요한 행사, 기념일, 해야 할 것 등을 생각하고 생각 모으기 활동지를 참고하여 앞면과 안쪽 면에 날짜와 이야기를 적어 끼운다.

⑨ 날짜 카드 꾸미기

- 1일부터 31일까지 매일의 활동이 끝난 시간 또는 잠들기 전 그 날의 날짜 카드를 꺼내어 하루 동안 즐거웠던 일, 했던 일, 선생님 또는 부모님께 받은 칭찬, 슬펐던 일 그리고 화가 난 일 등 기억하고 싶은 이야기를 적고 다시 집어넣는다.
- 스스로 글을 쓰기 어려운 연령의 어린이와 활동하는 경우 교사 또는 부모님이 하루 동안의 이야기를 나누고 어린이가 원하는 이야기를 받아 적어준다.
- 글을 쓸 수 있으나 작게 쓰기 어려운 연령의 어린이와 활동하는 경우 매일 매일 주제를 정하여 한 글자 또는 두 글자 낱말을 적거나 착한 일을 한 날짜에 팬시 스티커 또는 모양 종이를 붙이도록 지도하고 교사 또는 부모님이 칭찬의 글을 적어준다.

8월 10일 | 8월 14일 | 8월 15일 | 8월 17일 | 8월 27일 | 8월 28일

⑩ 뒷표지 꾸미기

- 달력책의 요일 카드 또는 숫자 카드를 꺼내 완성한 날짜를 적고 바코드를 오려 붙이거나 원하는 형태로 그리고 ISBN을 설정하여 판권면을 꾸민다.

## 소개하기 · 감상하기

- 날짜 카드의 앞면을 펼쳐서 보여주고 특별한 이야기를 적었거나 기억에 남는 날, 어느 날 칭찬을 받았는지, 어떤 칭찬을 받았는지, 몇 번 칭찬 스티커가 붙여졌는지 등에 대하여 소개한다.
- 아빠와 엄마께서 언제 어떤 이야기를 적어주셨는지 소개한다.
- 달력책의 전체 면을 아름답거나 독특하게 꾸민 작품을 알아본다.
- 한 달이 끝나고 새로운 달이 시작하면 달력책의 날짜 카드를 어떻게 바꾸어야 하는지 이야기 나눈다.
- 완성한 지난달의 날짜 카드는 어떻게 보관하면 좋을지 알아본다.
- 착한 어린이표 달력책을 만들면서 어렵거나 힘들었던 점이 있었는지 알아본다.
- 슬라이드 필름 파일 병풍책을 이용하여 할 수 있는 새로운 활동에 대하여 이야기 나눈다.
- 교실의 한 공간을 마련하여 완성된 착한 어린이표 달력책을 서로 감상할 수 있도록 전시한다.

# Gallery

사랑 일기. 2007. 420㎜×390㎜.

달력 놀이. 2007. 420㎜×390㎜.

# CHAPTER 3

## 봉투를 활용한 문해 활동
Literacy Activities through Envelop Books

- 사랑의 선물
- 우정의 약속
- 추억의 향기

# 사랑의 선물

MY ENGLISH FRIENDS. 2007. 2100㎜×195㎜.

## 활용도서

- 아네테 랑엔 글 · 콘스탄차 드로프 그림(2002). 펠릭스가 보내는 깜짝 편지. 사랑이.

## 참고도서

- 도로 크로닌 글 · 베시 루윈 그림(2001). 탁탁 톡톡 음매 젓소가 편지를 쓴대요. 중앙M&B.
- 아네테 랑엔 글 · 콘스탄차 드로프 그림(2002). 펠릭스의 세계 요리 여행. 사랑이.
- 아네테 랑엔 글 · 콘스탄차 드로프 그림(2003). 펠릭스의 세계여행. 아가월드.
- 아네테 랑엔 글 · 콘스탄차 드로프 그림(2003). 가방을 타고 날아간 펠릭스. 아가월드.
- 아네테 랑엔 글 · 사비네 크라우스할 그림(2003). 소원을 들어주는 할아버지. 다사함.
- 안 에르보(2006). 편지. 베틀북.
- 앨런 앨버그 글 · 자넷 앨버그 그림(2003). 우체부 아저씨와 비밀편지. 미래M&B.
- 에릭 칼(2006). 수수께끼 생일 편지. 더큰컴퍼니.

## 생각 모으기

**Q.** 카드에 편지 봉투를 붙일 수 있는 다양한 방법을 생각하고 적어보세요.

**A.**

**Q.** 접착 주머니를 이용하여 편지봉투를 넣을 수 있는 책 형태를 생각하고 적어보세요.

**A.**

**Q.** 접착 주머니 편지 봉투책을 이용하여 할 수 있는 문해 활동을 생각하고 적어보세요.

**A.**

**Q.** 편지봉투를 이용하여 만들 수 있는 다양한 형태의 책 만들기 방식을 생각하고 적어보세요.

**A.**

## 자료 준비하기

- 수업용 접착 주머니 편지 카드를 제작한다.
- 접착 주머니(대) 사용시: 카드 340㎜×220㎜ 1매, 표지 카드 150㎜×195㎜ 2매, 편지봉투(대) 2매, 편지지 2매, 접착 주머니(대) 150㎜×143㎜ 2매를 준비한다.
- 접착 주머니(소) 사용시: 카드 300㎜×195㎜ 1매, 표지 카드 130㎜×175㎜ 2매, 편지봉투(소) 2매, 편지지 2매, 접착 주머니(소) 130㎜×125㎜ 2매를 준비한다.
- 편지 쓰기 생각 모으기1 · 2(CD-ROM)를 A4 복사용지에 출력한다.
- 부모님과 어린이의 사진을 1매씩 준비한다.

## 도구 준비하기

- 연필
- 색연필
- 사인펜
- 유성매직
- 유성펜
- 색종이
- 풀
- 가위
- 핑킹가위
- 모양 펀치
- 본드
- 본드판
- 면봉
- 팬시 도장
- 팬시 스티커
- 팬시 라벨
- 장식 재료
- 우표
- 본 폴더
- 자
- 컬러 스탬프 패드

**최여진(만 11세). 할머니, 사랑해요! 300㎜×195㎜.**
**강석환(만 6세). 사랑해요! 300㎜×195㎜.**

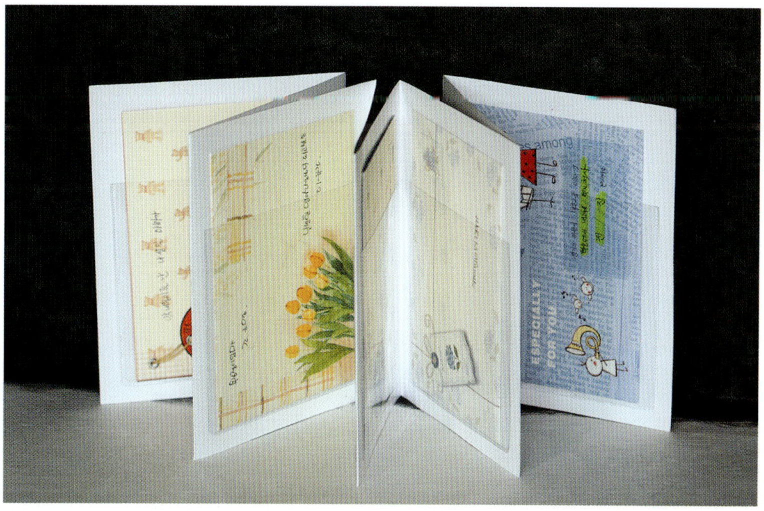

**쑥쑥이 어린이집 학부모님들. 사랑의 편지. 1200㎜×195㎜.**

## 그림책 생각 모으기

- 그림책을 소개하고 이야기를 들려준다.
- 그림책의 이야기를 들려주고 책의 앞표지부터 한 장씩 넘겨가며 줄거리를 회상하고 이야기와 관련된 경험과 생각을 모은다.

Q. 이 그림책의 주인공은 누구니?
Q. 펠릭스는 무얼 하는 걸 좋아하니?
Q. 펠릭스가 특별히 보여 준 깜짝 선물은 무엇이니?
Q. 펠릭스는 어떤 이야기를 편지로 보내주었니?
Q. 펠릭스처럼 편지를 보낸 적이 있니?
Q. 누구에게 어떤 이야기를 담아서 편지를 보냈었니?
Q. 편지를 받아 본 적이 있니?
Q. 누구로부터 어떤 이야기가 담긴 편지를 받아보았니?
Q. 편지를 보내거나 받았을 때 어떤 느낌이 들었니?
Q. 편지는 언제 보낼 수 있을까?
Q. 누구에게 편지를 보낼 수 있을까?
Q. 아빠와 엄마께 깜짝 선물로 편지를 보내면 아빠와 엄마의 마음은 어떨까?
Q. 아빠와 엄마께 어떤 이야기를 담아서 편지를 보내고 싶니?
Q. 편지를 보낼 때 필요한 것들은 무엇일까?



### 접착 주머니 편지 카드 소개하고 생각 모으기

- 수업용 접착 주머니 편지 카드를 소개하고 만드는 방법과 무엇을 표현하는지 이야기 나눈다.
- 교사가 받은 편지들을 준비하여 소개하고 편지를 보낼 때 필요한 것과 적어야 할 내용에 대하여 탐색하도록 지도한다.

Q. 이 카드는 전에 만들었던 카드와 비교하여 어떤 점이 다르니?
Q. 카드에 무엇이 붙여져 있니?
Q. 접착 주머니 속에 무엇이 들어있니?
Q. 편지는 왜 쓰는 것일까?
Q. 언제 편지를 쓸 수 있을까?
Q. 이 카드는 몇 통의 편지를 보낼 수 있는 카드니?
Q. 한 명에게만 편지를 보낸다면 어떻게 만들어야 할까?
Q. 편지를 담은 이 카드의 이름은 무엇이라고 지을 수 있을까?
Q. 선생님이 받은 편지를 살펴보면, 편지봉투에 무엇이 적혀있니?
Q. 보내는 사람의 주소, 이름, 우편번호는 어디에 적혀있니?
Q. 받는 사람의 주소, 이름, 우편번호는 어디에 적어야 할까?
Q. 우편번호는 왜 적는 것일까?
Q. 주소와 우편번호를 모르면 어떻게 해야 할까?
Q. 보내는 사람과 받는 사람의 주소, 이름, 우편번호 외에 또 무엇이 있니?
Q. 편지를 보낼 때 우표를 붙이지 않으면 어떻게 될까?
Q. 우표를 내가 만든다면 어떤 모양으로 만들고 싶니?
Q. 아빠와 엄마께 어떤 이야기를 담아서 편지를 보내고 싶니?
Q. 편지를 쓸 때 편지지의 첫 번째 줄에는 무엇을 적을까?
Q. 편지의 마지막에는 무엇을 적어야 할까?
Q. 편지를 보낼 때 편지지의 마지막에 날짜와 보내는 사람의 이름을 적는 것일까?
Q. 친구에게 편지를 쓸 때와 어른께 편지를 쓸 때 다른 점은 무엇일까?
Q. 편지를 담은 카드의 앞표지와 뒷표지는 어떻게 꾸밀 수 있을까?
Q. 접착 주머니 편지 카드를 받는 사람에게 어떻게 전해줄 수 있을까?
Q. 우표를 붙이지 않고 편지를 전할 수 있는 방법은 무엇일까?
Q. 접착 주머니 편지 카드를 우편으로 보내려면 어떻게 해야 할까?

- 편지 쓰기는 편지지에서 글을 수정하면 지저분해질 수 있으므로 편지 쓰기 생각 모으기(CD-ROM) 활동지에 부모님께 보낼 편지 내용과 편지봉투를 꾸미는 방법에 대하여 생각하고 계획을 세우도록 지도한다.

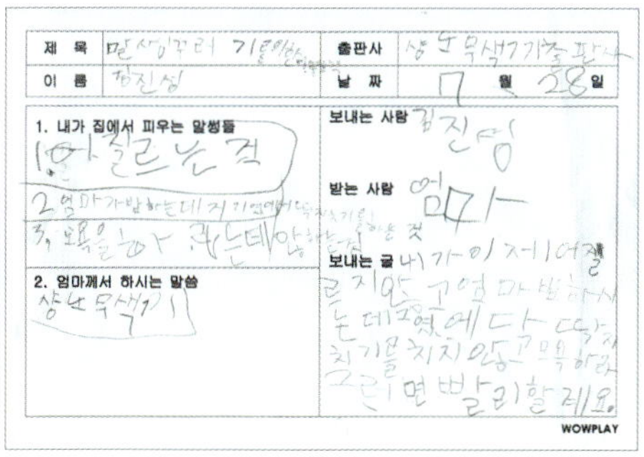


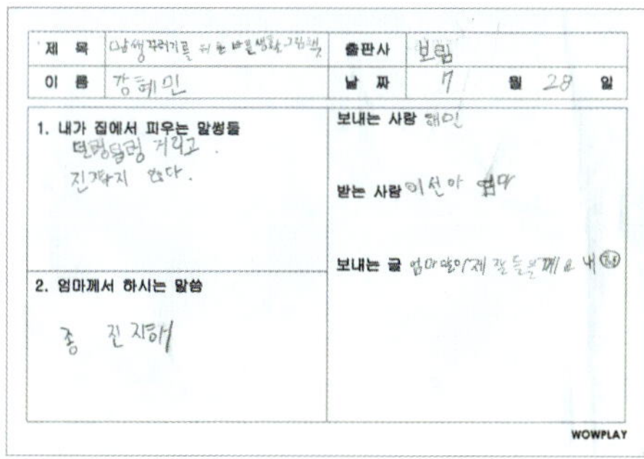


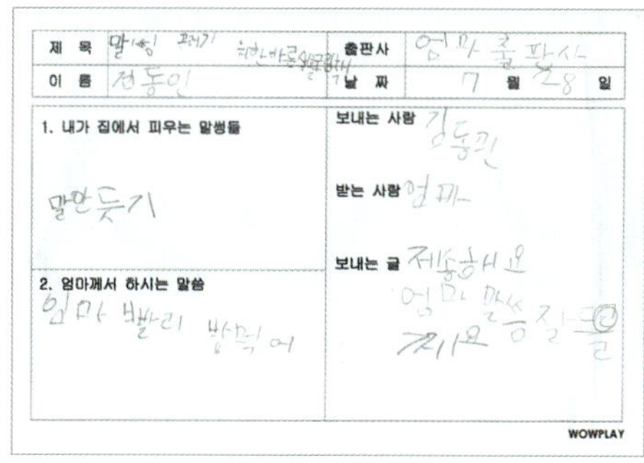


## 사랑의 선물 접착 주머니 편지 카드 만들기

① 2면 카드 접기

- 카드를 절반으로 접어서 2면 카드를 만든다.

② 접착 주머니 붙이기(52~53쪽 참고)

- 2면 카드를 펼치고 한 명에게 편지를 보내는 경우 카드의 오른쪽 면 중앙에, 부모님이나 조부모님께 동시에 편지를 쓰는 경우 2면 카드의 왼쪽과 오른쪽 면 중앙 부분에 접착 주머니의 배지를 떼어내고 각각 붙인다.
- 카드 양면에 접착 주머니를 붙이고 한 명 또는 부모님께 한 통의 편지는 작성하여 한 면의 접착 주머니에 넣고 다른 면에 입장권, 효도 티켓, 그림 카드, 여러 장의 사진 등을 준비하여 넣으면 다양한 정보와 이야기가 담긴 선물 카드를 만들 수 있다.
- 접착 주머니는 한 번 붙이면 다시 떼어낼 수 없으므로 접착 주머니의 양끝을 잡고 붙이는 방법을 연습한 후 배지를 떼어내고 붙이도록 지도한다.
- 어린이 스스로 접착 주머니를 붙이는데 어려움을 느끼는 경우 교사가 붙이는 과정을 관찰하도록 지도한다.
- 접착 주머니는 「최유경유아놀이교육연구소」에서 개발하여 대(150㎜×143㎜)와 소(130㎜×125㎜) 크기로 제작되어 판매되고 있으므로 제작하는 책의 크기에 따라 필요한 규격을 구입하여 사용한다(CD-ROM 참조).

❶ 한 명에게 보내는 편지 카드
❷ 두 명에게 보내는 편지 카드

③ 편지 봉투 꾸미기

- 편지 봉투에 보내는 사람과 받는 사람의 이름과 주소를 적는다.
- 연령이 어린 어린이들과 활동하는 경우 주소는 적지 않는다.
- 우표를 붙이는 곳에 사용했던 우표를 붙이거나 조각 종이에 우표 모양을 그려서 붙인다.
- 조각종이에 다양한 모양의 도장을 잉크를 묻혀 찍고 핑킹가위로 오리면 나만의 우표가 만들어진다.
- 완성한 접착 주머니 편지 카드를 우편으로 발송하는 경우 편지봉투에 주소는 적지 않는다.

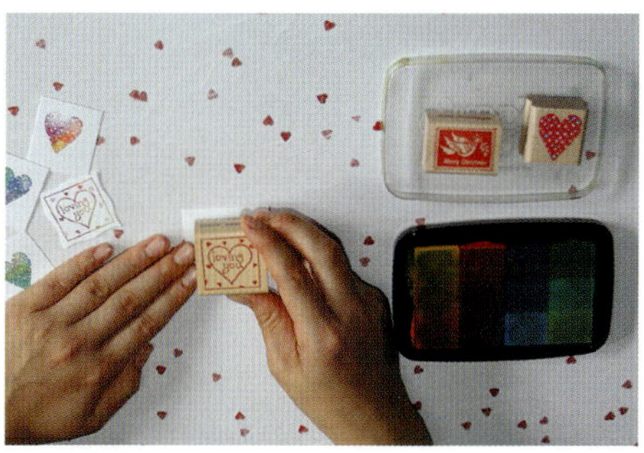

❶ 조각 종이에 도장 찍기

❷ 핑킹가위로 도장 모양 오리기

❸ 편지봉투에 도장 우표 붙이기

④ 편지 쓰기

- 편지지에 받는 사람과 함께 하며 즐거웠던 기억, 고마웠던 일, 속상했던 일, 하고 싶은 이야기, 해 주고 싶은 것, 함께 하고 싶은 것 등에 대하여 생각하고 자유롭게 적는다.
- 편지 쓰기가 끝나면 편지지 여백에 그림을 그리거나 색종이 등을 이용하여 아름답게 꾸민다.
- 완성한 편지지를 접어서 편지봉투 속에 집어넣는다.
- 부모님이나 조부모님께 편지 쓰기 활동은 하루에 진행하기 보다는 이틀에 걸쳐 아빠와 엄마 또는 할아버지와 할머니께 각각 편지 쓰기를 진행한다.
- 친구의 생일, 어버이날, 부모님의 생일, 조부모님의 생신, 결혼기념일 등 특별한 날에 편지 카드 만들기 활동을 진행한다.

⑤ 접착 주머니에 편지 봉투 끼우고 여백 꾸미기

- 접착 주머니 속에 편지지를 접어 넣은 편지 봉투를 앞면이 보이도록 끼워 넣는다.
- 한 명에게 보내는 접착 주머니 편지 카드를 만든 경우 편지를 넣은 카드의 왼쪽 면 여백 부분에 사진, 그림, 색종이 접기, 팬시 도장이나 스티커 붙이기 등으로 아름답게 꾸민다.
- 편지 쓰기에 어려움을 느끼는 어린이들과 활동하는 경우 가정통신문을 통해 어린이날 또는 생일날 2~3일 전에 부모님이 자녀에게 편지를 작성하여 기관으로 발송하는 편지 쓰기 행사를 실시한다.
- 부모님의 편지 쓰기 행사를 통해 기관으로 발송된 편지를 모아서 몇 차례에 나누어 대집단 활동 시간에 부모님의 편지를 읽어준다.
- 편지 읽어주기가 끝나면 부모님께 받은 편지를 접착 주머니 편지 카드에 넣고 다양한 재료를 이용하여 아름답게 꾸며서 가져가도록 지도한다.

⑥ 앞표지 꾸미기

- 앞표지에 편지를 받는 사람과 함께 찍은 사진이나 보내는 어린이의 사진을 붙이고 다양한 장식 재료를 이용하여 아름답게 꾸민다.
- 편지 봉투에 보내는 사람과 받는 사람의 이름만 적은 경우 카드의 앞표지에 보내는 사람과 받는 사람의 주소와 이름을 적고 우표를 붙여서 편지 봉투처럼 꾸미도록 할 수 있다.

⑦ 뒷표지 꾸미기

- 편지 카드의 뒷표지는 특별히 꾸미지 않거나 보내는 어린이의 사진 붙이기, 손바닥 물감 도장 찍기, 그림 카드 붙이기, 색종이를 접어 붙이기 등 앞표지와 같은 방법으로 꾸민다.

⑧ 편지 카드 발송하기

- 완성한 접착 주머니 편지 카드를 직접 발송하는 경우 적당한 크기의 서류 봉투에 넣는다.
- 편지 카드를 넣은 봉투 앞면에 보내는 사람과 받는 사람의 주소를 적는다.
- 어린이 스스로 주소를 적기 어려운 경우 교사가 적거나 라벨로 출력하여 붙인다.
- 봉투의 규격에 따라 적합한 금액의 우표를 붙여서 발송한다.

## 소개하기 · 감상하기

- 누구에게 카드 또는 편지를 썼는지 그리고 어떤 이야기를 담았는지 소개한다.
- 편지 또는 카드에 담긴 이야기가 특별하거나 아름다운 작품을 알아본다.
- 접착 주머니 편지 카드를 전체적으로 아름답거나 독특하게 꾸민 작품을 알아본다.
- 카드 또는 편지를 쓰면서 생각하거나 느낀 점에 대하여 이야기 나눈다.
- 내가 보내는 접착 주머니 편지 카드를 받으면 부모님께서 어떤 마음을 갖게 될지 이야기 나눈다.
- 받는 사람에게 접착 주머니 편지 카드를 보내거나 전할 수 있는 방법에 대하여 알아본다.
- 사랑의 선물 접착 주머니 편지 카드를 만들면서 어렵거나 힘들었던 점이 있었는지 이야기 나눈다.
- 접착 주머니 편지 카드를 이용하여 할 수 있는 새로운 활동에 대하여 알아본다.
- 교실의 한 공간을 마련하여 완성된 사랑의 선물 접착 주머니 편지 카드를 서로 감상할 수 있도록 전시한다.

# Gallery

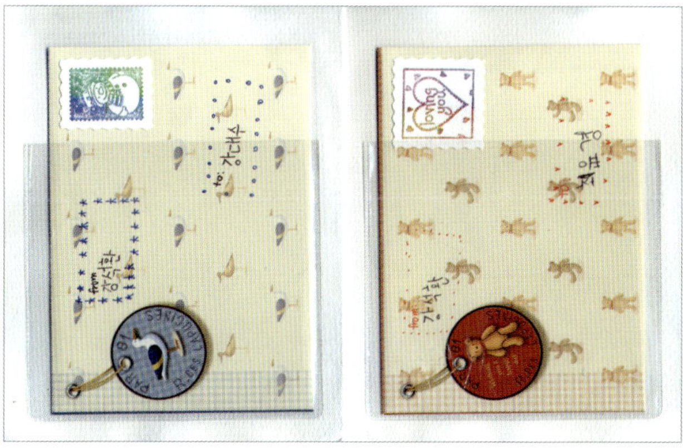

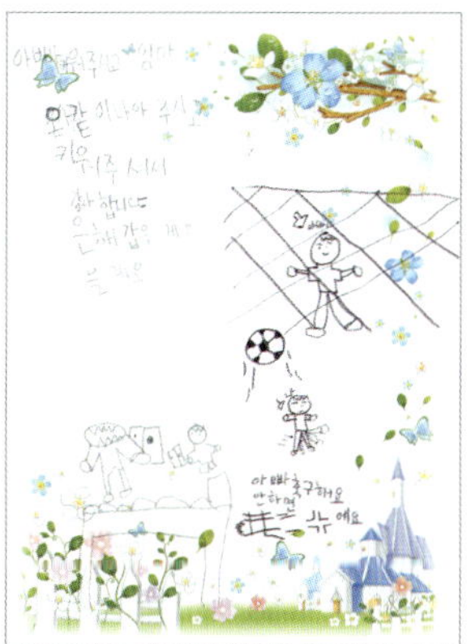

강석환(만 6세). 아빠, 엄마, 사랑해요! 300㎜×195㎜.

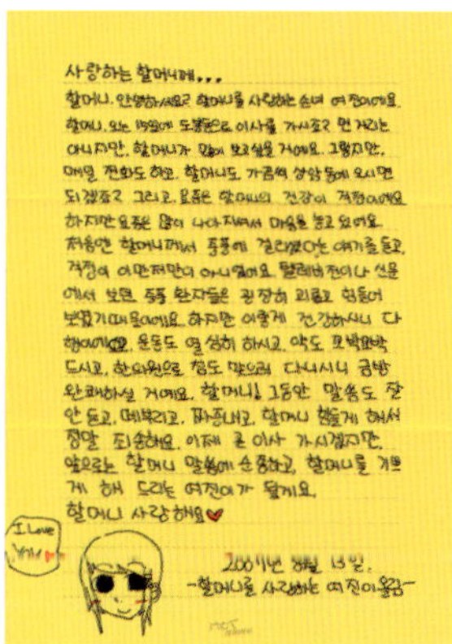

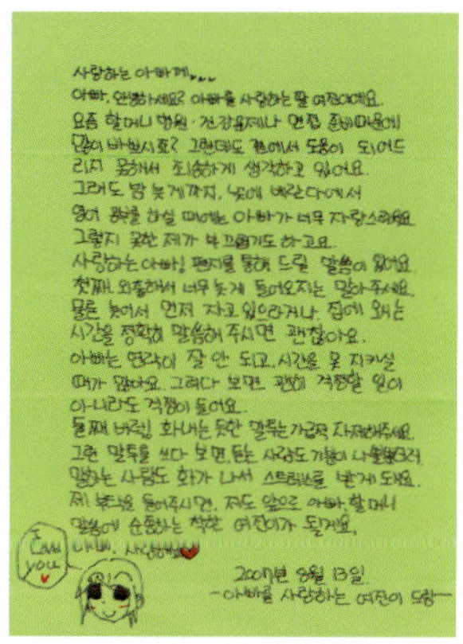

최여진(만 11세). 할머니, 사랑해요! 300㎜×195㎜.
아빠, 사랑해요! 300㎜×195㎜.

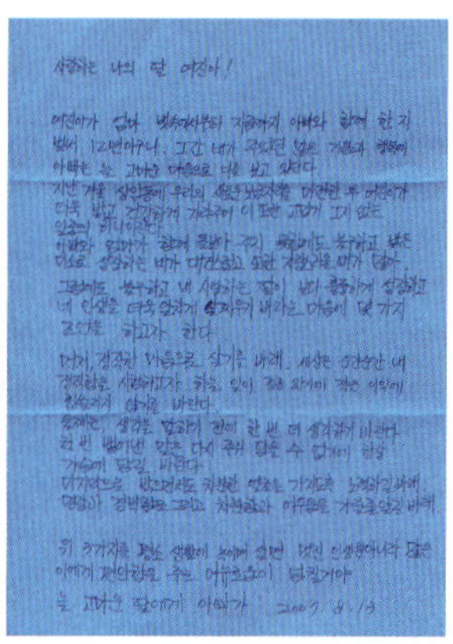

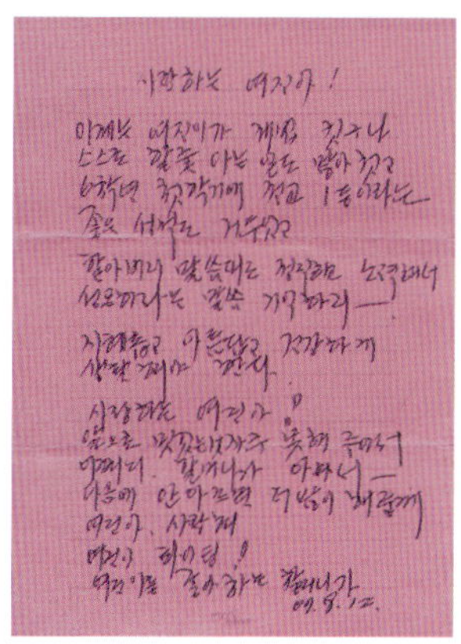

김지현 · 최우석. 사랑하는 최여진에게. 300㎜×195㎜.

# Gallery

쑥쑥이 어린이집 학부모님들. 사랑의 편지. 1200㎜×195㎜.

유승원에게 엄마가

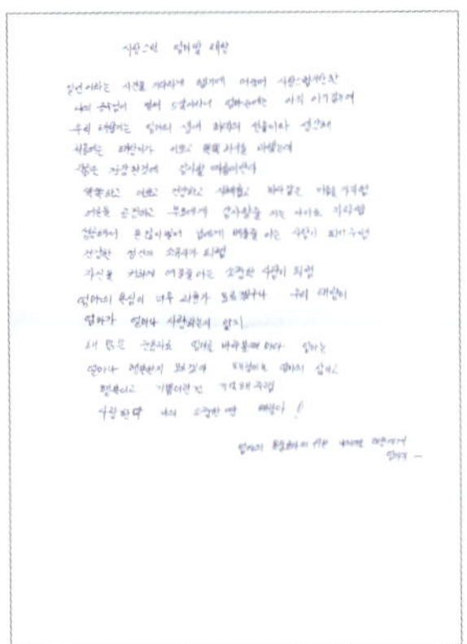

황태랑에게 엄마가

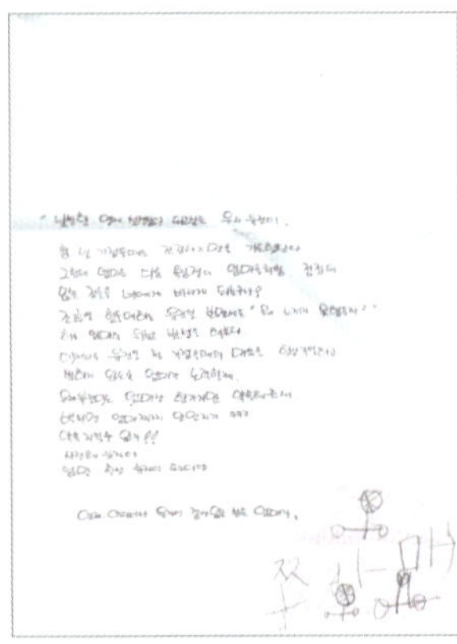

이유진에게 엄마가

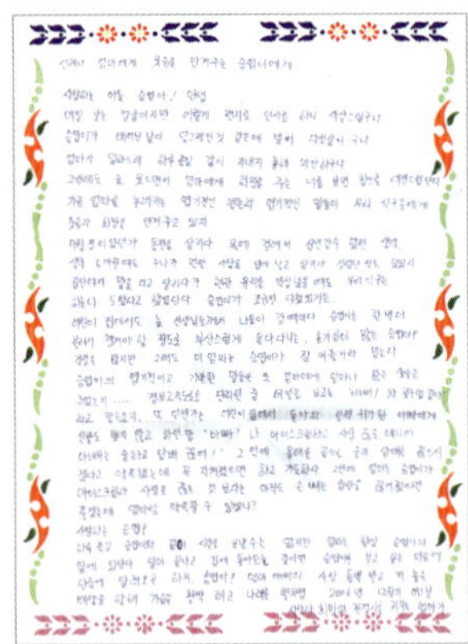

여승엽에게 엄마가

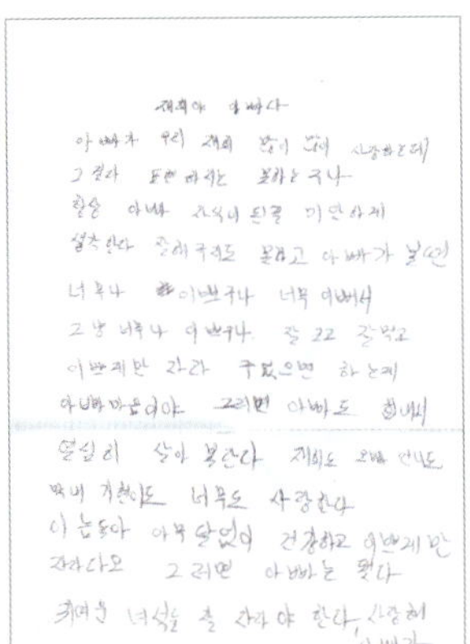

김재희에게 아빠가

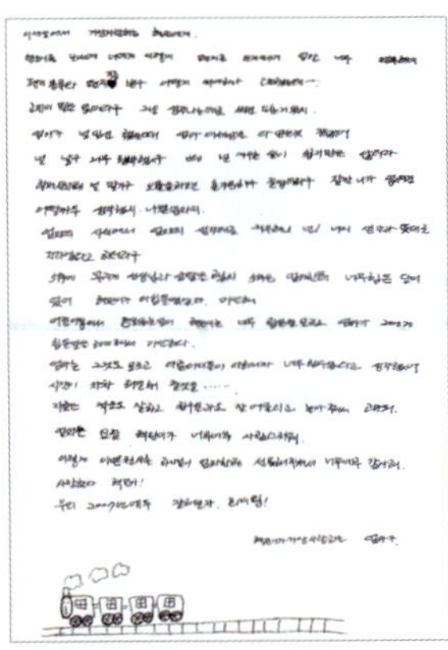

권혁민에게 엄마가

나지원에게 아빠가

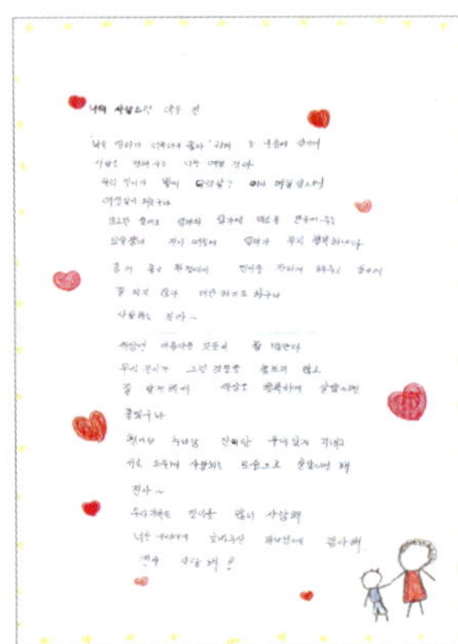

전진에게 엄마가

# 우정의 약속

MERRY CHRISTMAS, MY FRIENDS! 2005. 3600㎜×220㎜.

## 활용도서

- 이시다 마리(2007). 피아노 치는 늑대, 울프. 고래이야기.

## 참고도서

- 다나카와 순타로(2005). 우리는 친구. 북뱅크.
- 마누엘라 올텐(2005). 우리는 친구. 토마토하우스.
- 마르타 아스코나 글 · 로사 오수나 그림(2007). 아주 놀라운 생일 선물. 고래이야기.
- 아델 시불(2003). 세계의 친구들. 아이세움.
- 아르멜 브와(2002). 척척 아저씨와 총총이의 생일잔치. 베틀북.
- 에릭 칼(2006). 수수께끼 생일 편지. 더큰컴퍼니.
- 케이트 클리스 글 · 사라 클리스 그림(2007). 난 이제 절대 울지 않아. 고래이야기.
- 필립 세들레츠스키(1999). 아기 세모의 세 번째 생일. 파랑새.
- 허찬 옮김 · 후리야 나나 그림(2007). 미안해, 친구야. 주니어랜덤.

## 생각 모으기

**Q.** 양문 접기 책의 각각의 날개에 붙일 수 있는 다양한 것들을 생각하고 적어보세요.

**A.**

**Q.** 양문 접기 카드에 편지 봉투를 붙일 수 있는 다양한 방법을 생각하고 적어보세요.

**A.**

**Q.** 양문 접기 책에 카드 또는 편지 봉투를 붙일 수 있는 다양한 방법을 생각하고 적어보세요.

**A.**

**Q.** 받은 편지 또는 카드들을 이용하여 할 수 있는 문해 활동에 대하여 생각하고 적어보세요.

**A.**

## 자료 준비하기

- 수업용 양문 접기 편지 카드 또는 양문 접기 편지 책을 제작한다.
- 양문 접기 편지 카드 제작 시 : 카드 300㎜×195㎜ 1매를 준비한다.
- 양문 접기 편지 책 제작 시 : 카드 1080㎜×195㎜ 1매를 준비한다.
- 생일잔치 또는 각종 기념일에 받았던 카드 또는 편지들을 모아서 준비한다.
- 생일잔치 또는 각종 기념일에 찍은 사진을 1~2매 준비한다.

## 도구 준비하기

- 연필
- 색연필
- 사인펜
- 유성매직
- 유성펜
- 색종이
- 풀
- 가위
- 핑킹가위
- 모양 펀치
- 본드
- 본드판
- 면봉
- 팬시 도장
- 팬시 스티커
- 팬시 라벨
- 장식 재료
- 우표
- 본 폴더
- 자
- 컬러 스탬프 패드

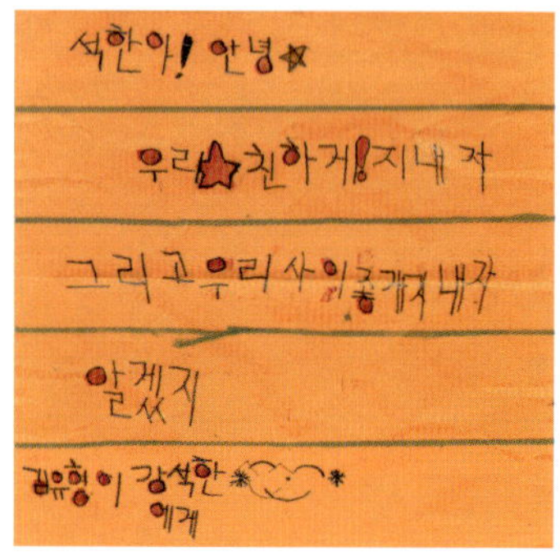


강석환과 그의 친구들(만 6세). 강석환, 생일 축하해! 친구들아 고마워! 1800㎜×195㎜.

## 그림책 생각 모으기

- 그림책을 소개하고 이야기를 들려준다.
- 그림책의 이야기를 들려주고 책의 앞표지부터 한 장씩 넘겨가며 줄거리를 회상하고 이야기와 관련된 경험과 생각을 모은다.

**Q.** 이 그림책의 주인공은 누구니?
**Q.** 울프는 어떤 늑대니?
**Q.** 어느 날 울프는 무엇을 받았니?
**Q.** 편지에 어떤 이야기가 쓰여 있었니?
**Q.** 봉투 안에는 편지와 함께 무엇이 들어있었니?
**Q.** 울프는 편지를 받고 어떻게 했니?
**Q.** 울프가 피아노를 끌고 걷고 또 걸어서 도착한 곳은 어디였니?
**Q.** 울프를 반갑게 맞이한 친구들은 누구였니?
**Q.** 울프의 피아노 연주에 갈매기들은 무엇을 선물로 주었니?
**Q.** 집으로 돌아온 울프는 갈매기 친구들이 그리울 때 어떻게 했니?
**Q.** 그러던 어느 날 아주 먼 곳에서 온 편지에서는 어떤 향기가 났니?
**Q.** 울프는 다시 피아노를 끌고 어디로 찾아갔니?
**Q.** 울프에게 두 번째 편지를 보낸 친구들은 누구였니?

**Q.** 울프의 멋진 연주에 다람쥐 친구들은 어떤 선물을 주었니?
**Q.** 집으로 돌아온 울프는 다람쥐 친구들이 그릴 울 때 어떻게 했니?
**Q.** 울프에게 온 세 번째 편지에서는 무엇이 나왔니?
**Q.** 울프는 다시 피아노를 끌고 누구를 만나러 갔니?
**Q.** 울프가 피아노를 치자 양들은 무엇을 했니?
**Q.** 양들은 울프에게 무엇으로 만든 스웨터를 선물했니?
**Q.** 양들의 털을 깎아 만든 스웨터를 선물 받은 울프의 마음은 어땠을까?
**Q.** 행복해하는 울프와 양들 사이에서 갑자기 어떤 일이 일어났니?
**Q.** 집으로 돌아온 울프는 그 뒤로 어떻게 지냈니?
**Q.** 울프가 네 번째로 받은 편지는 누가 보낸 것일까?
**Q.** 울프가 만나게 될 친구는 누굴까?
**Q.** 울프가 무거운 피아노를 끌고 다시 먼 여행을 떠난 이유는 무엇일까?
- 활동 내용에 따라 활용도서 또는 참고도서를 소개하지 않고 양문 접기 편지 카드 또는 양문 접기 편지 책 만들기 활동을 진행한다.

## 양문 접기 편지 카드 · 편지책 소개하고 생각 모으기

- 수업용 양문 접기 편지 카드 또는 편지책을 소개하고 만드는 방법과 무엇을 표현하는지 이야기 나눈다.
- 교사가 받은 생일 축하 카드, 성탄 카드, 다양한 편지 등을 모아서 양문 접기 편지 카드 또는 편지책을 만들어 소개한다.

**Q.** 이 책은 카드 또는 병풍책과 어떤 점이 다르니?
**Q.** 이렇게 접는 방법을 무슨 접기라고 할까?
**Q.** 양문 접기 카드 또는 양문 접기 책에 무엇이 붙여져 있니?
**Q.** 이 책에 붙여진 카드 또는 편지에는 어떤 이야기들이 쓰여 있을까?
**Q.** 카드 또는 편지들을 모아서 왜 책으로 만들었을까?
**Q.** 너희들도 울프처럼 카드 또는 편지들을 받은 적이 있니?
**Q.** 누구에게서 카드 또는 편지를 받았니?
**Q.** 왜 친구들이 카드 또는 편지를 보냈을까?
**Q.** 그동안 받았던 카드 또는 편지들은 어떻게 보관하고 있니?
**Q.** 카드 또는 편지를 보내 준 친구가 보고 싶거나 생각나면 어떻게 하니?
**Q.** 받았던 카드 또는 편지들을 다시 읽고 싶을 때는 어떻게 하니?
**Q.** 그동안 받았던 카드 또는 편지들을 모아서 책을 만든다면 어떤 책이 될까?
**Q.** 내가 받은 카드와 편지들을 모아서 만든 책에 어떤 이야기와 그림을 넣어서 꾸며줄 수 있을까?
**Q.** 이 책의 앞표지와 뒷표지는 어디일까?
**Q.** 이 책의 앞표지와 뒷표지는 어떻게 꾸밀 수 있을까?
**Q.** 내가 받은 카드와 편지로 꾸민 이 책의 제목은 무엇이라고 짓고 싶니?
- 어린이들이 모아 둔 카드 또는 편지가 없는 경우 학급 전체 어린이들이 생일을 맞이한 어린이나 한 명씩 학급 친구를 정하여 일주일 또는 한 달에 한 번씩 개별적으로 하고 싶은 이야기 또는 칭찬 카드를 꾸미고 이를 모아 한 권의 양문 카드 편지카드 또는 양문 접기 편지책을 만들어 전달하면 아름답고 의미 있는 선물이 된다.
- 어린 연령의 어린이는 양문 접기 편지 카드를 제작하고 책 만들기 경험이 풍부한 어린이들과 활동하는 경우 양문 접기 편지책 만들기를 진행한다.

## 양문 접기 편지 카드 · 편지책 만들기

①-1 2면 카드 접기
- 카드를 절반으로 접어서 2면 카드를 만든다.

①-2 16면 병풍책 만들기
- 카드를 지그재그로 접어서 4면 병풍책을 만든다.
- 4면 병풍책을 다시 지그재그로 접어서 8면 병풍책을 만든다.
- 8면 병풍책을 다시 지그재그로 접어서 16면 병풍책을 만든다.

②-1 2면 양문 카드 만들기

- 절반으로 접은 2면 카드를 펼치고 중심선을 향해 마주보게 접는다.

②-2 8면 양문 책 만들기

- 16면 병풍책의 중심선인 8면과 9면의 연결선을 펼치고 양면의 나머지 면들이 마주보게 접는다.

③ 축하 카드 붙이기

- 그동안 받았던 축하 카드 또는 편지 봉투의 앞면에 부분적으로 풀칠하고 2면 양문 카드 또는 8면 양문 책의 각 날개 앞면에 지그재그로 자유롭게 붙인다.
- 앞표지에는 가장 마음에 드는 카드 또는 아름다운 편지 봉투를 붙인다.
- 카드 또는 편지를 봉투의 앞면에 풀칠하여 붙여야 봉투 뚜껑을 열고 닫을 수 있으므로 반대로 풀칠하여 붙이지 않도록 지도한다.

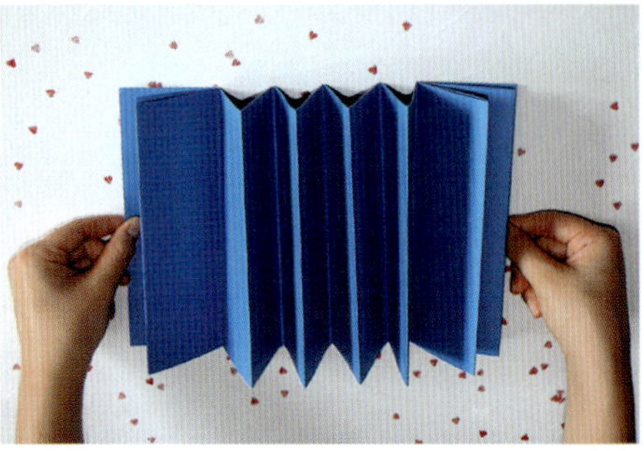

❶ 8면 병풍책을 지그재그로 접어서 16면 병풍책을 만든다.

❷ 8면과 9면의 연결선을 펼치고 나머지 면들이 마주보게 접는다.

❸ 봉투 앞면에 부분적으로 풀칠하고 양문책의 각 날개에 원하는 형태를 붙인다.



④ 앞표지 꾸미기

- 생일 축하 카드 또는 편지를 모은 책에 어울리는 제목과 출판사 명을 생각한다.
- 개별적으로 사용하는 출판사 명이 있는 경우 출판사 명을 따로 정하지 않는다.
- 마음에 드는 카드 또는 편지 봉투를 붙인 앞표지 여백에 생각한 제목과 출판사 명을 적고 그림을 그리거나 다양한 장식 재료를 이용하여 아름답게 꾸민다.
- 카드를 붙이지 않고 생일잔치 모습을 그리거나 생일잔치나 각종 사진을 붙여서 꾸미도록 할 수 있다.

⑤ 양문 접기 편지 카드 · 편지책 본문 면 꾸미기

- 카드 또는 편지 봉투를 붙인 양문 접기 편지 카드 또는 편지책의 각 날개 여백에 누구로부터 받은 카드인지 알 수 있도록 보낸 친구의 이름을 적는다.
- 카드 또는 편지를 보낸 친구들에게 하고 싶은 감사 인사, 함께 하며 즐거웠던 기억, 함께 하고 싶은 것, 편지에 대한 답변 등을 적고 다양한 장식 재료를 이용하여 아름답게 꾸민다.

⑥ 뒷표지 꾸미기

- 뒷표지는 특별히 꾸미지 않거나 앞표지와 마찬가지로 마음에 드는 사진 붙이기, 카드 또는 편지를 보낸 친구들의 이름 쓰기, 친구들의 서명 받기, 색종이 접어 붙이기 등 다양한 방법으로 아름답게 꾸민다.

## 소개하기 · 감상하기

- 언제, 누구로부터 받은 카드 또는 편지들인지 그리고 어떤 이야기들이 담겨 있는지 소개한다.
- 받은 카드 또는 편지 중에 특별히 기억에 남거나 마음에 드는 카드 또는 편지를 소개한다.
- 친구들로부터 받은 카드 또는 편지를 읽고 어떤 이야기를 적었는지 소개한다.
- 양문 접기 편지 카드 또는 편지책의 본문 면을 전체적으로 활용하여 아름답게 꾸민 작품을 알아본다.
- 우정의 약속 양문 접기 편지 카드 또는 편지책을 만들면서 어렵거나 힘들었던 점이 있었는지 이야기 나눈다.
- 양문 접기 편지 카드 또는 편지책을 이용하여 할 수 있는 새로운 활동에 대하여 알아본다.
- 교실의 한 공간을 마련하여 우정의 약속 양문 접기 편지 카드 또는 편지책을 감상할 수 있도록 전시한다.

**강석환과 그의 친구들(만 6세). 강석환, 생일 축하해! 친구들아 고마워! 1800㎜×195㎜.**

# Gallery

강석환과 그의 친구들(만 6세). 강석환, 생일 축하해! 친구들아 고마워! 1800㎜×195㎜.

# 추억의 향기

A TO Z. 2007. 4050㎜×93㎜.
MY SECRETS. 2007. 2800㎜×130㎜.

## 활용도서

- 안 에르보(2006). 편지. 베틀북.

## 참고도서

- 도로 크로닌 글 · 베시 루윈 그림(2001). 탁탁 톡톡 음매 젓소가 편지를 쓴대요. 중앙M&B.
- 아네테 랑엔 글 · 콘스탄차 드로프 그림(2002). 펠릭스의 세계 요리 여행. 사랑이.
- 아네테 랑엔 글 · 콘스탄차 드로프 그림(2002). 펠릭스가 보내는 깜짝 편지. 사랑이.
- 아네테 랑엔 글 · 콘스탄차 드로프 그림(2003). 펠릭스의 세계여행. 아가월드.
- 아네테 랑엔 글 · 콘스탄차 드로프 그림(2003). 가방을 타고 날아간 펠릭스. 아가월드.
- 앨런 앨버그 글 · 자넷 앨버그 그림(2003). 우체부 아저씨와 비밀편지. 미래M&B.
- 줄리아 장(2006). 비눗방울 편지. 삼성출판사.

## 생각 모으기

**Q.** 다양한 종류의 카드 또는 편지봉투들을 구입하여 탐색하고 각 봉투의 크기 및 특징에 대하여 적어보세요.

**A.**

**Q.** 편지봉투의 특징에 따라 만들 수 있는 다양한 형태의 책 만들기 방식을 생각하고 적어보세요.

**A.**

**Q.** 그림책의 주인공 또는 작가에게 편지를 보내고 답장을 받을 수 있는 방법을 생각하고 적어보세요.

**A.**

**Q.** 편지봉투에 편지지 외에 담을 수 있는 다양한 것들에 대하여 생각하고 적어보세요.

**A.**

## 자료 준비하기

- 수업용 봉투 깃발 병풍책을 제작한다.
- A4 편지봉투(220㎜×105㎜) 사용시: 카드 880㎜×105㎜ 1매, A4 편지봉투(220㎜×105㎜) 6매, 표지 카드 220㎜×105㎜ 2매, 속지 카드 200㎜×85㎜ 2매를 준비한다.
- B4 편지봉투(200㎜×98㎜) 사용시: 카드 800㎜×98㎜ 1매, B4 편지봉투(200㎜×98㎜) 6매, 표지 카드 200㎜×98㎜ 2매, 속지 카드 180㎜×78㎜ 2매를 준비한다.
- 카드봉투(195㎜×135㎜) 사용시: 카드 780㎜×135㎜ 1매, 카드봉투(195㎜×135㎜) 6매, 표지 카드 195㎜×135㎜ 2매, 속지 카드 175㎜×115㎜ 2매를 준비한다.
- 카드봉투(180㎜×120㎜) 사용시: 카드 720㎜×120㎜ 1매, 카드봉투(180㎜×120㎜) 6매, 표지 카드 180㎜×120㎜ 2매, 속지 카드 160㎜×100㎜ 2매를 준비한다.
- 카드봉투(155㎜×108㎜) 사용시: 카드 620㎜×108㎜ 1매, 카드봉투(155㎜×108㎜) 6매, 표지 카드 155㎜×108㎜ 2매, 속지 카드 135㎜×88㎜ 2매를 준비한다.
- 가족 여행 시 찍은 사진, 각종 영수증, 입장권, 안내문, 엽서, 수집한 물건 등 소중하게 생각하거나 보관하고 있는 다양한 자료들을 준비한다.

## 도구 준비하기

- 연필
- 색연필
- 사인펜
- 유성매직
- 유성펜
- 색종이
- 풀
- 가위
- 핑킹가위
- 모양 펀치
- 본드
- 본드판
- 면봉
- 팬시 도장
- 팬시 스티커
- 팬시 라벨
- 장식 재료
- 우표
- 본 폴더
- 자
- 컬러 스탬프 패드

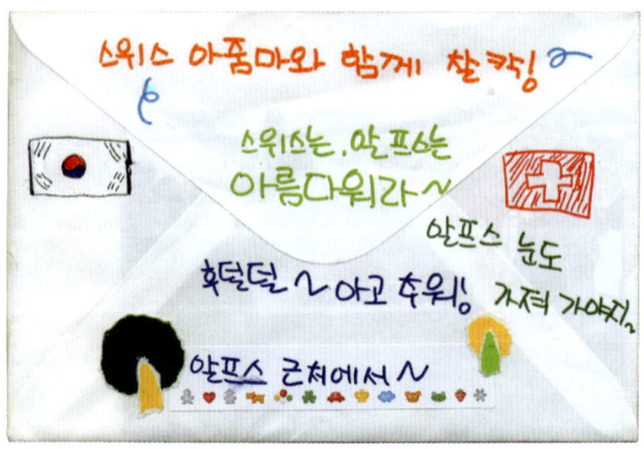


최여진(만 11세). SWISS TRIP. 975㎜×135㎜.

쑥쑥이 어린이집 학부모님들. 사랑의 편지. 1400㎜×98㎜.
꿈꾸는 아이들 어린이집 친구들(만 3 · 4세).
데이빗, 그러면 안돼! 540㎜×105㎜.

## 그림책 생각 모으기

- 그림책을 소개하고 이야기를 들려준다.
- 그림책의 이야기를 들려주고 책의 앞표지부터 한 장씩 넘겨가며 줄거리를 회상하고 이야기와 관련된 경험과 생각을 모은다.

**Q.** 이 그림책의 제목은 무엇이니?
**Q.** 이 그림책의 주인공은 누구니?
**Q.** 오스카와 로로는 겨울이 되면 무엇을 해야 하니?
**Q.** 오스카와 로로는 누구에게 편지를 보내기로 했니?
**Q.** 왜 피에르에게 편지를 보내기로 했을까?
**Q.** 피에르에게 어떤 것을 담아서 편지를 보내기로 했니?
**Q.** 오스카가 맨 처음 편지 봉투에 넣은 것은 무엇이니?
**Q.** 오스카와 로로는 또 무엇을 담았니?
**Q.** 예쁜 새는 무엇을 찾아왔니?
**Q.** 달콤한 꽃향기를 어떻게 넣었을까?
**Q.** 바람은 피에르에게 어떤 추억이 담긴 것을 넣어 주었니?
**Q.** 팔랑거리는 잠자리의 날개 소리는 어떻게 넣었을까?
**Q.** 로로는 숲에서 무엇을 찾았니?
**Q.** 나무는 피에르에게 무엇을 보내고 싶어 했니?
**Q.** 겨울이 되자 편지봉투는 어떻게 되었을까?
**Q.** 오스카와 로로는 피에르에게 여름 동안의 추억이 담긴 편지 봉투를 어떻게 보냈을까?
**Q.** 오스카, 로로와 여름을 함께 보낸 추억이 담긴 편지를 받은 피에르는 어떤 생각을 했을까?
**Q.** 오스카와 로로처럼 기억하거나 간직하고 싶은 추억이 있니?
**Q.** 어떤 이야기나 경험을 간직하고 싶니?
**Q.** 누구와 추억을 함께 나누고 싶니?
**Q.** 편지봉투에 추억이 담긴 어떤 물건들을 담고 싶니?

## 봉투 깃발 병풍책 소개하고 생각 모으기

- 수업용 봉투 깃발 병풍책을 소개하고 만드는 방법과 무엇을 표현하는지 이야기 나눈다.

**Q.** 이 깃발 병풍책은 전에 만들었던 깃발 병풍책과 비교하여 어떤 점이 다르니?
**Q.** 깃발 병풍책에 무엇이 붙여져 있니?
**Q.** 편지봉투 또는 카드봉투를 붙인 깃발 병풍책의 이름은 무엇이라고 지을 수 있을까?
**Q.** 왜 깃발 카드 대신에 봉투를 붙였을까?
**Q.** 편지봉투 또는 카드봉투에 편지 또는 카드 외에 무엇을 담을 수 있을까?
**Q.** 추억이 담긴 물건에는 어떤 것들이 있을까?
**Q.** 여행한 곳에서 찍은 사진 외에 또 어떤 것들을 갖고 있니?
**Q.** 편지봉투에 추억이 담긴 물건을 담을 때 고려해야 할 점은 무엇일까?
**Q.** 가져온 추억 거리 중에 편지봉투보다 크기가 큰 것들은 무엇이니?
**Q.** 편지봉투보다 크기가 큰 물건은 어떻게 담아야 할까?
**Q.** 내가 모은 추억거리들을 어떻게 나누어 담으면 보기에 좋을까?
**Q.** 각각의 봉투에 담은 것들이 무엇인지 알려주려면 어떻게 해야 할까?
**Q.** 각각의 봉투에 담은 추억거리들에 대한 기억을 이야기해 주려면 어느 곳에 어떻게 적으면 좋을까?

- 어린이 각자 모아 온 소중한 물건이나 추억이 담긴 것들을 같은 경험 내용이나 종류끼리 분류하고 주제를 정하도록 지도한다.
  예) 가족 나들이, 가을여행, 할아버지 생신잔치, 즐거운 여름방학, 즐거운 겨울방학, 봄꽃축제, 단풍놀이, 재롱잔치, 봄소풍, 운동회 등
  입장권, 통행료 영수증, 지도, 브로슈어, 안내문, 사진 등
- 추억의 향기 봉투 깃발 병풍책 만들기 활동은 부모참여수업과 같은 행사일에 가정에서 다양한 추억거리들을 준비하여 가져오도록 안내하고 부모님과 자녀가 함께 토의하며 만들면 새로운 추억을 만드는 뜻 깊은 행사 활동이 된다.

## 봉투 깃발 병풍책 만들기

① 8면 병풍책 만들기

- 사용하는 편지봉투 또는 카드봉투의 규격에 적합한 카드를 준비한다.
- 카드를 지그재그로 접어서 4면 병풍책을 만든다.
- 4면 병풍책을 다시 지그재그로 접어서 8면 병풍책을 만든다.

② 앞표지 붙이기

- 8면 병풍책의 앞표지에 풀칠하고 카드 크기에 적합한 표지 카드를 붙인다.
- 어린이들이 모아 온 자료가 많은 경우 앞표지에 표지 카드 대신에 편지봉투 또는 카드봉투를 붙여서 추억거리를 담을 수 있는 면으로 활용한다.
- 표지 카드 위에 접착 주머니를 깃발 병풍책의 높이에 맞추어 윗부분을 잘라내고 앞표지에 붙이면 다양한 자료를 담는데 효과적이다.

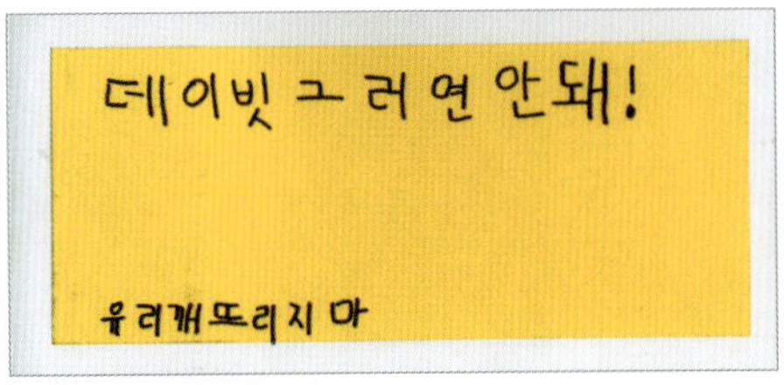

❷-1 앞표지에 표지 카드 붙이기
❷-2 앞표지에 A4 · B4 편지봉투 붙이기

❷-3 앞표지에 카드봉투 붙이기
❷-4 앞표지에 표지 카드 붙이고 그 위에 접착 주머니 붙이기

③ 8면 병풍책에 봉투 붙이기

- 표지 카드 또는 편지봉투나 카드봉투를 붙인 8면 병풍책의 2, 4, 6, 8면에 각각 풀칠하고 크기에 적합한 봉투를 붙인다.
- A4 또는 B4 크기의 편지봉투를 사용하여 깃발 병풍책을 만드는 경우 봉투의 앞면이 깃발 병풍책의 앞면에 오도록 붙인다.
- 카드봉투를 사용하여 깃발 병풍책을 만드는 경우 봉투의 뒷면, 즉 뚜껑이 달린 면이 앞으로 오도록 붙인다.

❸-1 8면 병풍책의 2, 4, 6, 8면에 붙인 편지봉투의 앞면 · 뒷면 모습

❸-2 8면 병풍책의 면에 붙인 카드봉투의 앞면 · 뒷면 모습

④ 앞표지 꾸미기

- 추억과 관련된 다양한 자료를 담은 편지책에 어울리는 제목과 출판사 명을 생각한다.
- 개별적으로 사용하는 출판사 명이 있는 경우 출판사 명을 따로 정하지 않는다.

- 표지 카드에 제목과 출판사 명을 적고 그림을 그리거나 다양한 장식 재료를 이용하여 아름답게 꾸민다.
- 앞표지에 표지 카드 대신에 편지봉투 또는 카드봉투를 붙인 경우 가장 기억에 담거나 소중하게 생각하는 추억거리들에 대한 생각을 모으고 봉투 앞면에 이름과 제목을 적는다.
- 봉투 앞면을 꾸밀 때 봉투 안의 자료들이 많거나 크기가 다양하면 글을 쓰기 어렵거나 글을 쓰고 꾸밀 때 봉투가 훼손될 수 있으므로 글쓰기와 꾸미기가 끝난 후 봉투 안에 추억거리들을 담도록 지도한다.

⑤ 깃발 봉투 꾸미고 추억거리 담기
- 각 면의 봉투에 담을 추억거리들을 탐색하고 경험했던 일들에 대한 생각을 모은다.
- 깃발 병풍책의 각각의 면에 붙인 편지봉투 또는 카드봉투의 앞면에 봉투에 담을 추억거리와 관련된 제목이나 이야기를 적는다.
- 편지봉투 또는 카드봉투에 다양한 팬시 라벨이나 조각 종이를 붙이고 그 위에 제목을 적을 수 있다.
- 표현할 내용이 많은 경우 봉투를 붙인 깃발 병풍책의 왼쪽 면에 이야기를 적도록 지도한다.
- 앞표지를 꾸밀 때와 마찬가지로 봉투 안의 자료들이 많거나 크기가 다양하면 글을 쓰기 어렵거나 글을 쓰고 꾸밀 때 봉투가 훼손될 수 있으므로 글쓰기와 꾸미기가 끝난 후 봉투 안에 추억거리들을 담도록 지도한다.

⑥ 뒷표지 꾸미기
- 뒷표지의 병풍책 카드 면에 펴낸 날, 펴낸 이, 펴낸 곳, 가격, 전화번호, 주소 등을 적고 바코드를 오려 붙이거나 원하는 형태로 그리고 ISBN을 설정하여 판권면을 꾸민다.
- 책 만들기 경험이 풍부한 어린이는 뒷표지 그림을 그리고 광고 문구를 적도록 지도한다.
- 카드봉투를 사용하여 봉투 깃발 병풍책을 만든 경우 앞표지와 같이 뒷표지에 카드봉투의 뒷면, 즉 열려지는 면이 보이도록 풀칠하여 붙이고 추억거리로 준비한 자료 중에 크기가 크거나 높이가 높은 자료들을 담는다.
- 뒷표지에 붙인 카드봉투에 큰 형태의 자료를 담을 경우 봉투의 뚜껑 부분을 봉투 안으로 집어넣거나 뚜껑 부분을 자르고 붙인다.
- 표지 카드나 카드봉투 대신에 접착 주머니를 깃발 병풍책의 높이에 맞추어 윗부분을 잘라내고 뒷표지에 붙이면 다양한 자료를 담는데 효과적이다.
- 뒷표지에 붙인 봉투 앞면을 꾸밀 때 글쓰기와 꾸미기가 끝난 후 봉투 안에 추억거리들을 담도록 지도한다.

❻-1 뒷표지 병풍책 카드에 판권면 꾸미기

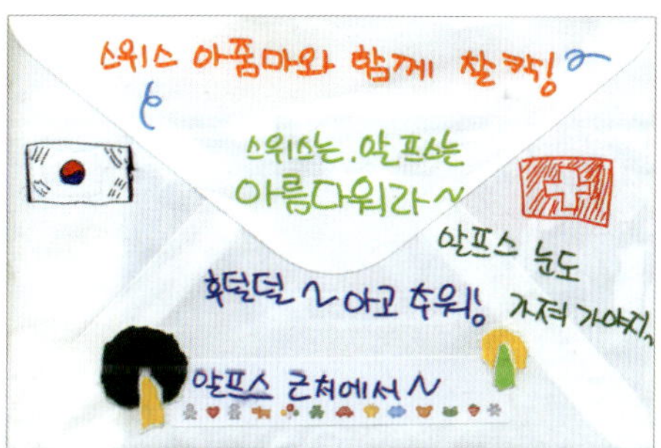


❻-2 뒷표지에 카드봉투 붙이기

❻-3 뒷표지에 표지카드를 붙이고 그 위에 접착 주머니 붙이기

## 소개하기 · 감상하기
- 각각의 봉투에 어떤 추억거리들을 담았는지 보여주며 소개한다.
- 추억거리에 대한 제목과 이야기를 소개한다.
- 봉투에 담은 추억거리 중에 독특하거나 관심 있는 것들이 무엇인지 알아본다.
- 봉투 깃발 병풍책에 추억이 담긴 물건들을 담고 이야기를 꾸미면서 생각하거나 느낀 점에 대하여 이야기 나눈다.
- 봉투 깃발 병풍책을 전체적으로 아름답거나 독특하게 꾸민 작품을 알아본다.
- 봉투에 넣는 데 어려움이 있는 물건을 책에 담을 수 있는 방법에 대하여 알아본다.
- 추억의 향기 봉투 깃발 병풍책을 만들면서 어렵거나 힘들었던 점이 있었는지 이야기 나눈다.
- 봉투 깃발 병풍책을 이용하여 할 수 있는 새로운 활동에 대하여 알아본다.
- 교실의 한 공간을 마련하여 완성된 추억의 향기 봉투 깃발 병풍책을 서로 감상할 수 있도록 전시한다.

# Gallery

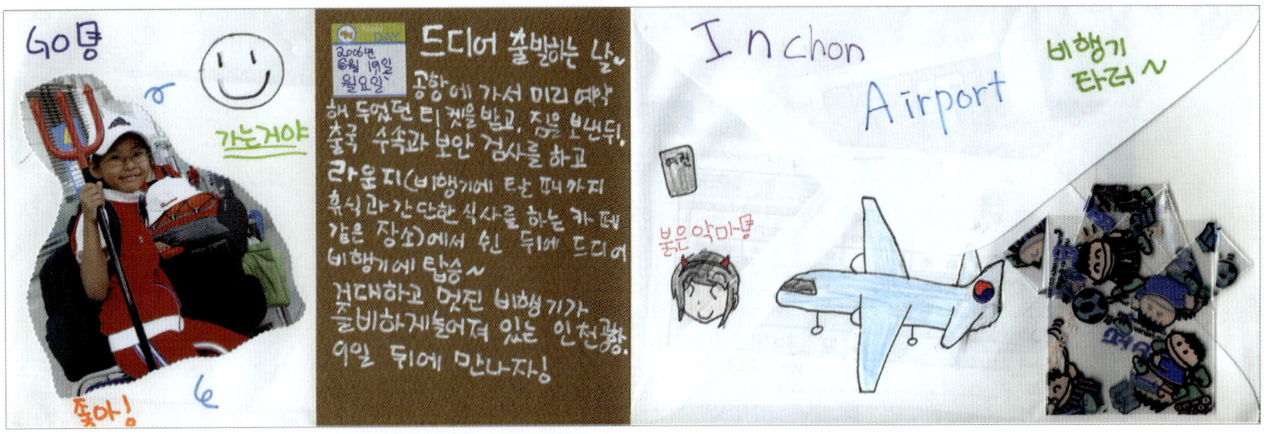


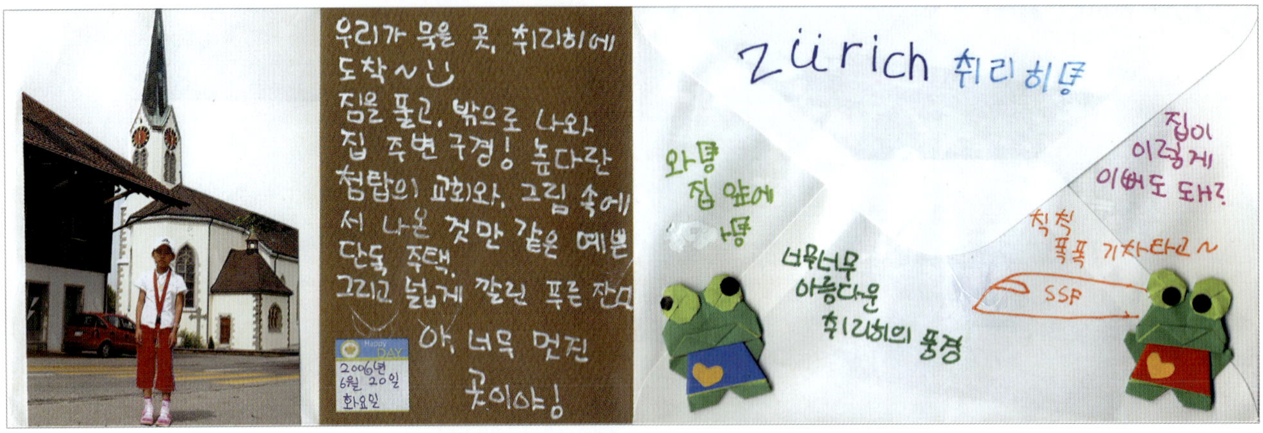


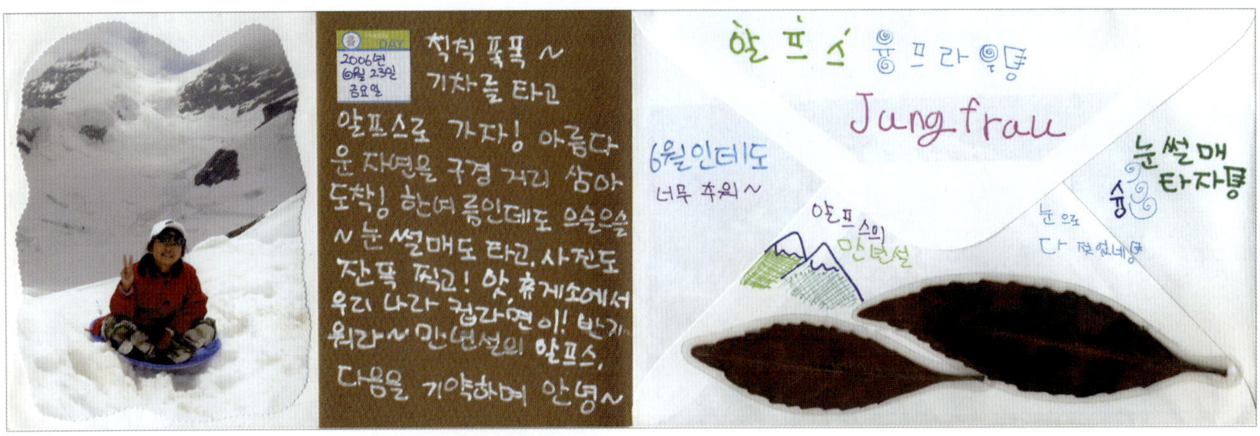


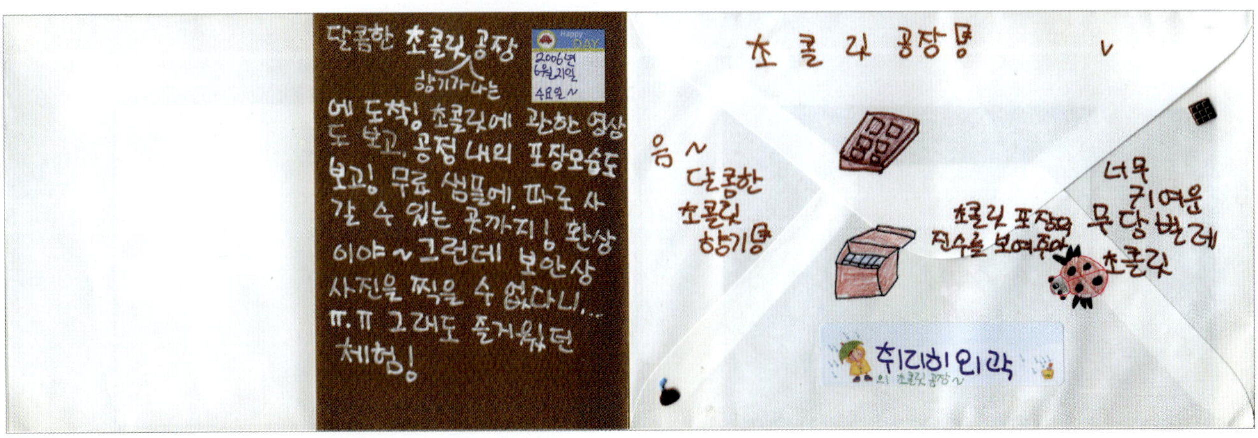


최여진(만 11세). SWISS TRIP. 975㎜×135㎜.

# Gallery

꿈꾸는 아이들 어린이집 친구들과 최여진(만 6 · 7 · 11세). 태극전사 화이팅! 910㎜×95㎜.

신민기가 이동국 선수에게

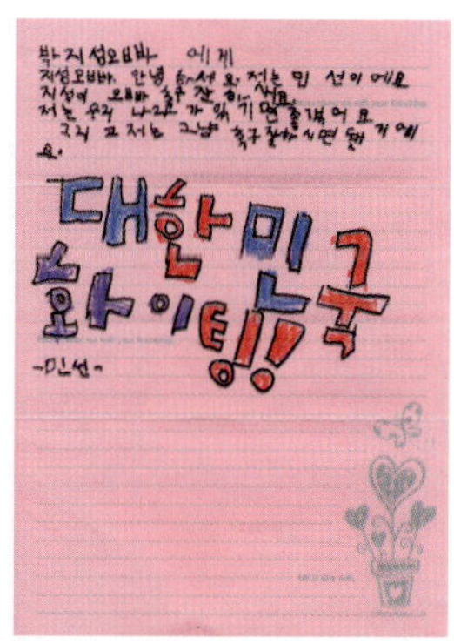

문민선이 박지성 선수에게

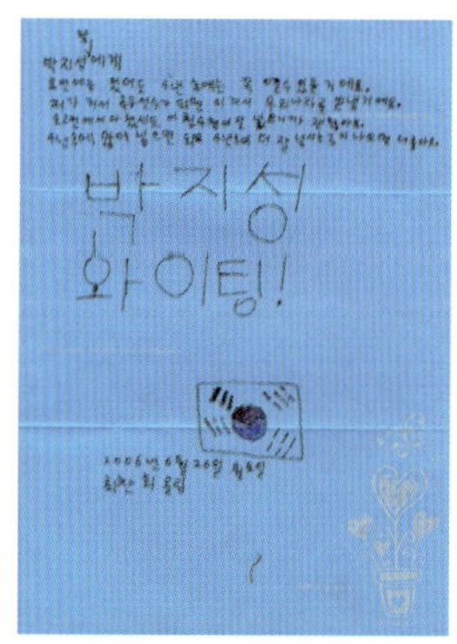


최찬희가 박지성 선수에게

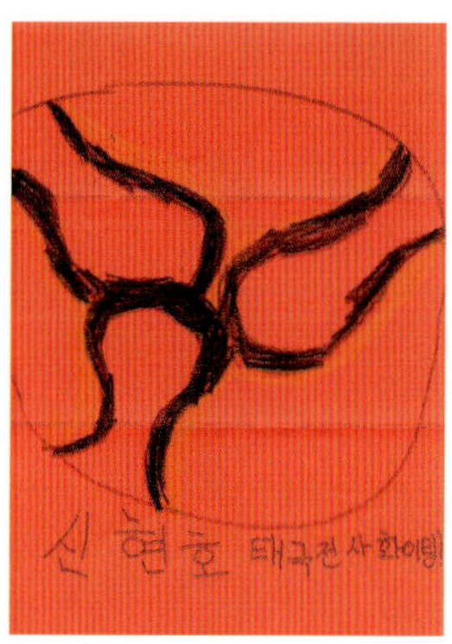

신현호가 이운재 · 안정환 선수에게

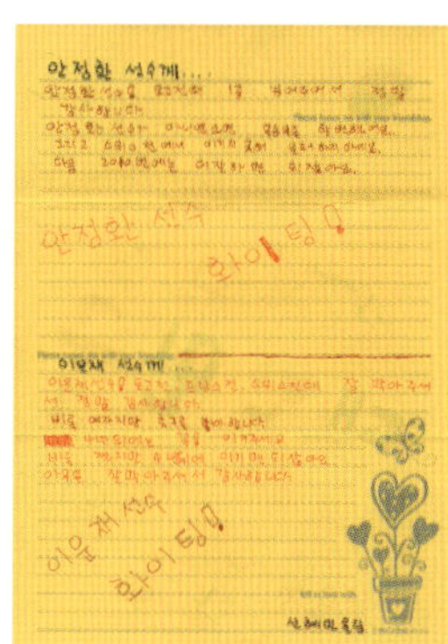

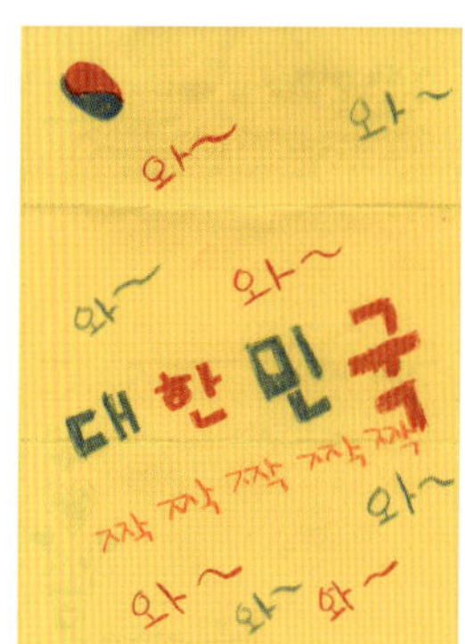


신혜민이 이운재 · 안정환 선수에게

# Gallery

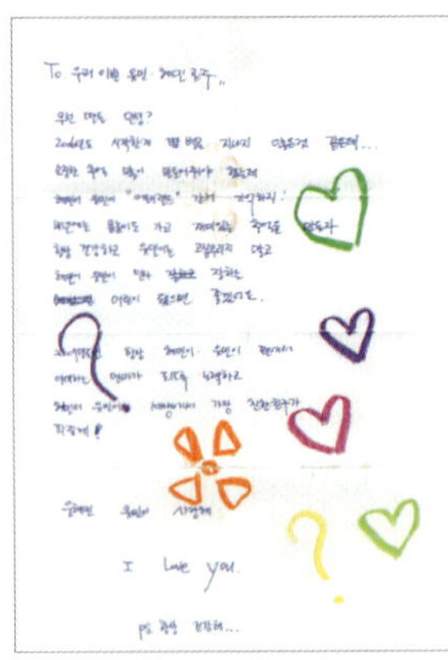

엄마가 혜민 · 유민에게

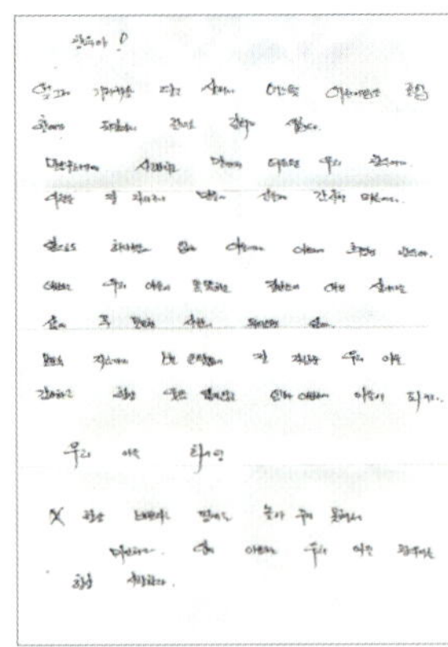

아빠가 광욱이에게

아빠가 장영준에게

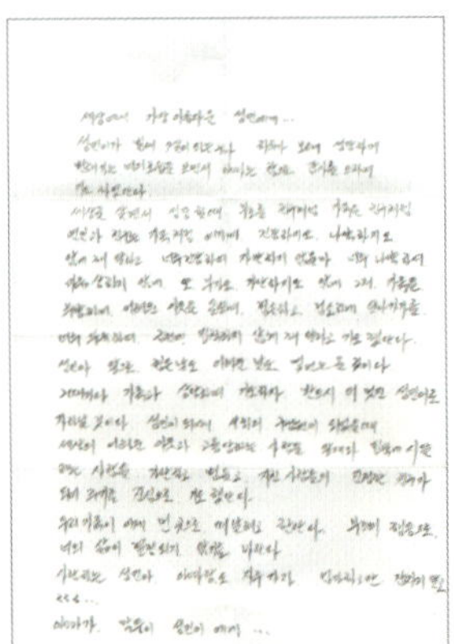

아빠가 성민이에게

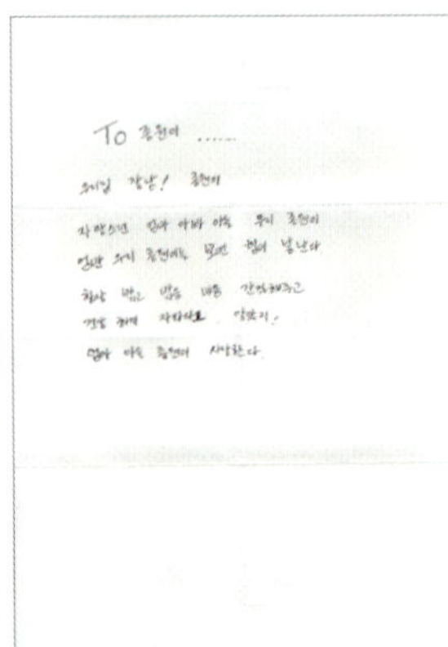

엄마가 종원이에게

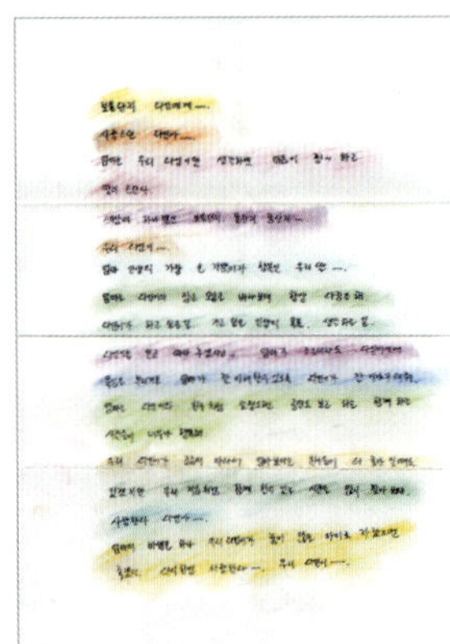

엄마가 다인이에게

쑥쑥이 어린이집 학부모님들. 사랑의 편지. 1400㎜×98㎜.

# CHAPTER 4

# 박음쇠를 활용한 문해 활동

## Literacy Activities through Stapler Books

- 낙서 그림책
- 노래하는 그림책 I
- 옛날과 오늘날
- 유치원 이야기
- 쑥쑥 크는 책

# 낙서 그림책

생각놀이. 2007. 225㎜×155㎜.
빙글빙글 뵤족뵤족. 2005. 182㎜×258㎜.
빙글빙글 반듯반듯. 2005. 182㎜×258㎜.

### 활용도서
- 편집부(2006). 빙글빙글 그리는 책. 삼성출판사.

### 참고도서
- 편집부(2006). 엄마랑 그리는 책. 삼성출판사.
- 편집부(2006). 구멍을 칠하는 책. 삼성출판사.
- 강덕선(2000). 마음껏 낙서하기(합본). 삼성출판사.
- 강덕선(2003). 머리가 좋아지는 낙서 그림책. 삼성출판사.
- 혜경(2007). 누가 내 얼굴에 낙서했어. 베이비북스.
- 고미 타로(2002). 그림으로 생각 키우기1. 창해.
- 고미 타로(2002). 그림으로 생각 키우기2. 창해.

### 생각 모으기
**Q.** 박음쇠란 무엇인가요?

**A.**

**Q.** 박음쇠를 사용할 때 필요한 도구는 무엇인가요?

**A.**

**Q.** 박음쇠를 이용하여 만들 수 있는 다양한 형태의 책 모양을 생각하고 그려보세요.

**A.**

**Q.** 박음쇠를 사용할 때 주의해야 할 점은 무엇일까요?

**A.**

## 자료 준비하기

- 수업용 낙서 그림 박음책을 제작한다.
- 표지 카드 A4 1매와 A4 크기의 복사용지 10매를 준비한다.
- 낙서 그림책 라벨 3621(CD-ROM)을 Formtec Label 3621 라벨용지에 출력한다.
- 판권면 라벨 3108 · 3114 · 3116(CD-ROM)을 Formtec Label 3108 · 3114 · 3116 라벨용지에 출력한다.

## 도구 준비하기

- 연필
- 색연필
- 사인펜
- 유성매직
- 유성펜
- 색종이
- 풀
- 가위
- 핑킹가위
- 박음쇠
- 제침기
- 모양 펀치
- 팬시 도장
- 팬시 스티커
- 팬시 라벨
- 제본 테이프(25㎜ · 35㎜)
- 컬러 스탬프 패드

**김선영 그림 · 송명숙 글(만 4세). 우리 집. 152㎜×210㎜.**
**우리 동네 슈퍼. 152㎜×210㎜.**

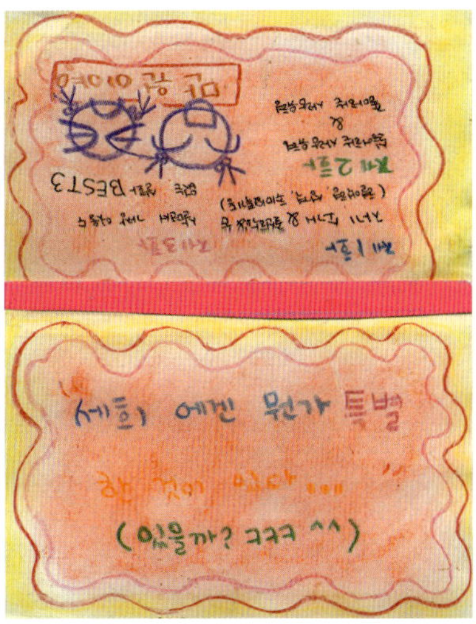

**유제은. 스물셋, 날개를 펴다. 148㎜×105㎜.**
**유선영. 유선영을 소개합니다. 105㎜×148㎜.**
**장세희. 세희에겐 뭔가 특별한 것이 있다! 있을까? 105㎜×148㎜.**

## 그림책 읽고 생각 모으기

- 낙서 그림책을 소개하고 순서에 관계없이 원하는 면을 선택하여 하루에 한 두면씩 소개한다.
- 낙서 그림의 내용이나 특징에 따라 마음대로 그리는 다양한 방법에 대하여 이야기 나눈다.

**Q.** 이 그림책의 제목은 무엇이니?

**Q.** 낙서란 무엇일까?
**Q.** 이 낙서는 어떻게 그렸니?
**Q.** 빙글빙글 그리는 또 다른 방법은 무엇일까?
**Q.** 크게 크게 빙글빙글 그리려면 어떻게 해야 할까?
**Q.** 작게 작게 빙글빙글 그리려면 어떻게 해야 할까?
**Q.** 크게 크게 또는 작게 작게 빙글빙글 그리면 어떤 모양이 만들어질까?
**Q.** 크게 크게 작게 작게 빙글빙글 그린 모양을 어떻게 꾸밀 수 있을까?
**Q.** 빙글빙글 그리기를 어떻게 바꾸어 그릴 수 있을까?

- 낙서 그림책은 유아들의 자유로운 끄적거리기와 표현 활동을 격려하고 그리기 자료들을 포트폴리오로 제작하여 보관하기 위한 활동이다. 따라서 활용도서 또는 참고도서를 선택하여 소개하지 않고 낙서 그림책에 자유롭게 그림을 그리도록 격려하거나 매일의 경험이나 원하는 주제를 따라 날짜와 시간에 관계없이 자유롭게 활용할 수 있도록 지도한다.

## 낙서 그림 박음책 소개하고 생각 모으기

- 수업용 낙서 그림 박음책을 소개하고 어떻게 만들고 무엇을 표현할 수 있는지 이야기 나눈다.

**Q.** 이 책은 어떤 모양이니?
**Q.** 어떻게 공책처럼 만들었을까?
**Q.** 이런 모양의 책을 만들려면 무엇이 필요할까?
**Q.** 이렇게 여러 장의 종이를 묶음으로 만들 수 있는 도구를 무엇이라고 할까?
**Q.** 박음쇠를 이용하여 만든 책의 이름은 무엇이라고 지을 수 있을까?
**Q.** 박음책은 그동안 우리가 만들었던 책들과 어떤 점이 다르니?
**Q.** 박음책을 이용하여 무엇을 할 수 있을까?
**Q.** 벽이나 바닥 등에 내 마음대로 그림을 그리거나 이야기를 쓰면 어른들께 어떤 이야기를 듣니?
**Q.** 마음대로 낙서하고 싶을 때 어느 곳에 하니?
**Q.** 어떤 낙서를 했었니?
**Q.** 낙서를 해도 꾸중을 듣지 않을 수 있는 방법은 무엇일까?
**Q.** 박음책에 마음대로 낙서를 한다면 무엇을 그리거나 쓰고 싶니?
**Q.** 박음책에 낙서를 할 때마다 무엇을 적으면 좋을까?
**Q.** 낙서를 많이 할 수 있는 박음책을 만들려면 어떻게 해야 할까?
**Q.** 이 책의 앞표지와 뒷표지는 어떻게 꾸밀 수 있을까?
**Q.** 내가 만든 낙서책의 제목은 무엇이라고 짓고 싶니?

## 낙서 그림 박음책 만들기

① 표지 카드와 낙서 카드 접기

- A4 크기의 표지 카드를 절반으로 접어서 2면 카드를 만든다.
- 같은 방법으로 A4 크기의 복사용지 5매~10매를 각각 절반으로 접어서 2면 카드를 만든다.
- 어린이의 연령이나 활동 내용에 따라 A4 크기의 대신에 A5, B5, B4, A3 등 다양한 크기의 종이를 사용하여 만들 수 있다.
- 어린이의 연령이 낮을수록 낙서 그림책의 크기를 크게 만들어 제공하는 것이 적절하다.
- 표지카드는 복사용지 보다는 두꺼운 종류의 색지를 사용하는 것이 적절하다.
- 아름다운 낙서 그림책을 만들고 싶은 경우 복사용지 대신에 다양한 색깔의 색지를 사용하여 만든다.
- 색지를 사용하여 낙서 그림책을 만드는 경우 카드를 절반으로 접어서 사용하기 보다는 원하는 크기의 카드를 준비하여 낱장의 카드를 사용한다(Gallery 103쪽 참고).

② 낙서 카드 끼우기

- 절반으로 접은 표지 카드 사이에 절반으로 접은 복사용지 5매~10매의 접은 면을 안쪽으로 차례로 끼운다.
- 옛날 서책처럼 만들고 싶거나 물감 또는 크레파스를 많이 사용하는 경우 접은 면이 책의 바깥 면(책배)으로 나오고 열려진 면이 책의 안쪽 면(책등)으로 들어가도록 끼운다.

❷-1 표지 카드 사이에 절반으로 접은 복사 용지의 접은 면 끼우기
❷-2 표지 카드 사이에 절반으로 접은 복사 용지의 열려진 면 끼우기

③ 박음쇠 사용하기

- 표지 카드 속에 끼운 낙서 카드를 가지런히 맞춘다.
- 카드의 연결면 중심에서 안쪽으로 1㎝ 정도 들어와 중앙 부분을 박는다.
- 중심 부분의 박음선에 맞추어 위아래 부분을 각각 박는다.
- 중심, 위 그리고 아래 박음침의 중간 부분을 박음선에 맞추어 각각 박는다.
- 박음책의 길이가 짧은 경우 박음침은 중앙, 위, 아래 세 부분만 박는다.
- 박음쇠 사용에 어려움을 느끼는 경우 교사가 박음쇠를 사용하는 과정을 관찰하도록 지도한다.

❸-1 연결면에서 안쪽으로 1㎝ 정도 들어와 중심 부분을 박는다.
❸-2 중심의 박음선에 맞추어 위와 아래 부분을 각각 박는다.

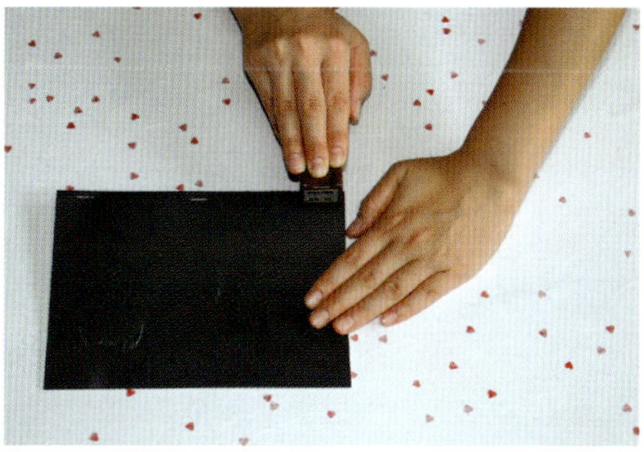

④ 제본 테이프 붙이기

- 제본 테이프를 박음책과 같은 높이로 자른다.
- 어린이 스스로 제본 테이프를 붙이는 경우 위아래 길이를 정확히 맞추기 어려울 수 있으므로 박음책의 높이 보다 1~2㎝ 정도 길게 잘라서 제공하고 박음책에 붙인 후 남는 부분을 잘라내도록 지도한다.
- 제본 테이프 뒷면의 한 쪽 면 테이프를 떼어내고 박음책 앞표지의 박음침 부분이 보이지 않도록 붙인다.
- 제본 테이프 뒷면의 남은 테이프를 떼어내고 박음책 뒷면으로 넘겨 붙인다.
- 제본 테이프는 색상과 너비가 다양하므로 책에 적합한 색상과 너비의 제본 테이프를 준비하여 제공한다.
- 일반적으로 박음책에 적합한 제본테이프의 너비는 25㎜가 적절하다.
- 제본 테이프를 사용하지 않을 수도 있으나 제본 테이프를 사용하면 박음침이 밖으로 드러나지 않으므로 미적인 측면과 안전성이 높아진다.

❹-1 제본 테이프 뒷면의 배지를 한 면만 떼어낸다.

❹-2 앞표지의 박음침 부분에 맞추어 뒷면을 떼어낸 제본 테이프를 붙인다.

❹-3 제본 테이프 뒷면의 나머지 배지을 떼어 내고 박음책의 뒷면을 감싼다.

⑤ 앞표지 꾸미기

- 낙서책에 붙일 수 있는 재미있는 제목을 생각하도록 격려한다.

- 낙서책를 만드는 출판사 명으로 무엇이 적절할지 이야기 나눈다.
- 개별적으로 사용하는 출판사 명이 있는 경우 출판사 명을 따로 정하지 않는다.
- 생각 모으기를 통해 지은 제목과 출판사 명을 적고 지은이와 앞표지 그림 등을 담는다.
- 어린이의 낙서 그림 중 마음에 들거나 재미있는 낙서 그림을 붙여서 앞표지를 꾸미도록 할 수 있다.
- 표지 카드의 색깔이 짙은 색인 경우 하얀색 속지 카드 또는 팬시 라벨을 사용하여 표현한다.

⑥ 낙서 그림 그리기
- 원하는 시간에 자유롭게 낙서 그림 박음책에 낙서를 하거나 원하는 그림을 자유롭게 그린다.
- 활용도서 또는 참고도서에 소개된 방법으로 낙서 주제를 제시할 수 있다.
- 낙서 주제를 정하는데 어려움을 느끼는 경우 낙서 그림책 라벨 3621(CD-ROM)을 Formtec Label 3621 라벨용지에 출력하여 제공하고 주어진 주제에 따라 낙서한다.
- 낙서 그림 박음책의 각각의 면에 꾸민 날짜와 쪽 수를 적도록 지도한다.
- 연령이 어린 어린이의 경우 하루에도 수없이 많은 낙서를 하므로 낙서 그림 박음책에 직접 표현하기 보다는 다양한 크기의 종이를 준비하여 제공하고 낙서 그림이나 카드들을 모아서 낙서 그림 박음책에 붙여준다.
- 낙서 그림을 붙인 박음책에 표현 내용에 대하여 이야기 나누고 날짜와 이야기를 받아 적어주면 인지적, 미적, 언어적 그리고 대소근육 발달을 이해할 수 있는 평가 자료로 활용할 수 있으며, 추억이 담긴 의미 있는 그림책이 만들어진다.

⑦ 뒷표지 꾸미기
- 뒷표지에 펴낸 날, 펴낸 이, 펴낸 곳, 가격, 전화번호, 주소 등을 적고 바코드를 오려 붙이거나 원하는 형태로 그리고 ISBN을 설정하여 판권면을 꾸민다.
- 판권면 라벨 3108 · 3114 · 3116(CD-ROM)을 Formtec Label 3108 · 3114 · 3116 라벨용지에 출력하여 제공하고 판권면 라벨을 사용하여 뒷표지를 꾸미도록 할 수 있다.
- 앞표지와 마찬가지로 어린이의 낙서 그림 중 마음에 들거나 재미있는 낙서 그림을 붙여서 뒷표지를 꾸미도록 할 수 있다.
- 어린이가 원하지 않는 경우 간단히 책을 끝마친 날짜만 적는다.
- 책 만들기 경험이 풍부한 어린이는 뒷표지 그림을 그리고 광고 문구를 적거나 뒷표지 그림을 그리도록 지도한다.

## 소개하기 · 감상하기
- 자유롭게 낙서하며 느낀 즐거움에 대하여 이야기 나눈다.
- 어떤 낙서들을 했는지 소개한다.
- 재미있거나 독특한 표현의 낙서가 있는지 알아본다.
- 낙서를 이용하여 할 수 있는 새로운 활동에 대하여 이야기 나눈다.
- 주어진 주제에 따라 낙서 활동을 진행한 경우 주제에 따른 느낌과 생각이 잘 드러난 작품을 알아본다.
- 낙서 그림 박음책을 만들면서 어렵거나 힘들었던 점이 있었는지 이야기 나눈다.
- 박음책을 이용하여 할 수 있는 새로운 활동에 대하여 알아본다.
- 교실의 한 공간을 마련하여 완성된 낙서 그림 박음책을 서로 감상할 수 있도록 전시한다.

**김선영 그림 · 송명숙 글(만 4세). 우리 동네 슈퍼. 152㎜×210㎜.**

**장세희. 세희에겐 뭔가 특별한 것이 있다! 있을까? 105㎜×148㎜.**

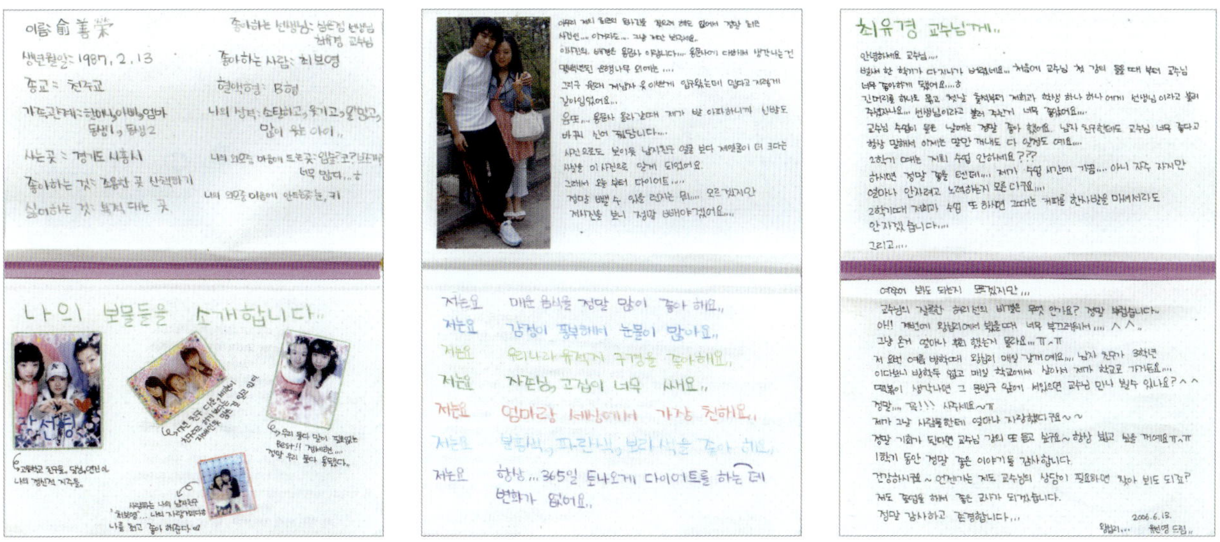

**유선영. 유선영을 소개합니다. 105㎜×148㎜.**

# Gallery

김선영 그림 · 송명숙 글(만 4세). 우리 집. 152㎜×210㎜.

유제은. 스물셋, 날개를 펴다. 148㎜×105㎜.

# Gallery

이효제 · 김지태 · 송채린 · 한의정 · 박가을 · 최용주 · 박희준 · 박보경 · 장민혁 · 고경민 · 정유빈 · 김지선 · 강태웅 · 김수진 · 유하영
이건호 · 도서원(만 3 · 4 · 5세). 생각놀이. 225㎜×155㎜.

# 노래하는 계단책 I

NOTE Ⅰ. 2003. 250㎜×250㎜ · NOTE Ⅱ. 2003. 300㎜×190㎜ · NOTE Ⅲ. 2003. 250㎜×70㎜.

## 활용도서

- 레오 리오니(1997). 으뜸헤엄이. 마루벌.

## 참고도서

- 레오 리오니(1999). 생쥐와 태엽쥐. 마루벌.
- 레오 리오니(2000). 물고기는 물고기야! 마루벌.
- 레오 리오니(2003). 내거야! 마루벌.
- 레오 리오니(2003). 파랑이와 노랑이. 물구나무.
- 레오 리오니(2004). 그리미의 꿈. 물구나무.

## 생각 모으기

**Q.** 카드의 길이 또는 크기를 각각 다르게 준비하여 박음책을 만들면 어떤 형태의 책이 만들어질까요?

**A.**

**Q.** 아름다운 형태의 계단책을 만들려면 어떤 점을 고려해야 할까요?

**A.**

**Q.** 계단책을 만들 때 주의해야 할 점을 생각하고 적어보세요.

**A.**

**Q.** 계단책을 이용하여 할 수 있는 문해 활동을 생각하고 적어보세요.

**A.**

**Q.** 계단책을 이용하여 할 수 있는 수학 활동을 생각하고 적어보세요.

**A.**

## 자료 준비하기

- 수업용 노래하는 계단책 I 을 제작한다.
- 활동 카드 135㎜×95㎜, 135㎜×115㎜, 135㎜×135㎜, 135㎜×155㎜, 135㎜×175㎜, 135㎜×195㎜ 크기의 카드를 각각 1매씩 준비한다.
- 주원문해 생각 모으기(CD-ROM)를 A4 복사용지에 출력한다.
- 주원문해 라벨 3621(CD-ROM)을 Formtec Label 3621 라벨용지에 출력한다.
- 판권면 라벨 3108 · 3114 · 3116(CD-ROM)을 Formtec Label 3108 · 3114 · 3116 라벨용지에 출력한다.

## 도구 준비하기

- 연필
- 색연필
- 사인펜
- 유성매직
- 유성펜
- 색종이
- 풀
- 가위
- 핑킹가위
- 박음쇠
- 제침기
- 모양 펀치
- 팬시 도장
- 팬시 스티커
- 팬시 라벨
- 제본 테이프(25㎜ · 35㎜)
- 컬러 스탬프 패드

황태랑(만 3세). 나의 숫자책. 297㎜×200㎜.
김주영(만 9세). 금도끼 은도끼. 297㎜×200㎜.
조성민 그림 · 김수진 글(만 4세). 아름다운 꿈 세상. 297㎜×200㎜.
정현준(만 5세). 수수께끼책. 235㎜×100㎜.

## 그림책 읽고 생각 모으기

- 그림책을 소개하고 이야기를 들려준다.
- 그림책의 이야기를 들려주고 책의 앞표지부터 한 장씩 넘겨가며 줄거리를 회상하고 이야기와 관련된 경험과 생각을 모은다.

**Q.** 이 책의 제목은 무엇이니?
**Q.** 으뜸 헤엄이는 누구니?
**Q.** 왜 으뜸 헤엄이라는 이름이 갖게 되었니?
**Q.** 바닷속에서 어떤 일이 일어났니?
**Q.** 으뜸 헤엄이는 무엇을 하고 싶었니?
**Q.** 빨간색 작은 물고기 떼들은 왜 으뜸 헤엄이와 놀지 않았을까?
**Q.** 으뜸 헤엄이는 어떤 생각을 했니?
**Q.** 으뜸 헤엄이는 커다란 물고기 모양에서 어떤 부분이 되기로 했니?
**Q.** 으뜸 헤엄이와 작은 물고기들은 어떻게 큰 물고기를 쫓아버렸니?
**Q.** 내가 지은이라면 이 그림책의 뒷이야기를 어떻게 만들고 싶니?

- 활용도서 외에 주원문해 활동에 적합한 그림책을 선정하여 활동하거나 개별적으로 어린이가 좋아하는 그림책을 선택하여 활동하도록 할 수 있다.
- '주원문해(SWBS)'는 교사의 활동 진행을 위한 용어로 특별히 어린이들에게 소개해야 할 필요는 없으나 연령이 높거나 책 만들기 경험이 풍부한 어린이들을 대상으로 활동하는 경우 '주원문해' 용어를 소개하고 그 뜻에 대하여 탐구한 후 지속적으로 사용하도록 격려한다.

＊ 주원문해(SWBS) 도표
주인공(somebody)은 누구인가요?
주인공은 무엇을 원했나요(wanted)?
주인공에게 어떤 문제가 있었나요(but)?
주인공은 문제를 어떻게 해결했나요(so)?

## 노래하는 계단책 소개하고 생각 모으기

■ 수업용 노래하는 계단책을 소개하고 만드는 방법과 무엇을 표현하는지 이야기 나눈다.
**Q.** 이 책은 박음책과 어떤 점이 다르니?
**Q.** 이 책을 보면 무엇이 생각나니?
**Q.** 이 책의 이름은 무엇이라고 부를 수 있을까?
**Q.** 어떻게 계단 모양의 책을 만들었을까?
**Q.** 왜 계단 모양의 책을 만들었을까?
**Q.** 이 책의 앞표지와 뒷표지는 어디일까?
**Q.** 이 계단책의 앞표지와 뒷표지는 어떻게 꾸밀 수 있을까?
**Q.** 이 계단책은 몇 장의 이야기 면을 만들었니?
**Q.** 계단책의 1, 2, 3, 4, 5면에 어떤 이야기를 담을 수 있을까?
**Q.** '주원문해' 란 어떤 이야기를 줄인 말일까?
**Q.** 5면의 계단책에 주원문해(SWBS)를 이용하여 어떻게 꾸밀 수 있을까?
**Q.** 각 면에 담는 이야기 제목이나 주제는 어디에 적을 수 있을까?
**Q.** 계단책에 글과 그림을 어떻게 표현하면 아름다운 책을 만들 수 있을까?
**Q.** 내가 지은이가 되어 그림책의 뒷이야기를 만든다면 어느 면에 적어야 할까?
**Q.** 그림책의 뒷이야기는 어떻게 만들 수 있을까?
**Q.** 내가 만든 계단책의 제목은 무엇이라고 짓고 싶니?
■ 주원문해 생각 모으기(CD-ROM) 활동지에 그림책의 이야기를 생각하고 주제에 따라 간단히 표현한다.

## 노래하는 계단책 I 만들기

① 활동 카드 맞추기
■ 활동 카드 135㎜×95㎜, 135㎜×115㎜, 135㎜×135㎜, 135㎜×155㎜, 135㎜×175㎜, 135㎜×195㎜ 크기의 카드를 각각 1매씩 순서대로 맞추어 계단 모양을 만든다.
■ 활동 내용이나 어린이의 발달 수준에 따라 활동 카드의 크기와 매수를 줄이거나 늘려서 계단책을 만든다.

② 박음쇠 사용하기
■ 계단 모양으로 가지런히 맞춘 활동카드의 상단 중심에서 1㎝ 정도 안으로 들어와서 중앙 부분을 박는다.
■ 중앙 부분의 박음선에 맞추어 왼쪽과 오른쪽 부분을 각각 박는다.
■ 박음쇠 사용에 어려움을 느끼는 경우 교사가 박음쇠를 사용하는 과정을 관찰하도록 지도한다.

③ 제본 테이프 붙이기(99쪽 참고)
■ 제본테이프를 이용하여 노래하는 계단책 I 의 앞표지와 뒷표지 박음침 부분이 보이지 않도록 앞뒤로 감싼다.

④ 앞표지 꾸미기
■ 주원문해 계단책에 붙일 수 있는 제목을 생각하도록 격려한다.
■ 주원문해 계단책을 만드는 출판사 명으로 무엇이 적절할지 이야기 나눈다.
■ 개별적으로 사용하는 출판사 명이 있는 경우 출판사 명을 따로 정하지 않는다.
■ 생각 모으기를 통해 지은 제목과 출판사 명을 적고 지은이와 앞표지 그림 등을 담는다.
■ 표지 카드의 색깔이 짙은 색인 경우 하얀색 속지 카드 또는 팬시 라벨을 사용하여 표현한다.

❶ 활동 카드를 계단 형태로 크기에 따라 가지런히 맞춘다.

❷ 상단 중심에서 1㎝ 정도 안쪽으로 중앙, 왼쪽, 오른쪽 부분을 각각 박는다.

❸ 제본테이프를 이용하여 계단책의 박음침 부분을 앞뒤로 감싼다.



⑤ 노래하는 계단책 꾸미기

- 주원문해 라벨 3621(CD-ROM) 라벨을 순서대로 떼어서 1, 2, 3, 4, 5면에 차례로 붙인다.
- 주원문해 라벨을 사용하지 않고 직접 각 면에 표현 내용이나 주제를 적도록 할 수 있다.
- 그림책의 이야기를 생각하고 각각의 면에 주원문해 도표와 내가 만든 이야기를 생각 모으기 활동지를 참고하여 그림과 글로 자유로이 표현한다.
- 어린이의 연령이 어리거나 뒷이야기 만들기에 어려움을 느끼는 경우 5면 카드를 제외하고 주원문해 도표만 만들도록 지도한다.

⑥ 뒷표지 꾸미기

- 뒷표지에 펴낸 날, 펴낸 이, 펴낸 곳, 가격, 전화번호, 주소 등을 적고 바코드를 오려 붙이거나 원하는 형태로 그리고 ISBN을 설정하여 판권면을 꾸민다.
- 판권면 라벨 3108 · 3114 · 3116(CD-ROM)을 Formtec Label 3108 · 3114 · 3116 라벨용지에 출력하여 제공하고 판권면 라벨을 사용하여 뒷표지를 꾸미도록 할 수 있다.
- 책 만들기 경험이 풍부한 어린이는 뒷표지 그림을 그리고 광고 문구를 적거나 뒷표지 그림을 그리도록 지도한다.

## 소개하기 · 감상하기

- 주원문해를 어떻게 표현했는지 소개한다.
- 그림책의 이야기를 정확하거나 이해하기 쉽게 표현한 작품을 알아본다.
- 내가 만든 이야기가 독창적이거나 재미있는 작품을 알아본다.
- 지은이의 이야기와 내가 만든 이야기의 같은 점과 차이점에 대하여 알아본다.
- 친구가 지은 그림책 뒷이야기를 이용하여 새로운 이야기를 만든다.
- 계단책의 본문 면을 전체적으로 아름답게 활용한 작품을 알아본다.
- 5면에 그림책의 뒷이야기 짓기 외에 표현할 수 있는 활동에 대하여 알아본다.
- 노래하는 계단책 I 을 만들면서 어렵거나 힘들었던 점이 있었는지 이야기 나눈다.
- 계단책 I 을 이용하여 할 수 있는 새로운 활동에 대하여 알아본다.
- 교실의 한 공간을 마련하여 완성된 노래하는 계단책 I 을 서로 감상할 수 있도록 전시한다.

# Gallery

황태랑(만 4세). 나의 숫자책. 297㎜×200㎜.

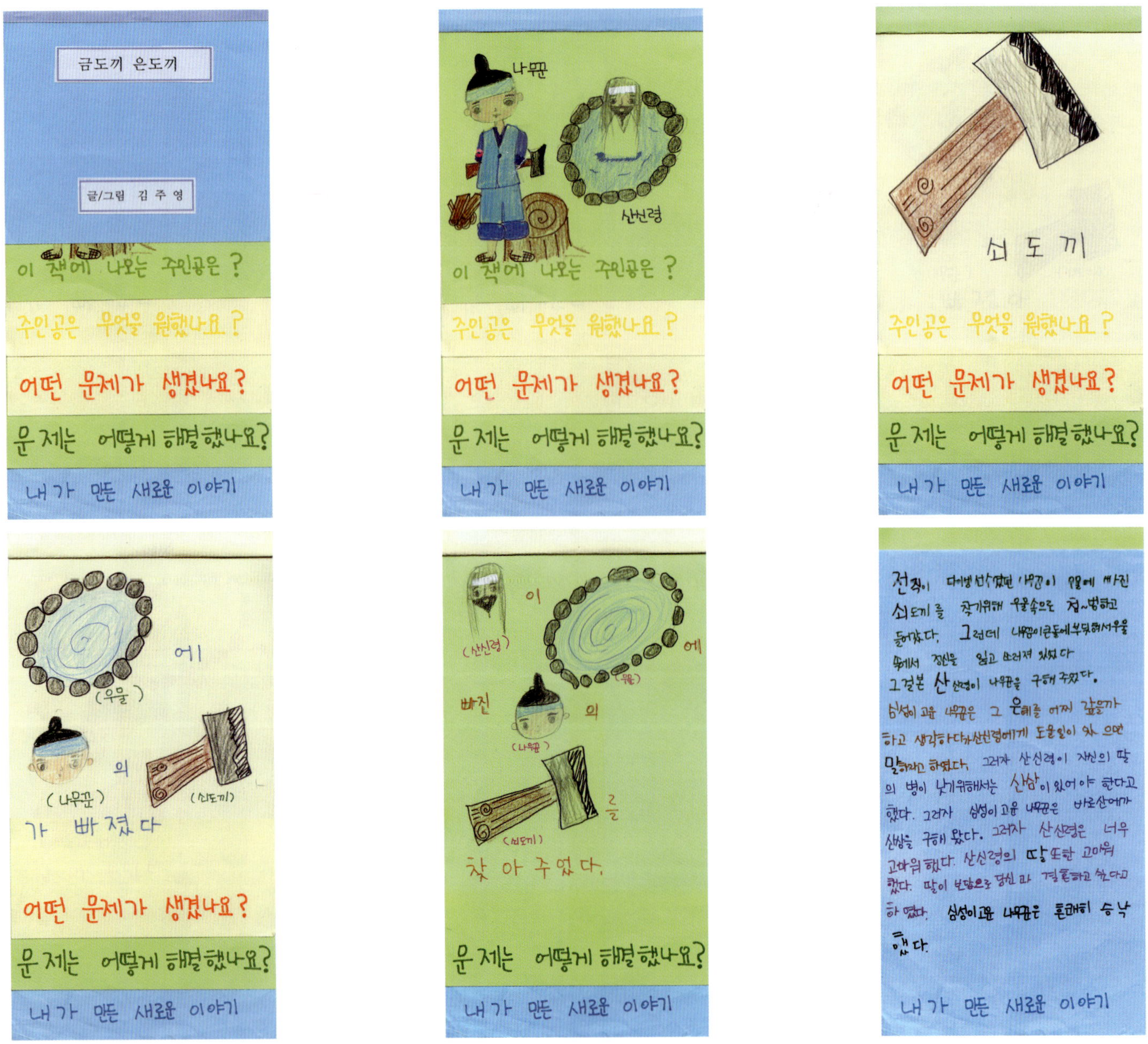


김주영(만 9세). 금도끼 은도끼. 297㎜×200㎜.

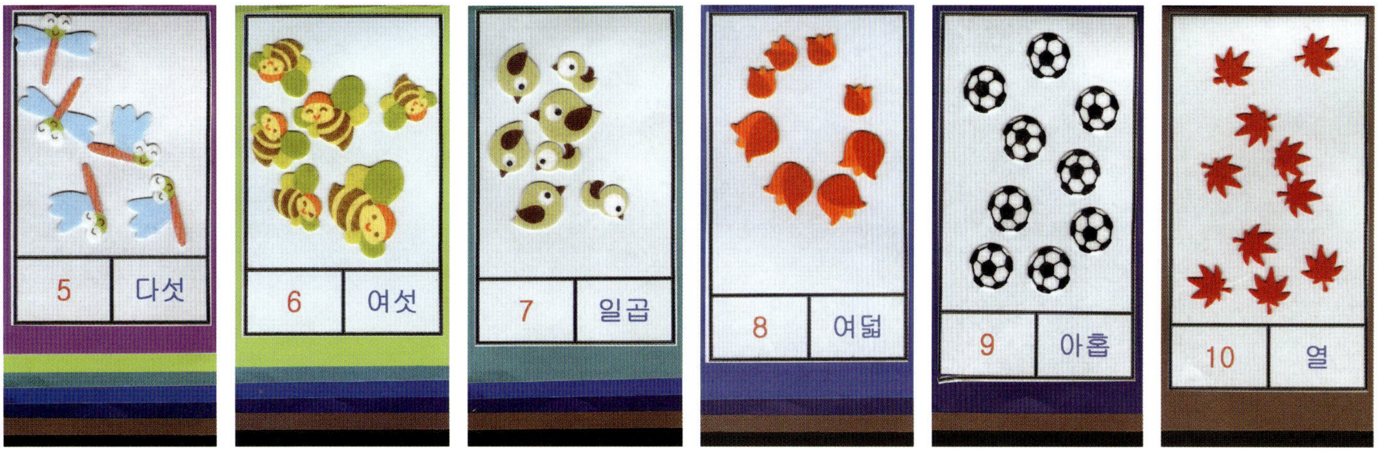


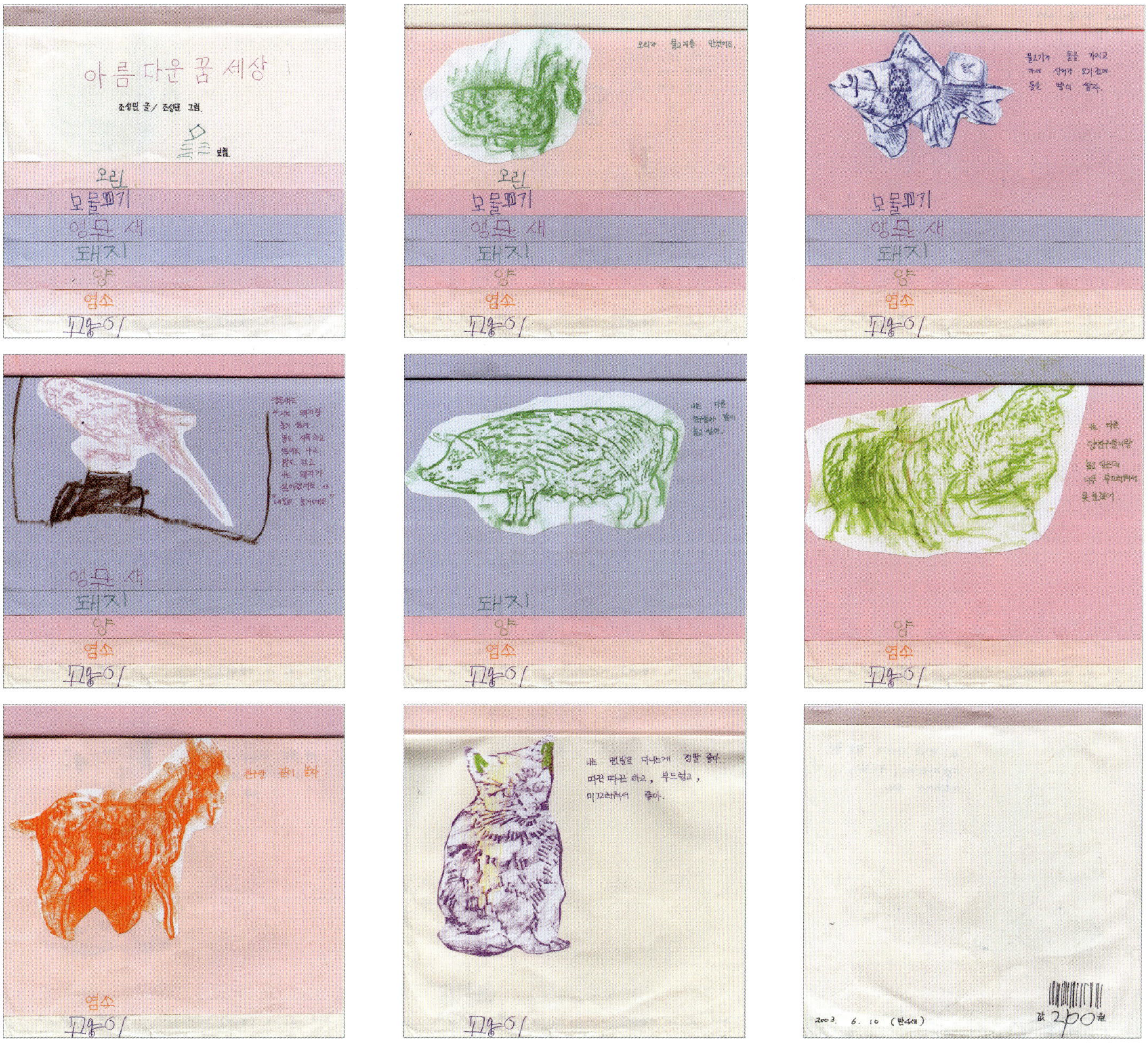


조성민 그림 · 김수진 글(만 4세). 아름다운 꿈 세상. 297㎜×200㎜.

# Gallery

정현준(만 5세). 수수께끼책. 235㎜×100㎜.

# 옛날과 오늘날

**악어도 깜짝, 치과 의사도 깜짝! 2007. 195㎜×120㎜.**
**동물친구 ㄱㄴㄷ. 2007. 135㎜×150㎜ · Color Harmony Ⅰ. 2007. 145㎜×160㎜.**

## 활용도서

- 새세대육영회(2002). 이야기박물관 옛날옛날에는 무엇을 입었을까? 새세대육영회.
- 새세대육영회(2002). 이야기박물관 옛날옛날에는 무엇을 먹었을까? 새세대육영회.
- 새세대육영회(2002). 이야기박물관 옛날옛날에는 어디서 살았을까? 새세대육영회.

## 참고도서

- 마르쿠스 피스터(2001). 마쯔와 신기한 돌. (주)아가월드.
- 마르쿠스 피스터(2001). 마쯔와 신기한 섬. (주)아가월드.
- 사라 페리(2001). 만약…. (주)아가월드.
- 자넷 스티븐스(1999). 위에 있는 것과 아래 있는 것. 다음세대.
- 존 세스카(1996). 늑대가 들려주는 아기돼지 삼형제 이야기. 보림.
- 후세 야스코(2007). 달라서 좋아요. 대교출판.

## 생각 모으기

**Q.** 박음책을 2단으로 나눌 수 있는 다양한 방법을 생각하고 그려보세요.

**A.**

**Q.** 2단 박음책을 만들 때 주의해야 할 점은 무엇일까요?

**A.**

**Q.** 2단 박음책을 이용하여 할 수 있는 문해 활동을 생각하고 적어보세요.

**A.**

**Q.** 위에 있는 것과 아래 있는 것을 주제로 할 수 있는 활동을 적어보세요.

**A.**

## 자료 준비하기

- 수업용 옛날과 오늘날 2단 박음책을 제작한다.
- 표지 카드 270㎜×195㎜ 1매와 속지 카드 270㎜×195㎜ 5매를 준비한다.
- 표지 카드 A4 1매를 준비한다.
- 2단 박음책 활동지1 · 2(CD-ROM) 5매를 A4 복사용지에 출력한다.
- 옛날과 오늘날 생각 모으기(CD-ROM)를 A4 복사용지에 출력한다.
- 2단 박음책 생각 모으기(CD-ROM)를 A4 복사용지에 출력한다.
- 판권면 라벨 3108 · 3114 · 3116(CD-ROM)을 Formtec Label 3108 · 3114 · 3116 라벨용지에 출력한다.

## 도구 준비하기

- 연필
- 색연필
- 사인펜
- 유성매직
- 유성펜
- 색종이
- 풀
- 가위
- 핑킹가위
- 박음쇠
- 제침기
- 모양 펀치
- 팬시 도장
- 팬시 스티커
- 팬시 라벨
- 제본 테이프(25㎜ · 35㎜)
- 컬러 스탬프 패드

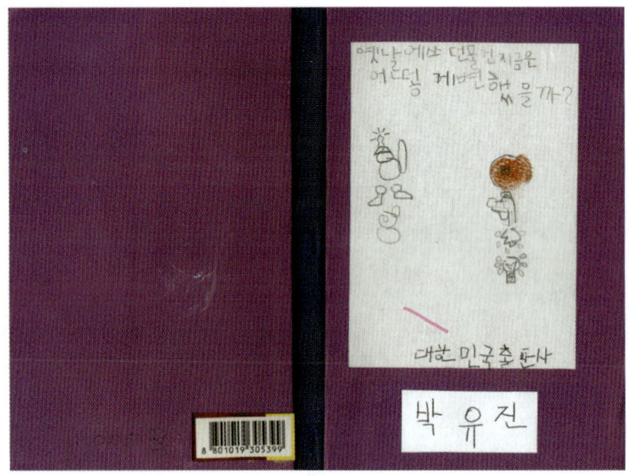


조희정. 옛날과 오늘날. 145㎜×140㎜.
박유진(만 5세). 옛날에 쓰던 물건 지금은 어떻게 변했을까? 150㎜×215㎜.

이준태(만 7세). 꼬마 얼룩말 궁금한 것도 많지. 145㎜×140㎜.
박유진(만 5세). 돼지책을 읽고 나서: 우리 엄마 아빠가 하시는 일. 135㎜×195㎜.

## 그림책 읽고 생각 모으기

- 그림책을 소개하고 이야기를 들려준다.
- 그림책의 이야기를 들려주고 책의 앞표지부터 한 장씩 넘겨가며 줄거리를 회상하고 이야기와 관련된 경험과 생각을 모은다.
- 옛날과 오늘날의 다양한 물건들을 준비하여 소개하고 차이점에 대하여 탐색하도록 지도한다.

**Q.** 지금 너희들이 입고 있는 옷에는 어떤 것들이 있니?

**Q.** 옛날 옛날에 여자들이 입었던 치마와 오늘날 여자가 입는 치마는 어떤 점이 다르니?
**Q.** 옛날 옛날에 남자들이 입었던 바지와 오늘날 남자들이 입는 바지는 어떤 점이 다르니?
**Q.** 옛날 옛날에 입었던 옷과 오늘날 입는 옷 들 중에서 치마와 바지 외에 또 어떤 것들이 다를까?
**Q.** 왜 옛날 옛날에 입었던 옷과 오늘날 입는 옷의 모양이 달라졌을까?
**Q.** 옛날 옛날에 살았던 사람들과 오늘날 살고 있는 사람들의 생활에서 옷 모양 외에 달라진 것들은 또 무엇이 있을까?
**Q.** 왜 그렇게 변했을까?
**Q.** 오늘날 입고 있는 옷들이 너희들이 어른이 되었을 때는 어떻게 변할까?
**Q.** 왜 그렇게 변할 거라 생각하니?
**Q.** 옷 모양 외에 미래에는 또 어떤 것들이 변하게 될까?
**Q.** 왜 그것들이 변할 거라 생각하니?
**Q.** 너희들이 생각한 것들이 어떻게 변할까?

- 옛날과 오늘날의 변화 외에 2단 박음책에 적합한 유형의 교육 활동, 활동 주제 또는 활용 도서를 선정하고 활동내용에 따라 다양한 방법으로 표현할 수 있도록 지도한다.

  예) 엄마께서 하시는 일 · 아빠께서 하시는 일(앤서니 브라운의 『돼지책』을 읽고)
  행복하게 끝나는 이야기 · 슬프게 끝나는 이야기(마르쿠스 피스터의 『마쯔와 신기한 돌』 · 『마쯔와 신기한 섬』을 읽고)
  원래 이야기 · 내가 만든 이야기(존 세스카의 『늑대가 들려주는 아기돼지 삼형제 이야기』를 읽고)
  위에 있는 것과 아래 있는 것(자넷 스티븐스의 『위에 있는 것과 아래 있는 것』을 읽고)
  내가 해야 하는 것 · 내가 하고 싶은 것
  내가 아기라면 · 내가 어른이라면

## 옛날과 오늘날 2단 박음책 소개하고 생각 모으기

- 수업용 옛날과 오늘날 2단 박음책을 소개하고 만드는 방법과 무엇을 표현하는지 이야기 나눈다.

**Q.** 이 책은 낙서 그림책과 어떤 점이 다르니?
**Q.** 어떻게 만들면 그림책이 2단으로 나누어질까?
**Q.** 이 책의 이름은 무엇이라고 부를 수 있을까?
**Q.** 왜 박음책을 2단으로 나누었을까?
**Q.** 2단 박음책의 윗단에 어떤 이야기를 담을 수 있을까?
**Q.** 2단 박음책의 아랫단에 어떤 이야기를 담을 수 있을까?
**Q.** 윗단과 아랫단에 담는 이야기 내용이 무엇인지 알려주려면 1면의 위아래 단에 무엇을 적어야 할까?
**Q.** 옛날과 오늘날을 비교하여 달라진 것들 중에서 무엇을 알아보고 싶니?
**Q.** 변화 과정에 대하여 자세히 알아보려면 어떻게 하면 될까?
**Q.** 2단 박음책의 왼쪽 면과 오른쪽 면을 이용하여 글과 그림을 어떻게 표현할 수 있을까?
**Q.** 이 책의 앞표지와 뒷표지는 어떻게 꾸밀 수 있을까?
**Q.** 내가 만든 2단 박음책의 제목은 무엇이라고 짓고 싶니?

- 표현 내용에 따라 적합한 유형의 옛날과 오늘날 생각 모으기(CD-ROM) 활동지를 선택하고 주제에 따라 생각한 것들을 간단히 표현한다.
- 활용도서 또는 활동 내용에 따라 2단 박음책 생각 모으기(CD-ROM) 활동지 외에 적합한 유형의 활동지를 제공하고 주제에 따라 표현할 내용과 방법을 간단히 꾸미도록 지도한다.

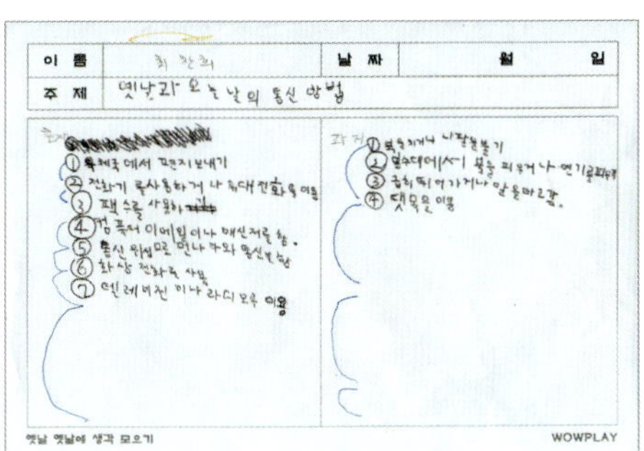
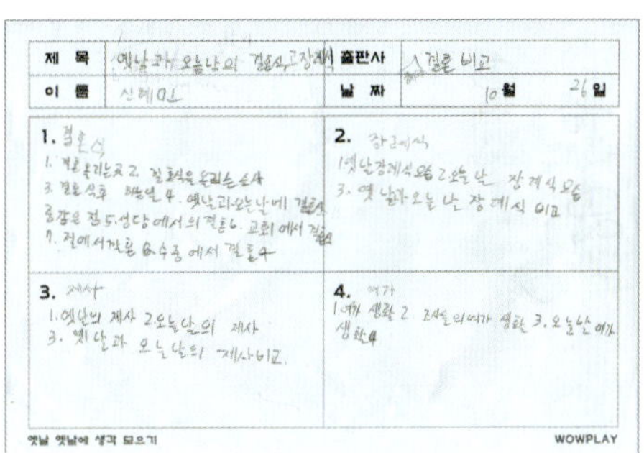
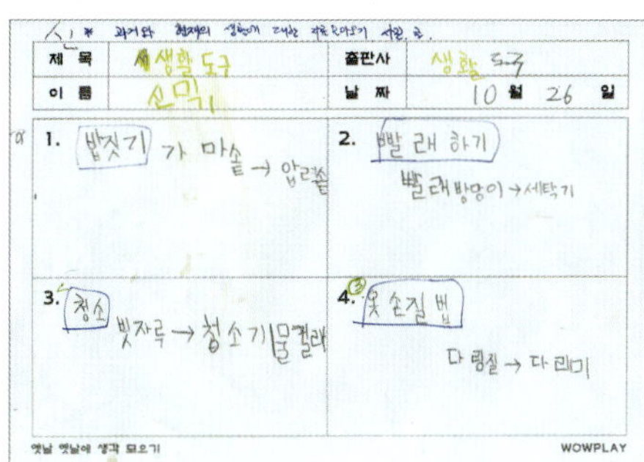

## 옛날과 오늘날 2단 박음책 만들기

① 표지 카드 접기

- 표지 카드 270㎜×195㎜ 1매를 절반으로 접어서 2면 카드를 만든다.
- 활동 주제와 유형 또는 어린이의 발달에 따라 A4 크기의 표지 카드를 사용하여 만들 수 있다.

② 속지 카드 접기

- 속지 카드 270㎜×195㎜ 5매를 각각 절반으로 접어서 2면 카드를 만든다.
- A4 크기의 표지 카드를 사용한 경우 속지 카드는 A4 크기의 복사용지 5매를 각각 절반으로 접어서 2면 카드를 만든다.
- A4 복사용지를 사용하여 2단 박음책을 만드는 경우 표지카드는 복사용지 보다는 두꺼운 종류의 색지를 사용하는 것이 적절하다.
- A4 복사용지를 사용하여 2단 박음책을 만드는 경우 어린이의 발달 수준에 따라 2단 박음책 활동지1 또는 2(CD-ROM) 5매를 A4 복사용지에 출력하여 제공한다.
- 속지 카드의 매수는 활동 내용이나 어린이의 발달 수준에 따라 줄이거나 늘려서 제작한다.

③ 속지 카드 자르기

- 절반으로 접은 속지 카드 또는 복사용지 5매를 열려진 면으로부터 접은 선 방향으로 2등분으로 나누어 1㎝ 정도 연결 부분을 남겨두고 각각 자른다.
- 2단 박음책 활동지(CD-ROM)를 사용하여 만드는 경우 그려진 선을 따라 연결 부분을 남겨두고 자른다.
- 어린이 스스로 2단으로 자르기 어려워하는 경우 2단으로 자른 2단 박음책 활동지를 제공하거나 속지 카드를 2단으로 잘라서 제공한다.
- 2단 박음책 활동지1(CD-ROM)은 절반으로 접었을 때 열려진 면이 책배가 되고 연결된 면이 책등이 되는 방식이고 2단 박음책 활동지2(CD-ROM)는 접었을 때 연결된 면이 책배가 되고 열려진 면이 책등이 되어 옛날 서책과 같은 형태의 책이 만들어진다.

❷ 속지 카드 또는 2단 박음책 활동지를 반으로 접어서 2면 카드를 만든다.

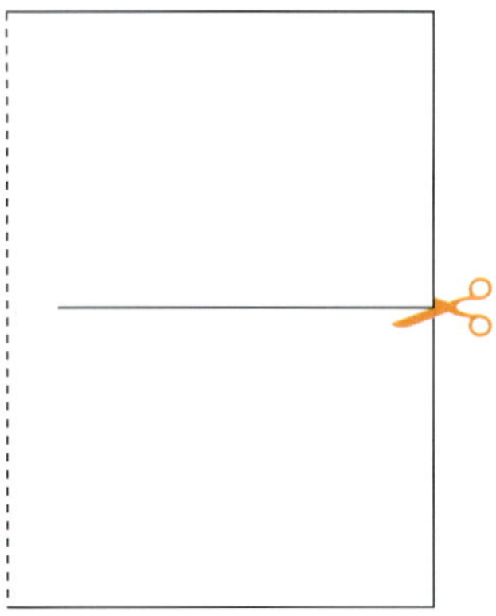

❸-1 연결 면을 중심으로 1㎝ 정도 남겨 두고 2등분 또는 점선을 따라 자른다.

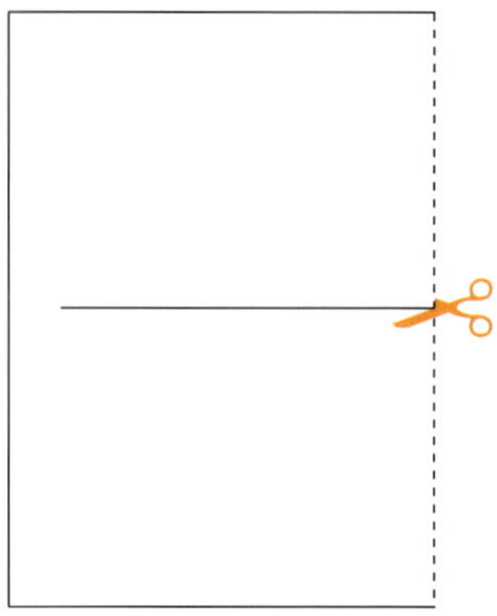

❸-2 열려진 면을 중심으로 1㎝ 정도 남겨 두고 2등분 또는 점선을 따라 자른다.

④ 속지 카드 끼우기

- 표지 카드의 중심선에 맞추어 2단으로 자른 속지 카드 또는 2단 박음책 활동지 5매의 연결 부분 또는 남긴 부분을 안으로 끼운다.
- 표현 내용이 많은 경우 속지 카드 또는 복사용지를 10매까지 끼울 수 있다.

⑤ 박음쇠 사용하기(99쪽 참고)

- 표지 카드 속에 끼운 2단 속지 카드 또는 2단 박음책 활동지를 가지런히 맞춘다.
- 카드의 연결 면에서 안쪽으로 1㎝ 정도 들어와서 2단으로 자른 중앙 부분을 박는다.
- 중앙 부분의 박음선에 맞추어 위아래 부분을 각각 박는다.
- 중앙과 위, 아래 부분의 중심을 박음선에 맞추어 각각 박는다.
- 박음책의 길이가 짧은 경우 박음침은 중앙, 위, 아래 세 부분만 박는다.
- 박음쇠 사용에 어려움을 느끼는 경우 교사가 박음쇠를 사용하는 과정을 관찰하도록 지도한다.

⑥ 제본 테이프 붙이기(99쪽 참고)

■ 제본 테이프를 이용하여 2단 박음책의 앞표지와 뒷표지 박음침 부분이 보이지 않도록 앞뒤로 감싼다.

⑦ 앞표지 꾸미기

■ 옛날과 오늘날의 변화에 대한 그림책에 붙일 수 있는 다양한 제목을 생각하도록 격려한다.
■ 옛날과 오늘날의 변화에 대한 그림책을 만드는 출판사 명으로 무엇이 적절할지 이야기 나눈다.
■ 개별적으로 사용하는 출판사 명이 있는 경우 출판사 명을 따로 정하지 않는다.
■ 생각 모으기를 통해 지은 제목과 출판사 명을 적고 지은이와 앞표지 그림 등을 담는다.
■ 책 만들기 경험이 풍부한 어린이는 앞표지 그림을 그리도록 지도한다.
■ 표지 카드의 색깔이 짙은 색인 경우 하얀색 속지 카드를 사용하여 표현한다.

⑧ 옛날과 오늘날 2단 박음책 꾸미기

■ 2단 박음책 1면의 위아래 단에 각각 옛날과 오늘날에 대해 알아보고자 하는 주제를 생각하여 적는다.
예) 옛날에는 어떻게 살았을까? · 오늘날에는 어떻게 살았을까?
옛날의 옷(음식 · 물건) · 오늘날의 옷(음식 · 물건)
옛날 사람들의 생활과 모습 · 오늘날 사람들의 생활과 모습
■ 한 면씩 넘겨가며 옛날과 오늘날의 변화에 대하여 생각한 것들을 생각 모으기 활동지를 참고하여 그림과 글로 표현한다.
■ 왼쪽 면에는 글을 쓰고 오른쪽 면에는 그림을 그리거나 반대로 왼쪽 면에는 그림을 그리고 오른쪽 면에는 글을 써서 전체 면을 활용하도록 할 수 있다.
■ 면수가 많은 경우 각각의 면 적당한 위치에 쪽수를 적도록 지도한다.

⑨ 뒷표지 꾸미기

■ 뒷표지에 펴낸 날, 펴낸 이, 펴낸 곳, 가격, 전화번호, 주소 등을 적고 바코드를 오려 붙이거나 원하는 형태로 그리고 ISBN을 설정하여 판권면을 꾸민다.
■ 판권면 라벨 3108 · 3114 · 3116(CD-ROM)을 Formtec Label 3108 · 3114 · 3116 라벨용지에 출력하여 제공하고 판권면 라벨을 사용하여 뒷표지를 꾸미도록 할 수 있다.
■ 표지 카드의 색깔이 짙은 색인 경우 하얀색 속지 카드를 사용하여 표현한다.
■ 책 만들기 경험이 풍부한 어린이는 뒷표지 그림을 그리고 광고 문구나 중심 문구 또는 편집 후기를 적도록 지도한다.

## 소개하기 · 감상하기

■ 옛날과 오늘날의 변화에 대하여 2단 박음책의 각각의 단에 어떤 주제를 정하여 표현했는지 소개한다.
■ 옛날과 오늘날의 변화에 대하여 생각하고 표현한 것들에 대하여 소개한다.
■ 표현한 주제에 대하여 무엇을 참고하여 표현했는지 소개한다.
■ 옛날과 오늘날의 변화에 대하여 독특한 것이나 이야기 나누지 않은 새로운 것을 생각하여 표현한 작품을 알아본다.
■ 옛날과 오늘날의 변화에 대하여 표현한 것 중에 적합하지 않은 것이 있었는지 알아본다.
■ 2단 박음책의 좌우 면을 전체적으로 활용하여 아름답게 표현한 작품을 알아본다.
■ 옛날과 오늘날 2단 박음책을 만들면서 어렵거나 힘들었던 점이 있었는지 이야기 나눈다.
■ 2단 박음책을 이용하여 할 수 있는 새로운 활동에 대하여 알아본다.
■ 교실의 한 공간을 마련하여 완성된 옛날과 오늘날 2단 박음책을 감상할 수 있도록 전시한다.

# Gallery

박유진(만 5세). 옛날에 쓰던 물건 지금은 어떻게 변했을까? 150㎜×215㎜.

박유진(만 5세). 돼지책을 읽고 나서: 우리 엄마 아빠가 하시는 일. 135㎜×195㎜.

최여진 · 이준태(만 11 · 7세). 꼬마 얼룩말 궁금한 것도 많지. 145㎜×140㎜.

# Gallery

악어도 깜짝, 치과 의사도 깜짝! 2007. 195㎜×120㎜.

# 유치원 이야기

Color Harmony Ⅱ. 2007. 135㎜×180㎜ · Color Harmony Ⅲ. 2007. 170㎜×150㎜.



## 활용도서

- 샬럿 미들튼(2007). 엔리코가 유치원에 갔어요. 바다어린이.

## 참고도서

- 니시우치 미나미(1997). 구룬파 유치원. 한림.
- 데이빗 섀논(1999). 유치원에 간 데이빗. 지경사.
- 밥 칼러(2001). 우리 친구할래? 보림.
- 베아트리체 셍크 드 레그니에스(2005). 친구를 데려가도 될까요? 시공주니어.
- 셰르쥬 블로쉬(2002). 레옹의 유치원 일기. 크레용하우스.
- 시바타 아이코(2006). 친구랑 싸웠어. 시공주니어.
- 에이미 슈워츠(2007). 아빠가 유치원에 가요. 예림당.

## 생각 모으기

**Q.** 박음책을 3단으로 나눌 수 있는 다양한 방법을 생각하고 그려보세요.

**A.**

**Q.** 3단 박음책을 만들 때 주의해야 할 점은 무엇일까요?

**A.**

**Q.** 3단 박음책을 이용하여 할 수 있는 문해 활동을 생각하고 적어보세요.

**A.**

**Q.** 3단 박음책을 이용하여 할 수 있는 수학 활동을 생각하고 적어보세요.

**A.**

**Q.** 유치원 생활에 관하여 알아볼 수 있는 주제를 적어보세요.

**A.**

## 자료 준비하기

- 수업용 유치원 이야기 3단 박음책을 제작한다.
- 표지 카드 270㎜×195㎜ 1매와 속지 카드 270㎜×195㎜ 5매를 준비한다.
- 표지 카드 A4 1매를 준비한다.
- 3단 박음책 활동지1 · 2(CD-ROM) 5매를 A4 복사용지에 출력한다.
- 유치원 이야기 생각 모으기(CD-ROM)를 A4 복사용지에 출력한다.
- 3단 박음책 생각 모으기(CD-ROM)를 A4 복사용지에 출력한다.
- 판권면 라벨 3108 · 3114 · 3116(CD-ROM)을 Formtec Label 3108 · 3114 · 3116 라벨용지에 출력한다.

## 도구 준비하기

- 연필
- 색연필
- 사인펜
- 유성매직
- 유성펜
- 색종이
- 풀
- 가위
- 핑킹가위
- 박음쇠
- 제침기
- 모양 펀치
- 팬시 도장
- 팬시 스티커
- 팬시 라벨
- 제본 테이프(25㎜ · 35㎜)
- 컬러 스탬프 패드

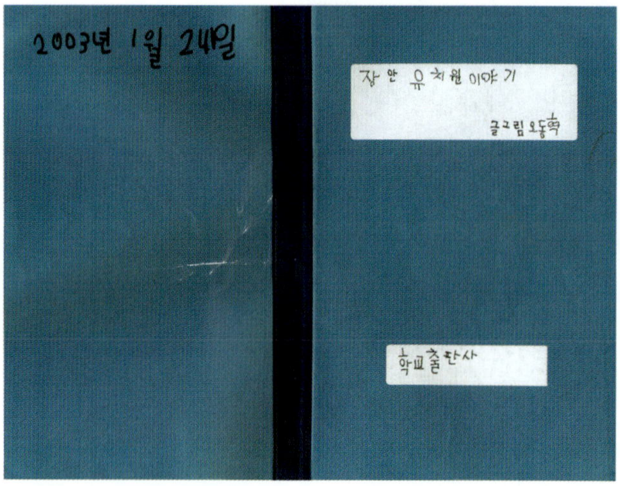


박유진(만 5세). 여름. 135㎜×290㎜.
오동혁(만 5세). 장안유치원 이야기. 150㎜×210㎜.

## 그림책 읽고 생각 모으기

- 그림책을 소개하고 이야기를 들려준다.
- 그림책의 이야기를 들려주고 책의 앞표지부터 한 장씩 넘겨가며 줄거리를 회상하고 이야기와 관련된 경험과 생각을 모은다.

**Q.** 이 그림책의 주인공은 누구니?
**Q.** 엔리코는 네 살 때부터 무엇을 잘 탔니?
**Q.** 엔리코의 남동생 이름은 무엇이니?
**Q.** 엔리코가 잘 만드는 음식은 무엇이니?
**Q.** 엔리코가 다섯 살이 되었을 때 어디에 가게 되었니?
**Q.** 유치원은 어떤 곳이었니?
**Q.** 엔리코는 유치원에서 어떻게 지냈니?
**Q.** 엔리코는 집으로 돌아오면서 어떤 생각을 했니?
**Q.** 엔리코는 동생 파블로와 무엇을 만들었니?
**Q.** 엔리코는 친구들에게 어떤 도전장을 냈니?
**Q.** 롤러스케이트 시합에서 엔리코에게 어떤 일이 일어났니?
**Q.** 엔리코에게 누가 어떤 말을 걸었니?
**Q.** 루카스의 이야기를 들은 엔리코의 마음은 어땠니?
**Q.** 엔리코와 루카스는 어떤 사이가 되었니?

**Q.** 엔리코와 루카스는 엔리코의 집에서 어떤 놀이를 하며 놀았니?
**Q.** 너희들은 단짝 친구가 누구니?
**Q.** 단짝 친구와 무엇을 하며 놀이할 때 즐겁니?

## 유치원 이야기 3단 박음책 소개하고 생각 모으기

■ 수업용 유치원 이야기 3단 박음책을 소개하고 만드는 방법과 무엇을 표현하는지 이야기 나눈다.
**Q.** 이 책은 2단 박음책과 어떤 점이 다르니?
**Q.** 어떻게 만들면 3단으로 나누어질까?
**Q.** 왜 박음책을 3단으로 나누었을까?
**Q.** 3단으로 속지 카드를 만들 이 책의 이름은 무엇이라고 부를 수 있을까?
**Q.** 3단 박음책에 어떤 이야기를 담을 수 있을까?
**Q.** 유치원 생활 중 즐거웠거나 기억에 남는 일들은 무엇이었니?
**Q.** 3단 박음책에 유치원 생활을 소개하려면 어떤 이야기들을 담을 수 있을까?
**Q.** 3단 박음책의 첫 번째 단에 유치원 생활 중 어떤 이야기를 담고 싶니?
**Q.** 3단 박음책의 두 번째 단에는 유치원 생활 중 어떤 이야기를 담고 싶니?
**Q.** 3단 박음책의 세 번째 단에는 유치원 생활 중 어떤 이야기를 담으면 좋을까?
**Q.** 각각의 단에 담는 이야기 내용이 무엇인지 알려주려면 1면의 3단에 각각 무엇을 적어야 할까?
**Q.** 왼쪽 면과 오른쪽 면을 이용하여 글과 그림을 어떻게 표현할 수 있을까?
**Q.** 이 책의 앞표지와 뒷표지는 어떻게 꾸밀 수 있을까?
**Q.** 내가 만든 유치원 이야기에 대한 3단 박음책의 제목은 무엇이라고 짓고 싶니?
■ 유치원 이야기 생각 모으기(CD-ROM) 활동지에 주제에 따라 생각한 것들을 간단히 표현한다.
■ 유치원 이야기 외에 3단 박음책에 적합한 유형의 교육 활동, 활동 주제 또는 활용 도서를 선정하고 활동 내용에 따라 3단 박음책 생각 모으기(CD-ROM)를 이용하여 다양한 방법으로 표현할 수 있도록 지도한다.

예) 하늘을 나는 동물 · 땅 위에서 사는 동물 · 물 속에서 사는 동물
내가 하는 일 · 엄마께서 하시는 일 · 아빠께서 하시는 일
내가 하고 싶은 일 · 엄마께서 하고 싶은 일 · 아빠께서 하고 싶은 일
아기였을 때 · 지금 · 어른이 되면
똥이 등장하는 그림책 · 동물이 등장하는 그림책 · 가족이 등장하는 그림책
옛날 교통기관 · 오늘날의 교통기관 · 미래의 교통기관
'기' 자로 끝나는 말 · '리' 자로 끝나는 말 · '이' 자로 끝나는 말
'아' 자로 시작하는 말 · '오' 자로 시작하는 말 · '우' 자로 시작하는 말
먹고 싶은 음식 · 갖고 있는 장난감 · 좋아하는 친구
알고 있는 곤충 이름 · 알고 있는 동물 이름 · 알고 있는 물고기 이름 / 한 글자 · 두 글자 · 세 글자
문구점에서 볼 수 있는 것 · 슈퍼마켓에서 볼 수 있는 것 · 병원에서 볼 수 있는 것 / 운동 이름 · 운동 도구 · 운동선수
채소 이름 · 과일 이름 · 꽃 이름 / 아빠의 물건 · 엄마의 물건 · 내 물건
책 제목 · 주인공 · 지은이 / 만화 제목 · 만화 주인공 · 만화 주제가

## 유치원 이야기 3단 박음책 만들기

① 표지 카드 접기
■ 표지 카드 270㎜×195㎜ 1매를 절반으로 접어서 2면 카드를 만든다.
■ 활동 주제와 유형 또는 어린이의 발달에 따라 A4 크기의 표지 카드를 사용하여 만들 수 있다.

② 속지 카드 접기
■ 속지 카드 270㎜×195㎜ 5매를 각각 절반으로 접어서 2면 카드를 만든다.
■ A4 크기의 표지 카드를 사용한 경우 속지 카드는 A4 크기의 복사용지 5매를 각각 절반으로 접어서 2면 카드를 만든다.
■ A4 복사용지를 사용하여 3단 박음책을 만드는 경우 표지카드는 복사용지 보다는 두꺼운 종류의 색지를 사용하는것이 적절하다.

- A4 복사용지를 사용하여 3단 박음책을 만드는 경우 어린이의 발달 수준에 따라 3단 박음책 활동지1 또는 2(CD-ROM) 5매를 A4 복사용지에 출력하여 제공한다.
- 속지 카드의 매수는 활동 내용이나 어린이의 발달 수준에 따라 줄이거나 늘려서 제작한다.

③ 속지 카드 자르기(99쪽 참고)

- 절반으로 접은 속지 카드 또는 복사용지 5매를 열려진 면으로부터 접은 선 방향으로 3등분으로 나누어 1㎝ 정도 연결 부분을 남겨두고 각각 자른다.
- 3단 박음책 활동지(CD-ROM)를 사용하여 만드는 경우 그려진 선을 따라 연결 부분을 남겨두고 자른다.
- 어린이 스스로 3단으로 자르기 어려워하는 경우 3단으로 자른 3단 박음책 활동지를 제공하거나 속지 카드를 3단으로 잘라서 제공한다.
- 3단 박음책 활동지1(CD-ROM)은 절반으로 접었을 때 열려진 면이 책배가 되고 연결된 면이 책등이 되는 방식이고 3단 박음책 활동지2(CD-ROM)는 접었을 때 연결된 면이 책배가 되고 열려진 면이 책등이 되어 옛날 서책과 같은 형태의 책이 만들어진다.

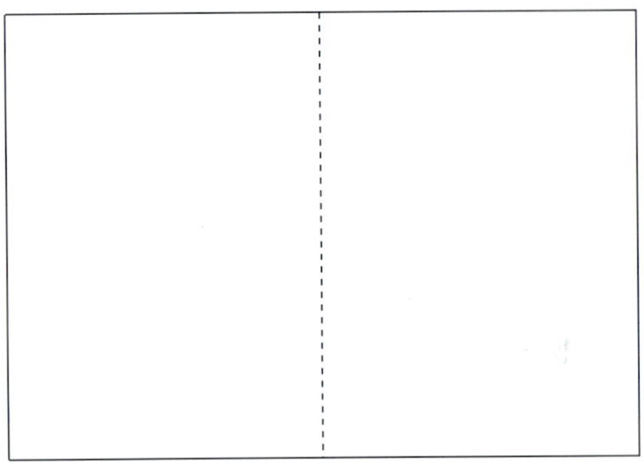

❷ 속지 카드 또는 3단 박음책 활동지를 반으로 접어서 2면 카드를 만든다.

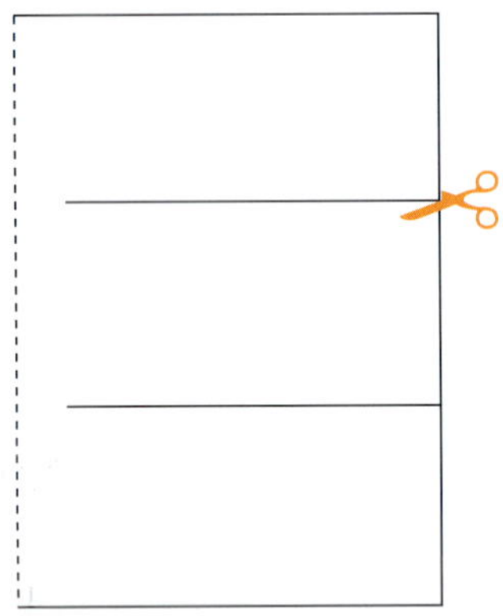

❸-1 연결 면을 중심으로 1㎝ 정도 남겨 두고 3등분 또는 점선을 따라 자른다.

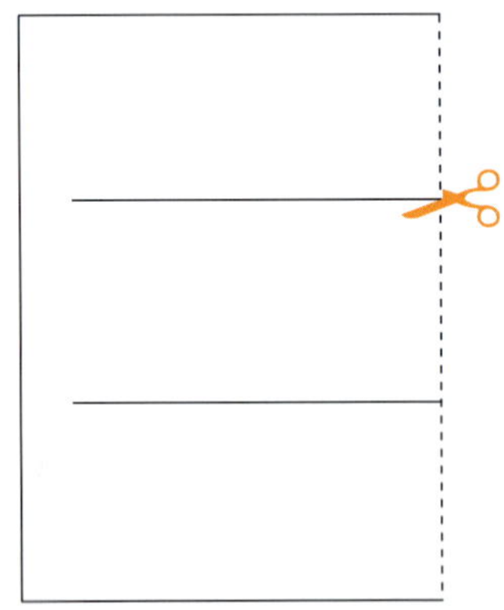

❸-2 열려진 면을 중심으로 1㎝ 정도 남겨 두고 3등분 또는 점선을 따라 자른다.

④ 속지 카드 끼우기

- 표지 카드의 중심선에 맞추어 3단으로 자른 속지 카드 또는 3단 박음책 활동지 5매의 연결 부분 또는 남긴 부분을 안으로 끼운다.
- 표현 내용이 많은 경우 속지 카드 또는 복사용지를 10매까지 끼울 수 있다.

⑤ 3단 박음책 만들기

- 표지 카드 속에 끼운 속지 카드를 가지런히 맞춘다.
- 카드의 연결면 중심에서 안쪽으로 1㎝ 정도 들어와서 중앙 부분을 박는다.
- 중심 부분의 박음선에 맞추어 3단으로 자른 부분을 각각 박는다.
- 중심과 3단으로 자른 부분의 위아래 부분을 박음선에 맞추어 각각 박는다.
- 박음책의 길이가 짧은 경우 박음침은 중앙, 위, 아래 세 부분만 박는다.
- 박음쇠 사용에 어려움을 느끼는 경우 교사가 박음쇠를 사용하는 과정을 관찰하도록 지도한다.

⑥ 제본 테이프 붙이기(99쪽 참고)

- 제본테이프를 이용하여 3단 박음책의 앞표지와 뒷표지 박음침 부분이 보이지 않도록 앞뒤로 감싼다.

⑦ 앞표지 꾸미기

- 유치원 이야기에 대한 그림책에 붙일 수 있는 다양한 제목을 생각하도록 격려한다.
- 유치원 이야기에 대한 그림책을 만드는 출판사 명으로 무엇이 적절할지 이야기 나눈다.
- 개별적으로 사용하는 출판사 명이 있는 경우 출판사 명을 따로 정하지 않는다.
- 생각 모으기를 통해 지은 제목, 지은이, 출판사 명을 적는다.

■ 책 만들기 경험이 풍부한 어린이는 앞표지 그림을 그리도록 지도한다.
■ 표지 카드의 색깔이 짙은 색인 경우 하얀색 속지 카드를 사용하여 표현한다.

⑧ 유치원 이야기 표현하기

■ 3단 박음책 1면의 각각의 단에 유치원 생활과 관련하여 알아보고 싶거나 표현하고 싶은 주제를 3가지 정하여 각각 적는다.
예) 3세반 이야기 · 4세만 이야기 · 5세반 이야기
예) 견학 이야기 · 요리 활동 이야기 · 엄마, 아빠 참여수업 이야기
예) 좋아하는 놀이 · 좋아하는 친구 · 좋아하는 장난감
예) 우리 반의 여자 친구 · 우리 반의 남자 친구 · 우리 교실에 있는 것들
■ 한 면씩 넘겨가며 유치원 생활과 관련하여 생각한 것들을 생각 모으기 활동지를 참고하여 그림과 글로 표현한다.
■ 활동사진이나 앨범이 있는 경우 이를 제공하고 사진을 보며 경험을 떠올려 표현하도록 지도한다.
■ 왼쪽 면에는 글을 쓰고 오른쪽 면에는 그림을 그리거나 반대로 왼쪽 면에는 그림을 그리고 오른쪽 면에는 글을 써서 전체 면을 활용하도록 할 수 있다.
■ 면수가 많은 경우 각각의 면 적당한 위치에 쪽수를 적도록 지도한다.
■ 어린이 스스로 주제 선정에 어려움을 느끼는 경우, 교사와 어린이가 토의하여 주제를 정한다.
■ 유치원 생활 외에 활용도서 또는 활동 내용에 따라 원하는 주제를 적고 표현하도록 지도한다.

⑨ 뒷표지 꾸미기

■ 뒷표지에 펴낸 날, 펴낸 이, 펴낸 곳, 가격, 전화번호, 주소 등을 적고 바코드를 오려 붙이거나 원하는 형태로 그리고 ISBN을 설정하여 판권면을 꾸민다.
■ 판권면 라벨 3108 · 3114 · 3116(CD-ROM)을 Formtec Label 3108 · 3114 · 3116 라벨용지에 출력하여 제공하고 판권면 라벨을 사용하여 뒷표지를 꾸미도록 할 수 있다.
■ 표지 카드의 색깔이 짙은 색인 경우 하얀색 속지 카드를 사용하여 표현한다.
■ 책 만들기 경험이 풍부한 어린이는 뒷표지 그림을 그리고 광고 문구나 중심 문구 또는 편집 후기를 적도록 지도한다.

## 소개하기 · 감상하기

■ 유치원 생활에 대하여 생각난 것들이 무엇인지 소개한다.
■ 3단 박음책의 각각의 단에 어떤 주제를 정하여 표현했는지 소개한다.
■ 각각의 단에 유치원 이야기를 담으면서 무엇을 참고하여 표현했는지 소개한다.
■ 유치원 생활에서 가장 기억에 남거나 재미있었던 일이 무엇이었는지 이야기 나눈다.
■ 유치원 생활에서 슬펐거나 화난 일이 있었는지 이야기 나눈다.
■ 유치원 생활과 관련하여 특별하거나 인상 깊은 이야기를 표현한 작품을 알아본다.
■ 3단 박음책의 좌우 면을 전체적으로 활용하여 아름답게 표현한 작품을 알아본다.
■ 다시 같은 시간이 온다면 유치원에서 하고 싶은 것이 무엇인지 이야기 나눈다.
■ 유치원 이야기 3단 박음책을 만들면서 어렵거나 힘들었던 점이 있었는지 이야기 나눈다.
■ 3단 박음책을 이용하여 할 수 있는 새로운 활동에 대하여 알아본다.
■ 교실의 한 공간을 마련하여 완성된 유치원 이야기 3단 박음책을 감상할 수 있도록 전시한다.

# Gallery

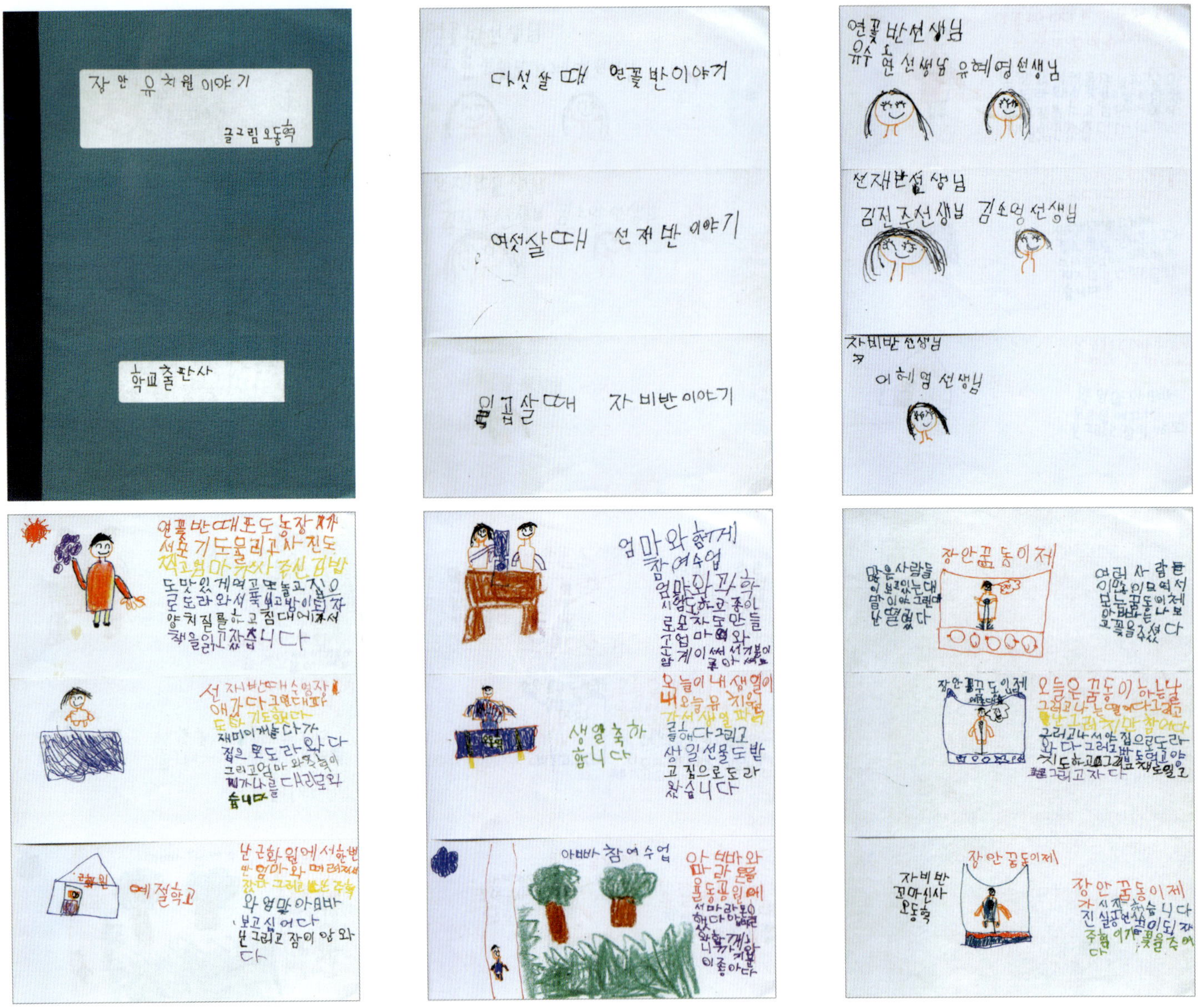


오동혁(만 5세). 장안유치원 이야기. 150㎜×210㎜.

유선경. 알아맞혀보세요. 135㎜×290㎜.

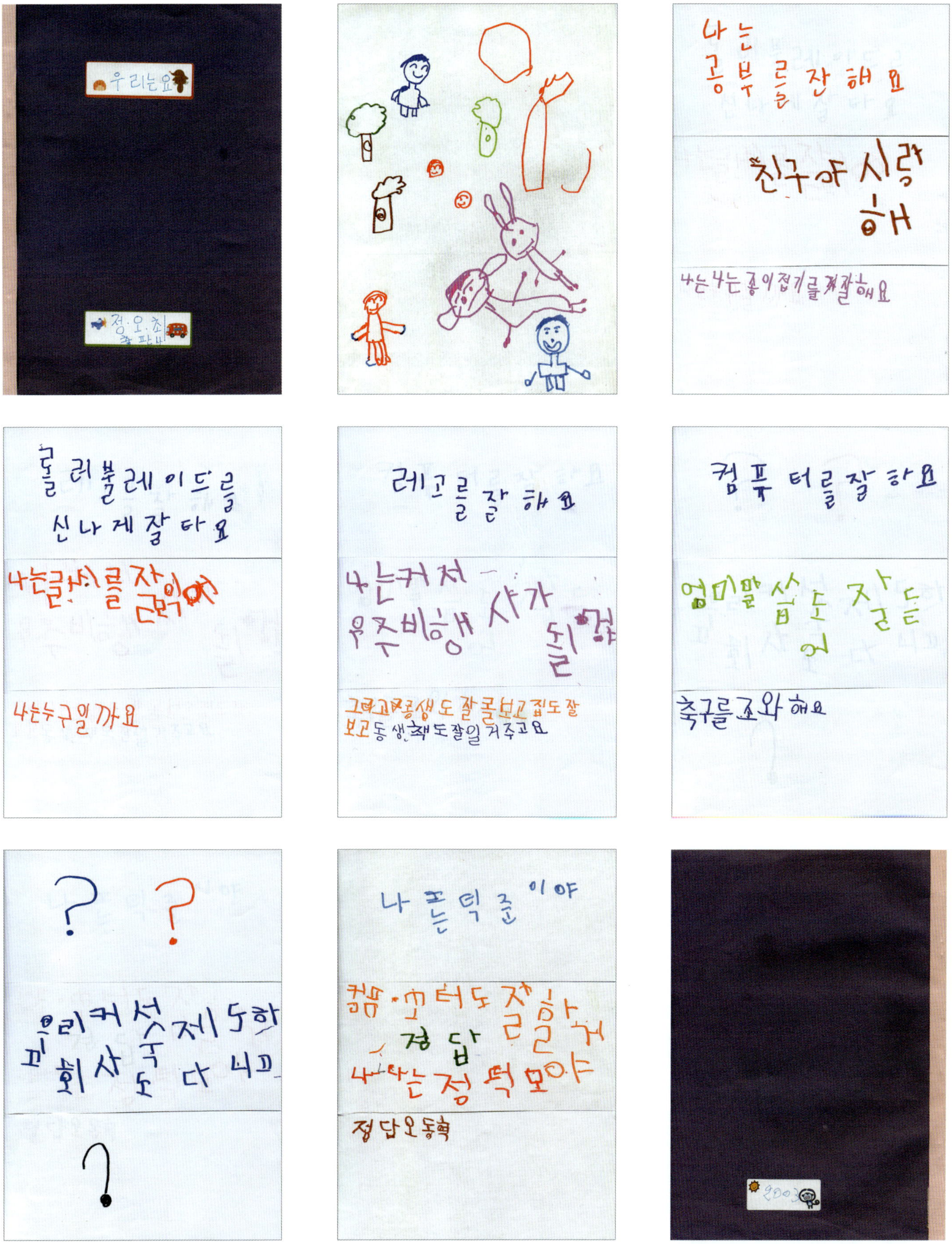


최덕준 · 정덕모 · 오동혁(만 5세). 우리는요. 195㎜×270㎜.

# Gallery

박유진(만 5세). 여름. 135㎜×290㎜.

# 쑥쑥 크는 책

Color Harmony Ⅳ. 2007. 140㎜×200㎜ · Color Harmony Ⅴ. 2007. 170㎜×200㎜.

## 활용도서

- 에릭 칼(1995). 아빠, 달님을 따 주세요. 한국몬테소리.

## 참고도서

- 강혜숙(2006). 꼬리야 꼬리야. SANG.
- 다니카와 순타로 원작 · 모토나가 사다마사(2003). 몽글 몽글 몽글. 고슴도치.
- 앤 조나스(2002). 풍덩풍덩! 몇 마리가 있나요? 아이세움.
- 엠마 데이먼(2005). 사람은 다 다르고 특별해. 미세기.
- 엠마 데이먼(2006). 집은 다 다르고 특별해. 미세기.
- 정근 글 · 조선경 그림(2006). (개정판)마고할미. 보림.
- 후쿠다 토시오(2006). 내 뒤에 누굴까? 나야 나, 돌고래. 한울림어린이.

## 생각 모으기

**Q.** 박음책을 4단으로 나눌 수 있는 다양한 방법을 생각하고 적어보세요.

**A.**

**Q.** 4단 박음책을 만들 때 주의해야 할 점은 무엇일까요?

**A.**

**Q.** 4단 박음책을 이용하여 할 수 있는 문해 활동을 생각하고 적어보세요.

**A.**

**Q.** 4단 박음책을 이용하여 할 수 있는 과학 활동을 생각하고 적어보세요.

**A.**

**Q.** 시간의 변화에 따라 크기 또는 높이가 변화하는 것들을 생각하고 적어보세요.

**A.**

## 자료 준비하기

- 수업용 쑥쑥 크는 책 4단 박음책을 제작한다.
- 표지 카드 270㎜×390㎜ 1매와 속지 카드 270㎜×390㎜ 5매를 준비한다.
- 표지 카드 A3 1매를 준비한다.
- 4단 박음책 활동지1 · 2(CD-ROM)를 A4 용지에 출력하여 A3 크기로 5매 확대 복사한다.
- 쑥쑥 크는 책 생각 모으기(CD-ROM)를 A4 복사용지에 출력한다.
- 4단 박음책 생각 모으기(CD-ROM)를 A4 복사용지에 출력한다.
- 판권면 라벨 3108 · 3114 · 3116(CD-ROM)을 Formtec Label 3108 · 3114 · 3116 라벨용지에 출력한다.

## 도구 준비하기

- 연필
- 색연필
- 사인펜
- 유성매직
- 유성펜
- 색종이
- 풀
- 가위
- 핑킹가위
- 박음쇠
- 제침기
- 모양 펀치
- 팬시 도장
- 팬시 스티커
- 팬시 라벨
- 제본 테이프(25㎜ · 35㎜)
- 컬러 스탬프 패드

김찬진 · 김찬영(만 5 · 4세)
짱 긴 책. 150㎜×420㎜.

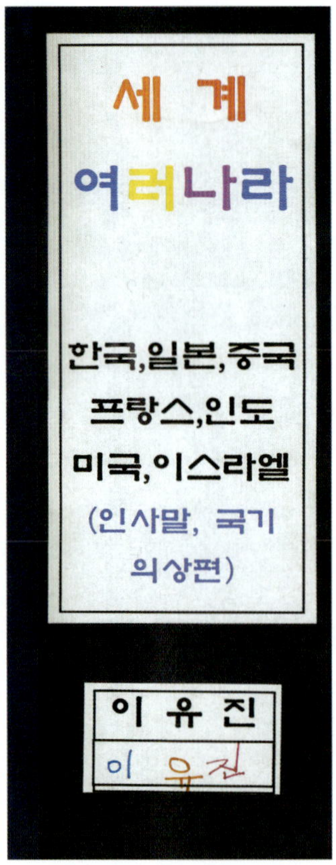


이유진(만 5세).
세계 여러 나라. 150㎜×420㎜.

조한솜(만 5세).
쑥쑥 크는 책. 150㎜×420㎜.

## 그림책 이야기 들려주기

- 그림책을 소개하고 그림에 대한 이야기를 들려준다.
- 그림책의 이야기를 들려주고 책의 앞표지부터 한 장씩 넘겨가며 줄거리를 회상하고 이야기와 관련된 경험과 생각을 모은다.

**Q.** 모니카는 누구와 놀고 싶었니?

**Q.** 모니카는 아빠에게 무엇을 부탁했니?

**Q.** 그래서 아빠는 어떻게 했니?

**Q.** 사다리의 길이가 얼마 만했니?

**Q.** 아빠는 사다리를 가지고 어떻게 했니?

**Q.** 아빠는 사다리를 타고 올라가서 달님에게 무엇이라고 말했니?
**Q.** 달님은 아빠에게 무엇이라고 말했니?
**Q.** 달님에게 어떤 변화가 생겼니?
**Q.** 달님이 어떻게 되었을 때 아빠는 달님을 모니카에게 가져다주었니?
**Q.** 모니카는 달님을 가지고 무엇을 했니?
**Q.** 그러는 동안 달님은 어떻게 되었니?
**Q.** 얼마 지나 어떤 일이 생겼니?
**Q.** 달님에게 어떤 변화가 생겼니?
**Q.** 달님의 모습은 어떻게 되었니?
**Q.** 왜 달님의 모습이 작아졌다 커졌다 변했을까?
**Q.** 달님이 작아지면 가지고 올 수 있을까?
**Q.** 아빠는 어떻게 달님은 가져올 수 있었을까?
**Q.** 이 그림책은 다른 그림책과 어떤 점이 다르니?
**Q.** 왜 책이 길어졌다 높아졌다 했을까?

## 쑥쑥 크는 책 4단 박음책 소개하고 생각 모으기

■ 수업용 쑥쑥 크는 책 4단 박음책을 소개하고 만드는 방법과 무엇을 표현하는지 이야기 나눈다.
**Q.** 이 책은 2단, 3단 박음책과 어떤 점이 다르니?
**Q.** 어떻게 만들면 4단으로 나누어질까?
**Q.** 왜 박음책을 4단으로 나누었을까?
**Q.** 이 책의 이름은 무엇이라고 부를 수 있을까?
**Q.** 달님처럼 시간이 지날수록 점점 작아지는 것에는 무엇이 있을까?
**Q.** 시간이 지날수록 점점 커지는 것에는 무엇이 있을까?
**Q.** 높이가 높아지는 것에는 어떤 것이 있을까?
**Q.** 사다리처럼 길이가 긴 것에는 무엇이 있을까?
**Q.** 산처럼 높이가 높은 것에는 무엇이 있을까?
**Q.** 4단 박음책과 같이 길이가 긴 책에 담을 수 있는 이야기는 어떤 것이 있을까?
**Q.** 길이가 길거나 높이가 높아지는 것들을 4단 박음책의 첫 번째, 두 번째, 세 번째, 네 번째 단에 어떻게 꾸밀 수 있을까?
**Q.** 각각의 단에 담는 이야기 내용이 무엇인지 또는 각 단을 펼치는 순서를 알려줄 수 있는 방법은 무엇일까?
**Q.** 왼쪽 면과 오른쪽 면을 이용하여 글과 그림을 어떻게 표현할 수 있을까?
**Q.** 이 책의 앞표지와 뒷표지는 어떻게 꾸밀 수 있을까?
**Q.** 내가 만든 4단 박음책의 제목은 무엇이라고 짓고 싶니?
■ 쑥쑥 크는 책 생각 모으기(CD-ROM) 활동지에 주제에 따라 생각한 것들을 간단히 표현한다.
■ 쑥쑥 크는 책 외에 4단 박음책에 적합한 유형의 교육 활동, 활동 주제 또는 활용 도서를 선정하고 활동 내용에 따라 4단 박음책 생각 모으기(CD-ROM)를 이용하여 다양한 방법으로 표현할 수 있도록 지도한다.

예) 봄 · 여름 · 가을 · 겨울
동그라미를 보면 · 세모를 보면 · 네모를 보면 · 별을 보면
알고 있는 꽃 이름 · 알고 있는 나무 이름 · 알고 있는 과일 이름 · 알고 있는 채소 이름
한 글자 · 두 글자 · 세 글자 · 네 글자
새 · 곤충 · 동물 · 물고기 / 옷 · 음식 · 물건 · 놀이
덧셈 · 뺄셈 · 곱셈 · 나눗셈 / 4단 그림 퍼즐

## 쑥쑥 크는 책 4단 박음책 만들기

① 표지 카드 접기
■ 표지 카드 270㎜×390㎜ 1매를 길게 절반으로 접어서 2면 카드를 만든다.
■ 활동 주제와 유형 또는 어린이의 발달에 따라 A3 크기의 표지 카드를 사용하여 만들 수 있다.

② 속지 카드 접기

- 속지 카드 270㎜×390㎜ 5매를 각각 길게 절반으로 접어서 2면 카드를 만든다.
- A3 크기의 표지 카드를 사용한 경우 속지 카드는 A3 크기의 복사용지 5매를 각각 절반으로 접어서 2면 카드를 만든다.
- A3 복사용지를 사용하여 4단 박음책을 만드는 경우 표지카드는 복사용지 보다는 두꺼운 종류의 색지를 사용하는 것이 적절하다.
- A3 복사용지를 사용하여 4단 박음책을 만드는 경우 어린이의 발달 수준에 따라 4단 박음책 활동지(CD-ROM)를 A4 복사용지에 출력하고 A3 크기로 확대 복사하여 제공한다.
- 속지 카드의 매수는 활동 내용이나 어린이의 발달 수준에 따라 줄이거나 늘려서 제작한다.

③ 속지 카드 자르기(99쪽 참고)

- 길게 절반으로 접은 속지 카드 또는 복사용지 5매를 열려진 면으로부터 접은 선 방향으로 4등분으로 나누어 1㎝ 정도 연결 부분을 남겨두고 각각 자른다.
- 4단 박음책 활동지(CD-ROM)를 사용하여 만드는 경우 그려진 선을 따라 연결 부분을 남겨두고 자른다.
- 어린이 스스로 4단으로 자르기 어려워하는 경우 4단으로 자른 4단 박음책 활동지를 제공하거나 속지 카드를 4단으로 잘라서 제공한다.
- 4단 박음책 활동지1(CD-ROM)은 절반으로 접었을 때 열려진 면이 책배가 되고 연결된 면이 책등이 되는 방식이고 4단 박음책 활동지2(CD-ROM)는 접었을 때 연결된 면이 책배가 되고 열려진 면이 책등이 되어 옛날 서책과 같은 형태의 책이 만들어진다.

**❷ 속지 카드 또는 4단 박음책 활동지를 반으로 접어서 2면 카드를 만든다.**

**❸-1 연결 면을 중심으로 1㎝ 정도 남겨 두고 4등분 또는 점선을 따라 자른다.**

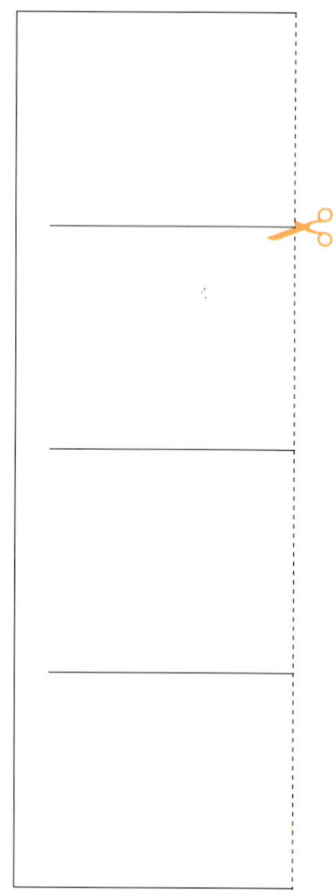

**❸-2 열려진 면을 중심으로 1㎝ 정도 남겨 두고 4등분 또는 점선을 따라 자른다.**

④ 속지 카드 끼우기

- 표지 카드의 중심선에 맞추어 4단으로 자른 속지 카드 또는 4단 박음책 활동지 5매의 연결 부분 또는 남긴 부분을 안으로 끼운다.
- 표현 내용이 많은 경우 속지 카드 또는 복사용지를 10매까지 끼울 수 있다.

⑤ 4단 박음책 만들기

- 표지 카드 속에 끼운 속지 카드를 가지런히 맞춘다.
- 카드의 연결 면에서 2단과 3단으로 나뉘는 중심 부분에서 안쪽으로 1㎝ 정도 들어와서 박는다.
- 중심 부분의 박음선에 맞추어 1단과 2단 그리고 3단과 4단으로 나뉘는 부분을 각각 박는다.
- 4단 박음책의 위와 아래 부분을 박음선에 맞추어 각각 박는다.
- 박음쇠 사용에 어려움을 느끼는 경우 교사가 박음쇠를 사용하는 과정을 관찰하도록 지도한다.

⑥ 제본 테이프 붙이기(99쪽 참고)

- 제본테이프를 이용하여 4단 박음책의 앞표지와 뒷표지 박음침 부분이 보이지 않도록 앞뒤로 감싼다.

⑦ 앞표지 꾸미기

- 길이가 길어지거나 높이가 높아지는 것 또는 원래 길이가 길거나 높이가 높은 것에 대한 그림책에 붙일 수 있는 다양한 제목을 생각하도록 격려한다.
- 쑥쑥 크는 책에 대한 그림책을 만드는 출판사 명으로 무엇이 적절할지 이야기 나눈다.
- 개별적으로 사용하는 출판사 명이 있는 경우 출판사 명을 따로 정하지 않는다.
- 생각 모으기를 통해 지은 제목, 지은이, 출판사 명을 적는다.
- 책 만들기 경험이 풍부한 어린이는 앞표지 그림을 그리도록 지도한다.
- 표지 카드의 색깔이 짙은 색인 경우 하얀색 속지 카드 또는 팬시 라벨을 사용하여 표현한다.

⑧ 쑥쑥 크는 책 4단 박음책 표현하기

- 4단 박음책 1면의 각각의 단에 표현 내용과 관련하여 열어보는 순서나 표현하고 싶은 주제를 4가지 정하여 각각 적는다.
- 표현 내용에 따라 주제를 적지 않고 1면부터 그림과 글을 표현하도록 지도한다.
- 한 면씩 넘겨가며 시간의 흐름에 따라 변화하는 사물, 사건, 동물, 식물 등의 모습 또는 길이나 높이와 관련하여 변화하는 것들을 생각하고 생각 모으기 활동지를 참고하여 글과 그림으로 표현한다.
- 왼쪽 면에는 글을 쓰고 오른쪽 면에는 그림을 그리거나 반대로 왼쪽 면에는 그림을 그리고 오른쪽 면에는 글을 써서 전체 면을 활용하도록 할 수 있다.
- 1단에는 글을 쓰고 2, 3, 4단을 이용하여 그림을 그리도록 할 수 있다.
- 면수가 많은 경우 각각의 면 적당한 위치에 쪽수를 적도록 지도한다.
- 어린이 스스로 주제 선정에 어려움을 느끼는 경우, 교사와 어린이가 토의하여 주제를 정한다.
- 시간의 흐름에 따른 변화 외에 활용도서 또는 활동 내용에 따라 길이가 길거나 높이가 높은 사물이나 동물의 모습을 연결하여 그리고 퍼즐 맞추기 활동을 위한 놀이책으로 활용할 수 있다.

⑨ 뒷표지 꾸미기

- 뒷표지에 펴낸 날, 펴낸 이, 펴낸 곳, 가격, 전화번호, 주소 등을 적고 바코드를 오려 붙이거나 원하는 형태로 그리고 ISBN을 설정하여 판권면을 꾸민다.
- 판권면 라벨 3108 · 3114 · 3116(CD-ROM)을 Formtec Label 3108 · 3114 · 3116 라벨용지에 출력하여 제공하고 판권면 라벨을 사용하여 뒷표지를 꾸미도록 할 수 있다.
- 표지 카드의 색깔이 짙은 색인 경우 하얀색 속지 카드를 사용하여 표현하다
- 책 만들기 경험이 풍부한 어린이는 뒷표지 그림을 그리고 광고 문구나 중심 문구 또는 편집 후기를 적도록 지도한다.

## 소개하기 · 감상하기

- 시간의 흐름에 따라 변화하는 것으로 무엇을 생각하고 어떻게 표현했는지 소개한다.
- 길이가 길거나 높은 것으로 무엇을 생각하고 어떻게 표현했는지 소개한다.
- 표현 주제와 그림이 독특하거나 아름다운 작품을 알아본다.
- 길거나 높은 것 이외의 것을 표현한 작품을 알아본다.
- 표현 주제와 그림에 적절한 이야기를 짓고 그림의 여백에 적도록 지도한다.
- 4단 박음책의 좌우 면을 전체적으로 활용하여 아름답게 표현한 작품을 알아본다.
- 쑥쑥 크는 책을 만들면서 어렵거나 힘들었던 점이 있었는지 이야기 나눈다.
- 4단 박음책을 이용하여 할 수 있는 새로운 활동에 대하여 알아본다.
- 교실의 한 공간을 마련하여 완성된 쑥쑥 크는 책을 감상할 수 있도록 전시한다.

# Gallery

조한솜(만 5세). 쑥쑥 크는 책. 150㎜×420㎜.

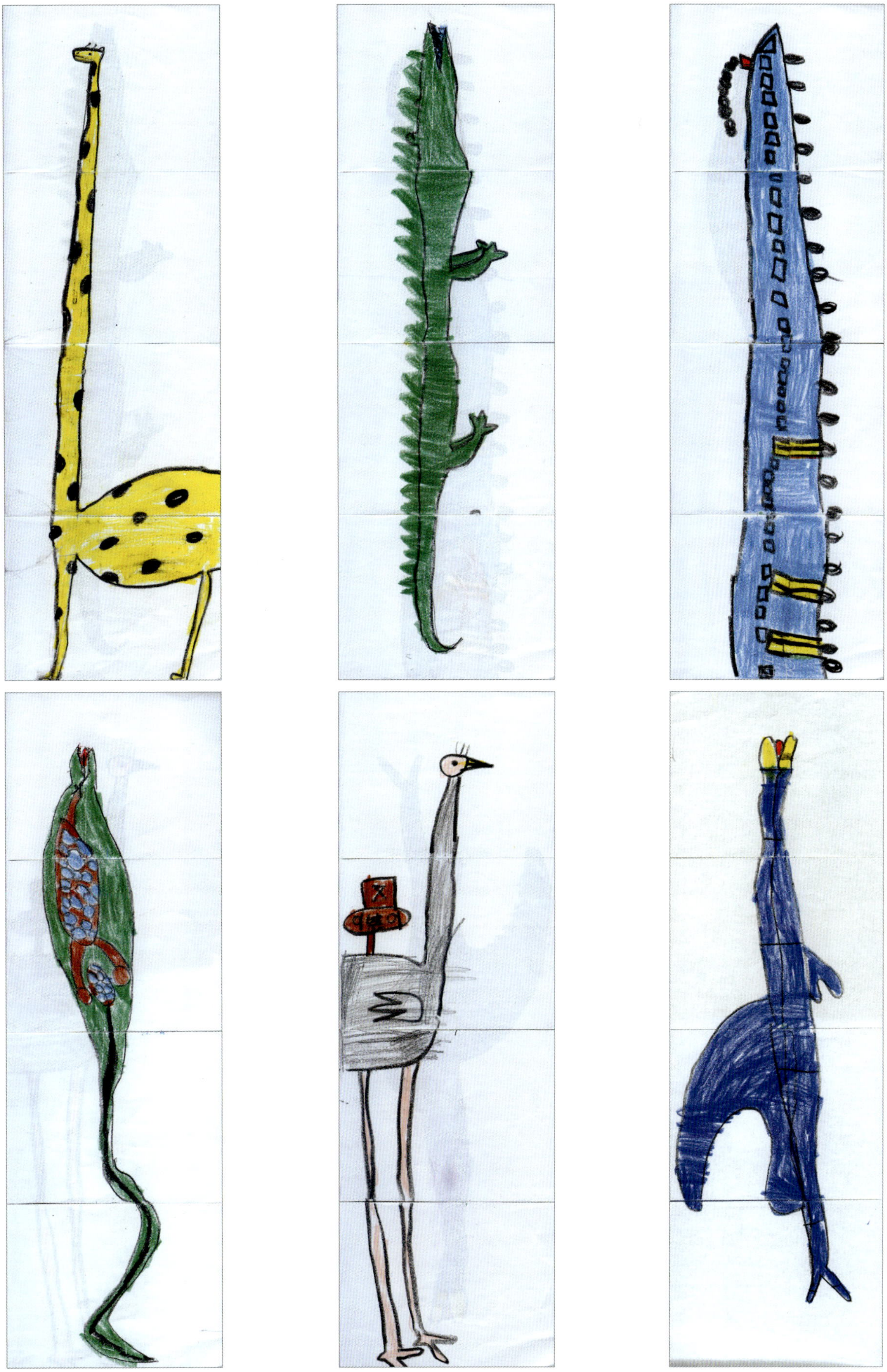

김찬진 · 김찬영(만 5 · 4세). 짱 긴 책. 150㎜×420㎜.

# Gallery

이유진(만 5세). 세계 여러 나라. 150㎜×420㎜.

# CHAPTER 5

## 장철박음쇠를 활용한 문해 활동
## Literacy Activities through Long Stapler Books

- 그림책 다시 읽기
- 큰 말 작은 말
- 암소 로자의 꿈
- 책 속의 그림책
- 가족 앨범
- 데칼코마니 수수께끼
- 노래하는 그림책 Ⅱ

# 그림책 다시 읽기

NOTE Ⅳ. 2003. 355㎜×130㎜ · NOTE Ⅴ. 2003. 200㎜×175㎜ · NOTE Ⅵ. 2003. 135㎜×195㎜.
NOTE Ⅶ. 2003. 140㎜×205㎜ · NOTE Ⅷ. 2003. 100㎜×200㎜ · NOTE Ⅸ. 2003. 200㎜×100㎜ · NOTE Ⅹ. 2003. 100㎜×100㎜.

## 활용도서

- 심스 태백(2000). 옛날 옛날에 파리 한 마리를 꿀꺽 삼킨 할머니가 살았는데요. 베틀북.

## 참고도서


- 로렌 차일드(2005). 쉿! 책 속의 늑대를 조심해! 국민서관.
- 메리 호위트(2004). 거미와 파리. 열린어린이.
- 미카엘라 먼틴(2007). 이 책을 절대로 열지 마시오, 토토북.
- 버나드 와버(2004). 용기. 아이터출판사.
- 심스 태백(2000). 요셉의 작고 낡은 오버코트가. 베틀북.
- 스티브 젠킨스(2006). 진짜 얼마 만해요. 마루벌.
- 야규 겐이치로(2007). 발바닥 이야기. 한림출판사.
- 제이미 리 커티스(2007). 다섯 살은 괴로워. 애플비.
- 존 세스카(1996). 늑대가 들려주는 아기돼지 삼형제 이야기. 보림.
- 티에리 르냉(2007). 아기 씨앗. 꼬마미디어2.0.


## 생각 모으기

**Q.** 일반 박음쇠와 장철 박음쇠는 어떤 차이점이 있나요?

**A.**

**Q.** 장철 박음쇠를 사용할 때 주의해야 할 점은 무엇일까요?

**A.**

**Q.** 장철 박음쇠를 사용하여 만든 박음책을 이용하여 할 수 있는 책 만들기 활동을 생각하고 적어보세요.

**A.**

## 자료 준비하기

- 수업용 그림책 다시 읽기 박음책을 제작한다.
- 표지 카드 A4 색지 1매를 준비한다.
- 그림책 다시 읽기 활동지1 · 2(CD-ROM)를 A4 복사용지에 양면 출력하거나 단면 출력하여 양면 복사한다.
- 그림책 다시 읽기 라벨 3621(CD-ROM)을 Formtec Label 3621 라벨용지에 출력한다.
- 판권면 라벨 3108 · 3114 · 3116(CD-ROM)을 Formtec Label 3108 · 3114 · 3116 라벨용지에 출력한다.

## 도구 준비하기

- 연필
- 색연필
- 사인펜
- 유성매직
- 유성펜
- 색종이
- 풀
- 가위
- 핑킹가위
- 장철 박음쇠
- 제침기
- 모양 펀치
- 팬시 도장
- 팬시 라벨
- 팬시 스티커
- 제본 테이프(25㎜ · 35㎜)
- 컬러 스탬프 패드

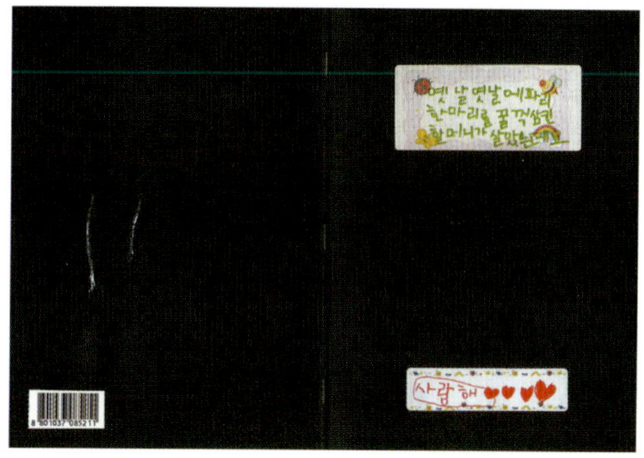

**신민기(만 7세). 높은 산. 135㎜×195㎜.**
**신현준(만 6세). 옛날 옛날에 파리 한 마리를 꿀꺽 삼킨 할머니가 살았는데요. 150㎜×210㎜.**

## 그림책 읽고 생각 모으기

- 그림책을 소개하고 이야기를 들려준다.
- 그림책의 이야기를 들려주고 책의 앞표지부터 한 장씩 넘겨가며 줄거리를 회상하고 이야기와 관련된 경험과 생각을 모은다.

**Q.** 이 그림책의 제목은 무엇이니?
**Q.** 지은이는 누구니?
**Q.** 이 그림책을 읽을 수 있도록 우리말로 옮긴이는 누구니?
**Q.** 이 그림책을 만든 출판사는 어디니?
**Q.** 그림책의 앞표지에 어떤 그림이 그려져 있니?
**Q.** 이 그림책에 등장하는 동물들은 무엇 무엇이니?
**Q.** 할머니께서 삼킨 동물들은 무엇 무엇이니?
**Q.** 할머니는 왜 이 동물들을 삼켰을까?
**Q.** 할머니의 뱃속에서 거미는 어떻게 움직였니?
**Q.** 개들은 어떤 울음소리를 냈니?
**Q.** 집 채 만한 암소 한 마리를 삼킨 할머니의 몸은 어떤 모습이었니?
**Q.** 말 한 마리를 꿀꺽 삼킨 할머니는 어떻게 되셨니?
**Q.** 할머니께서 돌아가신 후 남기신 교훈은 무엇이니?
**Q.** 교훈이란 어떤 뜻일까?
**Q.** 할머니의 묘비에는 어떤 글이 적혀 있니?
**Q.** 내가 할머니의 묘비를 만든다면 무엇이라고 쓰고 싶니?

**Q.** 이 그림책을 읽고 느낀 점은 무엇이니?
**Q.** 이 그림책의 지은이가 만든 또 다른 그림책을 알고 있니?
**Q.** 이 그림책의 뒷표지에는 어떤 그림들이 그려져 있니?
**Q.** 이 그림책은 언제 만들어졌을까?
**Q.** 이 그림책의 가격은 얼마니?
**Q.** 이 그림책의 ISBN은 몇 번이니?
**Q.** 지은이는 이 그림책을 누구에게 바친다고 했니?
**Q.** 왜 그 사람에게 바친다고 했을까?
**Q.** 내가 이 그림책을 만든다면 출판사 이름을 무엇이라고 짓고 싶니?
**Q.** 내가 지은이라면 이 그림책의 내용을 어떻게 바꾸고 싶니?

## 박음책 소개하고 생각 모으기

- 수업용 박음책을 소개하고 만드는 방법에 대하여 알아본다.
- 그림책 다시 읽기 활동지1을 한 면씩 소개하고 각 면에 제시된 이야기에 대하여 생각을 나눈다.

**Q.** 이 책은 무엇과 비슷하게 생겼니?
**Q.** 이 책은 어떻게 만들었을까?
**Q.** 이렇게 여러 장의 종이를 묶는 도구를 무엇이라고 할까?
**Q.** 이 박음쇠는 전에 사용하던 박음쇠와 어떤 점이 다르니?
**Q.** 왜 이렇게 만들었을까?
**Q.** 이런 박음쇠는 무엇이라고 부를까?
**Q.** 장철 박음쇠는 어떻게 사용하는 것일까?
**Q.** 장철 박음쇠를 이용해서 만든 책은 박음쇠를 이용하여 만든 책과 어떤 점이 다르니?
**Q.** 박음책 속의 활동지에 어떤 이야기들이 적혀 있니?
**Q.** 활동지의 이야기를 꾸밀 때 그림책이 필요한 부분은 어느 곳일까?
**Q.** 이 박음책을 처음부터 끝까지 끝마치려면 어떤 계획을 세워야 할까?

- 활동 내용에 따라 표현 내용이나 주제를 개별적으로 정하여 활동하는 경우 그림책 다시 읽기 활동지를 사용하지 않고 복사용지 또는 색지를 이용하여 박음책을 만들어 소개한다.

## 그림책 다시 읽기 박음책 만들기

① 표지 카드 접기
- 표지 카드를 절반으로 접어서 2면 카드를 만든다.

② 그림책 다시 읽기 활동지 접어 끼우기
- 양면 출력하거나 양면 복사 한 그림책 다시 읽기 활동지를 각각 절반으로 접어서 2면 카드를 만든다.
- 2면으로 접은 그림책 다시 읽기 활동지를 번호 순서대로 맞추어 끼운다.
- 어린이 스스로 활동지의 순서를 맞추기 어려워할 수 있으므로 그림책 다시 읽기 활동지를 한꺼번에 제공하기 보다는 번호 순서에 따라 한 장씩 제공하고 절반으로 접은 후 차례로 끼우도록 지도하는 것이 적절하다.
- 활용도서 외의 그림책을 바탕으로 활동하는 경우 그림책 다시 읽기 활동지2(CD-ROM)를 출력하여 사용한다.

③ 표지 카드에 그림책 다시 읽기 활동지 끼우기
- 반으로 접은 표지 카드 속에 순서대로 맞추어 끼운 그림책 다시 읽기 활동지를 끼운다.

④ 장철 박음쇠 사용하기
- 책의 너비에 맞추어 장철 박음쇠의 고정대를 맞춘다.
- 반으로 접은 책을 펼쳐 고정대에 닿도록 밀어 넣고 중심 부분을 먼저 박는다.
- 책의 위아래 부분을 위와 같은 방법으로 각각 박고 중심선을 따라 다시 절반으로 접어 눌러준다.
- 박음쇠 사용에 어려움을 느끼는 경우 교사가 박음쇠를 사용하는 과정을 관찰하도록 지도한다.

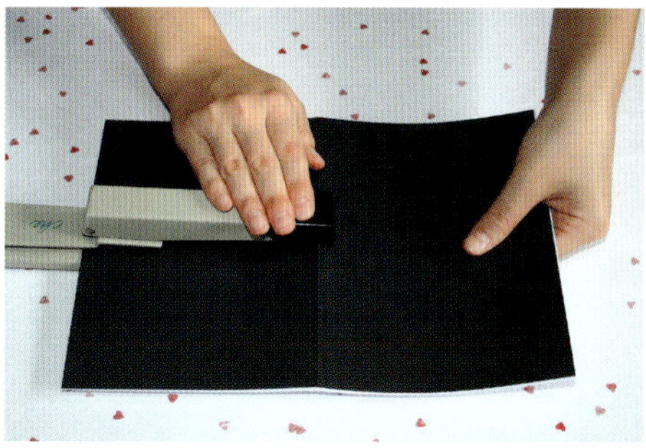

❹-1 박음책을 펼쳐 표지가 위로 오도록 집어 넣고 접은 선의 중심을 박는다.

❹-2 박음책의 접은 선을 따라 위와 아래 부분을 각각 박는다.

❹-3 박음책의 중심선을 따라 눌러 접는다.

⑤ 앞표지 꾸미기

- 그림책의 제목을 그대로 사용하거나 그림책에 붙일 수 있는 다양한 제목을 생각하도록 격려한다.
- 알아보고자 하는 그림책을 만드는 출판사 명으로 무엇이 적절할지 이야기 나눈다.
- 개별적으로 사용하는 출판사 명이 있는 경우 출판사 명을 따로 정하지 않는다.
- 생각 모으기를 통해 지은 제목과 출판사 명을 적고 지은이와 앞표지 그림 등을 담는다.
- 표지 카드의 색깔이 짙은 색인 경우 하얀색 속지 카드 또는 팬시 라벨을 사용하여 표현한다.

⑥ 그림책 다시 읽기 활동지 꾸미기

- 활동지 내용에 따라 하루에 한 면 내지 두 면씩 선택한 그림책을 보고 베껴 그리거나 관찰하여 적는다.
- 어린이가 원하는 경우 박음책의 순서에 관계없이 원하는 면부터 자유로이 꾸며서 완성한다.
- 활용도서와 활동 주제에 따라 그림책 다시 읽기(CD-ROM) 활동지를 사용하지 않고 A4 용지 또는 다양한 색상과 크기의 색지를 사용하여 박음책을 만들고 알아보고자 하는 주제 또는 그림책을 선정하여 꾸미도록 지도한다.
- 활용도서 외의 그림책을 선택하여 활동하는 경우 그림책 다시 읽기 라벨 3621(CD-ROM)을 Formtec Label 3621 라벨용지에 출력하여 사용한다.

⑦ 뒷표지 꾸미기

- 뒷표지에 펴낸 날, 펴낸 이, 펴낸 곳, 가격, 전화번호, 주소 등을 적고 바코드를 오려 붙이거나 원하는 형태로 그리고 ISBN을 설정하여 판권면을 꾸민다.
- 판권면 라벨 3108 · 3114 · 3116(CD-ROM)을 Formtec Label 3108 · 3114 · 3116 라벨용지에 출력하여 제공하고 판권면 라벨을 사용하여 뒷표지를 꾸미도록 할 수 있다.
- 표지 카드의 색깔이 짙은 색인 경우 하얀색 속지 카드 또는 팬시 라벨을 사용하여 꾸미도록 지도한다.
- 책 만들기 경험이 풍부한 어린이는 뒷표지 그림을 그리고 광고 문구나 중심 문구를 적도록 지도한다.

## 소개하기 · 감상하기

- 그림책 다시 읽기 박음책을 어떻게 꾸몄는지 소개한다.
- 각 면의 탐구 주제를 어떻게 찾아보고 그리거나 적었는지 소개한다.
- 앞표지와 뒷표지 그림을 비슷하게 베껴 그린 작품을 알아본다.
- 표현하기 어렵거나 모르는 내용이 있었는지 이야기 나눈다.
- 교훈이 재미있거나 독특하게 표현한 작품을 알아본다.
- 새로 만든 이야기가 재미있거나 독특한 작품을 알아본다.
- 활용도서와 관련하여 알아보고 싶은 새로운 내용에 대하여 알아본다.
- 그림책 다시 읽기 박음책을 통해 알아보고 싶은 그림책이나 작가에 대하여 이야기 나눈다.
- 그림책 다시 읽기 장철 박음책을 만들면서 어렵거나 힘들었던 점이 있었는지 이야기 나눈다.
- 장철 박음쇠를 사용하여 만든 박음책으로 할 수 있는 새로운 활동에 대하여 알아본다.
- 교실의 한 공간을 마련하여 완성된 그림책 다시 읽기 장철 박음책을 서로 감상할 수 있도록 전시한다.

# Gallery

김보래(만 5세). 옛날 옛날에 파리 한 마리를 꿀꺽 삼킨 할머니가 살았는데요. 150㎜×210㎜.

최가희(만 5세). 옛날 옛날에 파리 한 마리를 꿀꺽 삼킨 할머니가 살았는데요. 150㎜×210㎜.

신민기(만 7세). 산. 135㎜×195㎜.

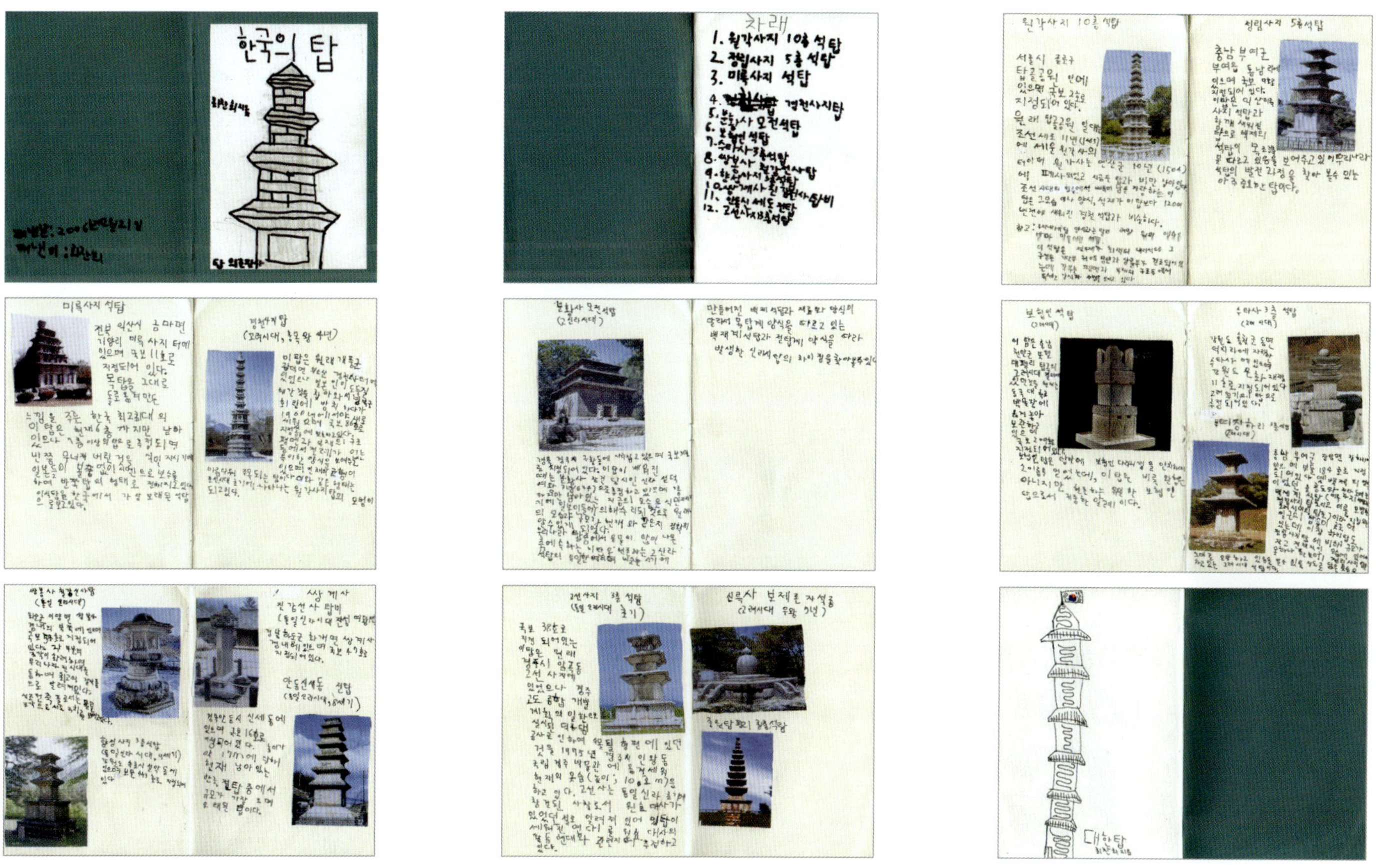


최찬희(만 7세). 한국의 탑. 135㎜×195㎜.

# Gallery

강명숙. 2005년 나만의 달력. 210㎜×150㎜.

# 큰 말 작은 말

악어도 깜짝, 치과 의사도 깜짝! 2007. 200㎜×75㎜.
모두 모두 움직여봐! 2007. 140㎜×80㎜ · 랄랄랄라 룰룰룰루. 2007. 140㎜×80㎜.

## 활용도서

- 멜라니 월시(2002). 크고 작고. 시공주니어.
- 샘 로이드(2007). 이 말은 무슨 말. 문학동네어린이.

## 참고도서

- 린지 배럿 조지(2007). 안에서 안녕, 밖에서 안녕. 마루벌.
- 비르지니 알라지디 글 · 뱅상 부르조 그림(2007). 반대말 놀이. 보림출판사.
- 스티브 젠킨스(2006). 움직여 봐! 웅진주니어.
- 오호선 글 · 남주현 그림(2006). 호랭이 꼬랭이 말놀이. 천둥거인.
- 편집부(2003). 얼룩덜룩 얼룩말. 삼성출판사.
- 편집부(2003). 눈 감고 머리 감고. 삼성출판사.
- 편집부(2003). 길고 짧고. 삼성출판사.

## 생각 모으기

**Q.** 박음책에 flap 기법을 이용하여 만들 수 있는 책을 생각하고 적어보세요.

**A.**

**Q.** flap 기법을 활용하여 할 수 있는 말놀이를 생각하고 적어보세요.

**A.**

**Q.** 느낌이 큰 말과 느낌이 작은 말을 생각하고 적어보세요.

**A.**

**Q.** 반대되는 낱말을 생각하고 적어보세요.

**A.**

## 자료 준비하기

- 수업용 덮개 카드 박음책을 제작한다.
- 큰 말 작은 말 라벨 3108(CD-ROM)을 이용하여 큰 말 작은 말 낱말 카드를 제작한다.
- 반대말 라벨 3108(CD-ROM)을 이용하여 반대되는 말 낱말 카드를 제작한다.
- 박음책 카드 270㎜×65㎜ 10매와 덮개 카드 230㎜×45㎜ 20매를 준비한다.
- 큰 말 · 작은 말 생각 모으기(CD-ROM)를 A4 복사용지에 출력한다.
- 반대말 생각 모으기(CD-ROM)를 A4 복사용지에 출력한다.
- 판권면 라벨 3105 · 3108(CD-ROM)을 Formtec Label 3105 · 3108 라벨용지에 출력한다.

### ※ 낱말 카드 제작방법

❶ 큰 말 작은 말 라벨 3108(CD-ROM)을 Formtec Label 3108 라벨용지에 출력한다.
❷ 각각의 낱말 라벨을 다양한 색상의 색지에 붙이고 여백 5㎜를 남겨두고 자른다.
❸ 여백을 남겨두고 자른 낱말 라벨 카드를 라미네이팅한다.
❹ 라미네이팅 필름를 여백 5㎜를 남겨두고 자른 후 네 모서리를 둥글게 처리한다.
❺ 벨크로테이프(까끌이)를 둥글게 오리고 완성된 낱말 카드 뒷면 중앙에 붙인다.

## 도구 준비하기

- 연필
- 색연필
- 사인펜
- 유성매직
- 유성펜
- 색종이
- 풀
- 가위
- 핑킹가위
- 장철 박음쇠
- 제침기
- 모양 펀치
- 팬시 도장
- 팬시 라벨
- 팬시 스티커
- 제본 테이프(25㎜ · 35㎜)
- 컬러 스탬프 패드

김고운(만 4세). 냠냠 짭짭. 250㎜×75㎜.
이혜진(만 3세). 코를 킁킁. 260㎜×70㎜.
김령현 글 · 최여진 엮음(만 9 · 11세). 여우가 오리를 낳았어요. 300㎜×70㎜.

## 그림책 읽고 생각 모으기

- 그림책을 소개하고 이야기를 들려준다.
- 그림책의 한 면씩 소개된 그림 또는 낱말의 의미와 특징에 대하여 알아보고 낱말과 관련된 경험과 생각을 모은다.
- 느낌이 큰 말과 작은 말을 알아보는 경우 책 속의 낱말에 따라 느낌이 큰 말 또는 작은 말을 만들어 보도록 지도한다.
  예) 깡총깡총 – 껑충껑충, 찰랑찰랑 – 출렁출렁, 오물오물 – 우물우물, 소곤소곤 – 수군수군 등

- 반대되는 말을 알아보는 경우 책 속에 소개된 낱말을 이용하여 문장 만들기 놀이를 진행한다.
  예) 큰 코끼리 – 작은 생쥐, 뜨거운 차 – 차가운 얼음, 더운 여름 – 추운 겨울 등
  예) 큰 코끼리는 큰 똥을 누고, 작은 생쥐는 작은 똥을 눈다.

## 덮개 카드 박음책 소개하고 생각 모으기

- 수업용 덮개 카드 박음책을 소개하고 어떻게 만들고 무엇을 표현할 수 있는지 이야기 나눈다.

**Q.** 이 책은 박음책과 어떤 점이 다르니?
**Q.** 박음책 안에 무엇이 붙여져 있니?
**Q.** 박음책 안에 덮개 카드(또는 2면 카드)를 어떻게 붙였니?
**Q.** 왜 박음책 안에 덮개 카드(또는 2면 카드)를 접어 붙였을까?
**Q.** 덮개 카드(또는 2면 카드)를 붙여 만든 박음책의 이름은 무엇이라고 지을 수 있을까?
**Q.** 박음책의 덮개 카드 앞면과 안쪽 면에 무엇을 적는 것일까?
**Q.** 덮개 카드 박음책에 그림책에 나온 낱말처럼 반대되는 말 또는 느낌이 큰 말과 작은 말을 적으려면 어떻게 해야 할까?
**Q.** 덮개 카드 앞면에 느낌이 작은 말을 적으면 안쪽에는 어떤 말을 적어야 할까?
**Q.** 그림책의 낱말이 생각나지 않거나 글자를 모를 경우 어떻게 하면 될까?
**Q.** 이 책의 앞표지와 뒷표지는 어떻게 꾸밀 수 있을까?
**Q.** 내가 만든 말놀이 책의 제목은 무엇이라고 짓고 싶니?

- 반대말 또는 큰 말 · 작은 말 생각 모으기(CD-ROM) 활동지에 그림책 속의 낱말과 반대되는 말이나 느낌이 크거나 작은 새로운 의성어와 의태어를 생각하고 적도록 지도한다.
- 반대말이나 느낌이 크거나 작은 의성어 또는 의태어 외에 비슷한 말, 긍정어와 부정어, 듣고 싶은 말과 하고 싶은 말 등 새로운 주제를 탐색하고 말놀이 생각 모으기(CD-ROM) 활동지에 적도록 지도한다.
- 스스로 낱말을 쓰기 어려워하는 경우 '큰 말 작은 말 낱말 카드' 또는 '반대말 낱말 카드'를 교실의 다양한 영역에 붙여주고 활용하도록 지도한다.

## 덮개 카드 박음책 만들기

① 박음책 카드 접기

- 270㎜×65㎜ 크기의 박음책 카드 10매를 각각 절반으로 접어서 2면 카드를 만든다.
- 그림책에 나오는 낱말의 유형과 어린이의 글자 쓰기 발달 단계 및 특징 등에 따라 제시된 크기 외에 다양한 크기의 낱말 카드를 사용하고 매수를 줄이거나 여러 권을 만들어 여러 차례에 나누어 꾸준히 활동한다.
- 아름다운 박음책을 만들고 싶은 경우 다양한 색깔의 색지를 사용하여 만든다.
- 박음책 카드 크기는 활동 유형이나 어린이의 글쓰기 형태에 따라 크거나 작게 준비하여 제공한다.

② 박음책 카드 끼우기

- 절반으로 접은 박음책 카드 10매의 접은 면을 안쪽으로 차례로 끼운다.
- 적고자 하는 낱말의 개수나 어린이의 연령에 따라 박음책 카드의 매수를 줄이거나 20매까지 늘려서 만든다.

③ 장철 박음쇠 사용하기(138~139쪽 참고)

- 책의 너비에 맞추어 장철 박음쇠의 고정대를 맞추고 반으로 접은 책을 펼쳐 고정대에 닿도록 밀어 넣은 후 중심, 위, 아래 부분을 부분을 각각 박는다.

④ 덮개 카드 만들기

- 230㎜×45㎜ 크기의 덮개 카드 20매를 각각 절반으로 접어서 2면 카드를 만든다.
- 박음책 카드의 매수에 따라 덮개 카드의 매수를 맞추어 준비한다.

⑤ 카드 박음책에 덮개 카드 붙이기

- 절반으로 접은 덮개 카드 뒷면에 풀칠하여 카드 박음책의 앞표지부터 차례로 한 면에 한 매씩 붙인다.

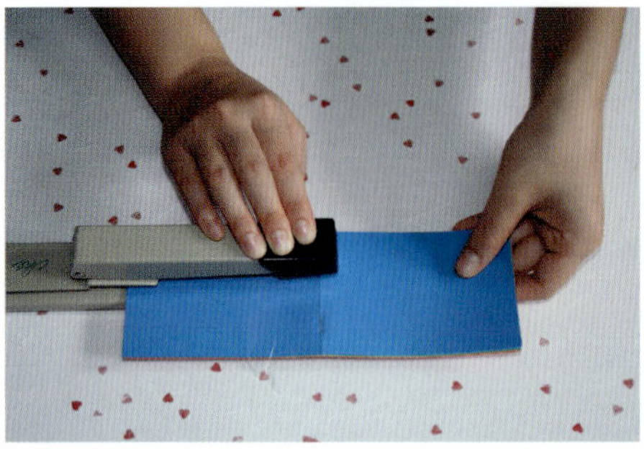

❸ 박음책 카드를 절반으로 접어 끼우고 장철 박음쇠로 2~3부분을 박는다.
❺ 덮개 카드 뒷면에 풀칠하고 박음책의 앞표지부터 한 면에 한 장씩 붙인다.

⑥ 앞표지 꾸미기
- 탐색한 낱말의 주제에 따라 말놀이 책에 붙일 수 있는 다양한 제목을 생각하도록 격려한다.
- 말놀이 책을 만드는 출판사 명으로 무엇이 적절할지 이야기 나눈다.
- 개별적으로 사용하는 출판사 명이 있는 경우 출판사 명을 따로 정하지 않는다.
- 앞표지에 붙인 덮개 카드 앞면에 생각 모으기를 통해 지은 제목, 출판사 명 그리고 지은이를 적는다.
- 덮개를 열고 안쪽 면에 헌정사를 적는다.

⑦ 덮개 카드 꾸미기
- 낱말 카드 또는 생각 모으기 활동지를 참고하여 느낌이 큰 말과 작은 말을 생각하고 덮개 카드 앞면과 안쪽 면에 각각 한 낱말씩 적는다.
- 활용도서와 활동 내용에 따라 위와 같은 방법으로 덮개 카드의 앞면과 안쪽 면에 서로 반대되는 말, 긍정어와 부정어, 하고 싶은 말과 듣고 싶은 말 등을 적도록 지도한다.
- 덮개 카드를 사용하지 않고 박음책의 양쪽 면을 이용하여 상대되는 낱말을 적도록 할 수 있다.
- 덮개 카드의 색깔이 짙은 색인 경우 하얀색 속지 카드 또는 팬시 라벨에 낱말을 적고 뒷면에 풀칠하여 덮개 카드 위에 붙인다.

⑧ 뒷표지 꾸미기
- 뒷표지에 펴낸 날, 가격, ISBN 등 간단히 판권면을 꾸민다.
- 앞표지와 같이 덮개 카드를 이용하여 카드 앞면에 가격과 바코드를 표현하고 덮개를 열어 안쪽 면에 펴낸 날, 펴낸이, ISBN 등을 적을 수 있다.
- 판권면 라벨 3108(CD-ROM)을 Formtec Label 3108 라벨용지에 출력하여 제공하고 판권면 라벨을 사용하여 뒷표지를 꾸미도록 할 수 있다.

## 소개하기 · 감상하기
- 탐색한 낱말의 주제에 대하여 소개한다.
- 탐색 주제에 따라 어떤 낱말들을 생각하고 적었는지 소개한다.
- 그림책 속 낱말 외에 생각한 새로운 낱말은 무엇인지 소개한다.
- 재미있거나 독특한 표현의 낱말을 알아본다.
- 짝지은 낱말의 뜻이나 표기가 적절한지 알아보고 바꾸어야 할 낱말은 무엇인지 그리고 어떻게 바꾸면 적합한지 탐색한다.
- 처음 듣거나 뜻을 모르는 낱말이 있는지 이야기 나눈다.
- 그림책 속의 낱말을 이용하여 문장 만들기 놀이를 진행한다.
- 문장 만들기 놀이를 이용하여 새로운 카드 박음책 만들기 활동을 진행한다.
- 그림책 속의 낱말을 이용하여 할 수 있는 새로운 활동에 대하여 이야기 나눈다.
- 큰 말 작은 말 장철 덮개 카드 박음책을 만들면서 어렵거나 힘들었던 점이 있었는지 이야기 나눈다.
- 덮개 카드 박음책을 이용하여 할 수 있는 새로운 활동에 대하여 알아본다.
- 교실의 한 공간을 마련하여 완성된 큰 말 작은 말 덮개 카드 박음책을 서로 감상할 수 있도록 전시한다.

# Gallery

**김고운(만 4세). 냠냠 짭짭. 250㎜×75㎜.**

# Gallery

이혜진(만 3세). 코를 쿵쿵. 260㎜×70㎜.

김령현 글 · 최여진 엮음(만 9 · 11세). 「여우가 오리를 낳았어요」를 읽고 반댓말 놀이. 300㎜×70㎜.

# 암소 로자의 꿈

무당벌레 공책. 2003. 140㎜×170㎜ · 장화 공책. 2004. 170㎜×195㎜.
사랑표 수첩. 2003. 95㎜×165㎜.

## 활용도서

- 크리스텔 데무아노(2000). 암소 로자의 살 빼기 작전. 사계절.

## 참고도서

- 다니카와 순타로 원작 · 모토나가 사다마사(2003). 몽글 몽글 몽글. 고슴도치.
- 수 언스테드 글 · 길 톰블린 그림(2006). 아름다운 나비 이야기. 삐아제어린이.
- 수 언스테드 글 · 길 톰블린 그림(2006). 신기한 딱정벌레 이야기. 삐아제어린이.
- 에드 엠벌리(2000). 조각종이로 꾸미는 세상 I 동그라미편. 고슴도치.
- 에드 엠벌리(2000). 조각종이로 꾸미는 세상 II 세모 · 네모편. 고슴도치.
- 크베타 파코브스카(2000). 색깔놀이. 베틀북.
- 크베타 파코브스카(2000). 모양놀이. 베틀북.
- 필립 세들레츠기(1999). 아기 세모의 세 번째 생일. 파랑새주니어.

## 생각 모으기

**Q.** 박음책을 이용하여 만들 수 있는 모양들을 생각하고 그려보세요.

**A.**

**Q.** 박음책에 부직포(felt)를 이용하여 헝겊책을 만들 수 있는 방법을 생각하고 적어보세요.

**A.**

**Q.** 헝겊책을 만들 때 고려해야 할 점을 생각하고 적어보세요.

**A.**

**Q.** 헝겊책을 이용하여 할 수 있는 활동들을 적어보세요.

**A.**

## 자료 준비하기

- 수업용 암소 모양 헝겊책을 제작한다.
- 하얀색 부직포 A4 1매와 하얀색 카드 A4 3매~5매를 준비한다.
- 암소 모양 활동지(CD-ROM)를 A4 복사용지에 출력하고 모양을 오려서 암소 모양 본을 제작한다.
- 그림책 생각 모으기(CD-ROM)를 A4 복사용지에 출력한다.

## 도구 준비하기

- 연필
- 색연필
- 사인펜
- 유성매직
- 유성펜
- 색종이
- 풀
- 가위
- 핑킹가위
- 장철 박음쇠
- 제침기
- 본드
- 본드판
- 면봉
- 인형눈
- 팬시 도장
- 팬시 스티커
- 팬시 라벨
- 마분지(500g)
- 부직포
- 컬러 스탬프 패드
- P.P필름(500mic)
- 제본 테이프(25㎜ · 35㎜)

**오동혁(만 5세). 암소 로자의 살 빼기 작전. 280㎜×200㎜.**
**남준영(만 5세). 사랑에 빠진 개구리. 270㎜×190㎜.**

## 그림책 읽고 생각 모으기

- 그림책을 소개하고 이야기를 들려준다.
- 그림책의 이야기를 들려주고 책의 앞표지부터 한 장씩 넘겨가며 줄거리를 회상하고 이야기와 관련된 경험과 생각을 모은다.

**Q.** 이 그림책의 제목은 무엇이니?
**Q.** 주인공은 누구니?
**Q.** 로자는 어떻게 생긴 암소이니?
**Q.** 주인아저씨는 로자를 왜 자랑스러워했었니?
**Q.** 주인아저씨와 마을 사람들로부터 사랑 받던 로자에게 어떤 일이 생겼니?
**Q.** 로자는 왜 살을 빼기 시작했을까?
**Q.** 살을 빼기 위해서 로자는 어떻게 했니?
**Q.** 주인아저씨는 점점 살이 빠지는 로자를 위해 어떻게 했니?
**Q.** 점점 살이 빠진 로자에게 어떤 변화가 생겼니?
**Q.** 어느 날 로자는 낯선 사람들에게서 어떤 이야기를 듣게 됐니?
**Q.** 연못가에서 자신의 모습을 들여다본 로자는 어떻게 했니?
**Q.** 로자에게 다시 어떤 변화가 생겼니?
**Q.** 예전 모습으로 돌아 온 로자의 모습을 보고 주인아저씨와 마을 사람들은 왜 기뻐했을까?
**Q.** 로자는 모두 기뻐하는 모습을 보고 무엇을 깨달았니?
**Q.** 이 그림책의 지은이는 왜 이야기를 만들었을까?
**Q.** 이 이야기를 듣고 어떤 생각을 했니?

**Q.** 너희들도 로자처럼 살을 빼고 싶었던 적이 있니?
**Q.** 왜 살을 빼고 싶다는 생각을 했니?
**Q.** 로자처럼 살 빼기 외에 하고 싶거나 원하는 것을 위해 계획을 세우거나 작전을 세워 본 적이 있니?
**Q.** 처음에 세운 계획과 결과는 어떤 차이가 있었니?
**Q.** 왜 그런 차이가 생겼을까?

## 암소 모양 부직포 박음책 소개하고 생각 모으기

- 수업용 암소 모양 박음책을 소개하고 만드는 방법과 무엇을 표현하는지 생각을 나눈다.

**Q.** 이 책은 어떤 모양이니?
**Q.** 전에 만든 박음책과 어떤 점이 다르니?
**Q.** 암소 모양은 어떻게 만든 것일까?
**Q.** 종이 외에 표지로 무엇을 사용한 것일까?
**Q.** 왜 표지를 부직포(felt)로 만들었을까?
**Q.** 부직포로 만든 표지는 어떻게 꾸밀 수 있을까?
**Q.** 암소 모양 박음책에 어떤 이야기를 담을 수 있을까?
**Q.** 내가 이 그림책의 지은이라면 이야기의 어떤 부분을 어떻게 바꾸고 싶니?
**Q.** 이 책은 몇 쪽으로 이루어져 있을까?
**Q.** 쪽 수는 어떻게 표시할 수 있을까?
**Q.** 쪽 수를 적는 이유는 무엇일까?
**Q.** 책의 어느 곳에 쪽 수를 표시할 수 있을까?

- 그림책 생각 모으기(CD-ROM) 활동지에 그림책의 줄거리를 간단히 표현하거나 암소 로자의 꿈을 원하는 이야기로 각색하여 표현한다.

## 암소 모양 부직포 박음책 만들기

① 암소 모양 본 만들기

- 암소 모양 활동지(CD-ROM)를 A4 복사용지에 출력하고 암소 모양 활동지를 선을 따라 자른다.
- 선을 따라 자른 암소 모양 종이를 마분지(500g) 또는 P.P 필름(500mic) 위에 올려놓고 유성펜을 이용하여 모양을 본 뜬다.
- 모양을 본 뜬 마분지 또는 P.P 필름을 선을 따라 자른다.
- 암소 모양 본의 테두리에 남아있는 유성펜 자국을 헝겊에 아세톤을 묻혀 닦아낸다.
- 암소 모양 본은 활동에 참여하는 인원에 따라 여러 개를 제작하여 준비한다.
- 활용도서 또는 교육 활동이나 주제에 따라 암소 모양 본을 사용하지 않고 교사가 필요한 모양 본을 제작하여 제공한다.

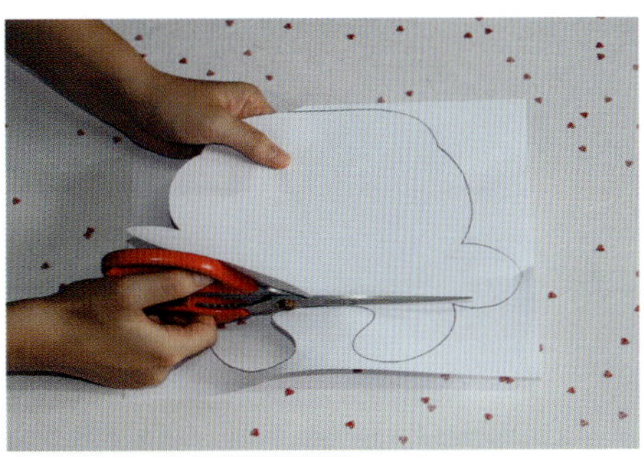

**❶-1 암소 모양 활동지를 출력하여 선을 따라 자른다.**

**❶-2 마분지 또는 PP 필름 위에 암소 모양 종이를 올려놓고 선을 따라 그린다.**

**❶-3 암소 모양을 그린 마분지 또는 PP 필름을 선을 따라 그린다.**

② 부직포 표지 오리기

- A4 크기의 부직포 위에 제작한 암소 모양 본을 올려놓고 연필을 이용하여 선을 따라 그린다.
- 암소 모양 본을 걷어내고 그려진 선을 따라 부직포를 자른다.
- 암소 모양으로 자른 부직포 표지를 절반으로 접는다.

CHAPTER 5 장철박음쇠를 활용한 문해 활동

■ 부직포가 두꺼운 경우 잘 접어지지 않으므로 활동지를 준비하기 전까지 무거운 물건을 올려놓아 접었다 폈다 하기에 편리하도록 지도한다.
■ 모양을 본 뜨기 어려워하거나 가위 사용이 익숙하지 않은 어린이와 활동하는 경우 암소 모양 부직포 표지를 오려서 제공한다.
■ 모양 본이 뾰족한 경우 어린이에게 제공하기 전에 사용 전 주의사항을 알려주어야 한다.

③ 암소 모양 활동지 오리기
■ 표지와 같은 방법으로 A4 크기의 하얀색 카드 3매~5매 위에 제작한 암소 모양 본을 올려놓고 연필을 이용하여 선을 따라 그린다.
■ 암소 모양 본을 걷어내고 그려진 선을 따라 카드를 자른다.
■ 암소 모양으로 자른 카드를 각각 절반으로 접는다.
■ 모양을 본 뜨기 어려워하거나 가위 사용이 익숙하지 않은 어린이와 활동하는 경우 암소 모양 활동지를 오려서 제공한다.
■ 복사용지를 사용하여 암소 모양 활동지를 만드는 경우 모양 본을 사용하지 않고 A4 크기의 암소 모양 활동지를 출력하여 오려 사용하도록 지도한다.
■ 어린이의 발달 수준이나 표현 내용에 따라 암소 모양 활동지는 매수를 줄이거나 늘려서 제공한다.
■ 활용도서와 활동 내용에 따라 암소 모양 외에 다른 동물 모양이나 형태를 만들어 활동한다.

④ 부직포 표지 속에 암소 모양 활동지 끼우기
■ 반으로 접은 암소 모양 부직포 표지 속에 암소 모양 활동지를 필요한 매수만큼 차례로 끼운다.

⑤ 장철 박음쇠 사용하기(138~139쪽 참고)
■ 암소 모양 부직포 표지 속에 끼운 암소 모양 활동지 카드를 부직포 표지 면이 위로 오도록 장철 박음쇠에 넣고 중심, 위, 아래 부분을 각각 박는다.
■ 박음쇠로 박은 암소 모양 부직포 박음책을 반으로 접은 후 부직포 표지가 완전히 접혀지도록 하루 정도 무거운 물건이나 두꺼운 책으로 눌러놓는다.
■ 박음쇠 사용에 어려움을 느끼는 경우 교사가 장철 박음쇠를 사용하는 과정을 관찰하도록 지도한다.

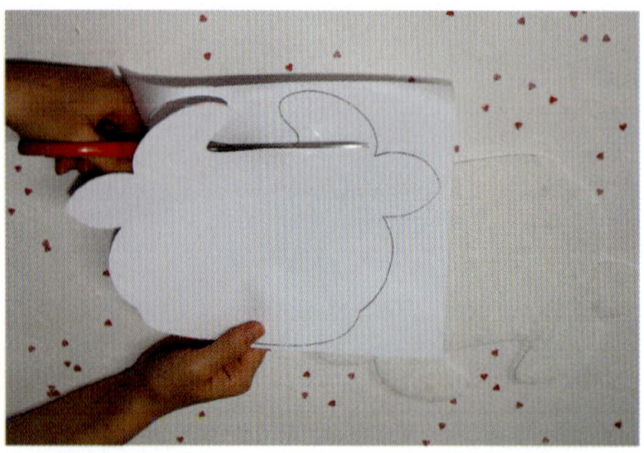

❷ 부직포와 카드 위에 암소 모양 본을 올려놓고 선을 따라 그린다.
❸ 부직포 표지와 카드의 그려진 선을 따라 자른다.

❹ 암소 모양 부직포 표지 속에 암소 모양 카드를 필요한 매수만큼 끼워 넣는다.
❺ 부직포 표지가 위로 오도록 장철 박음쇠에 넣고 중심, 위, 아래 부분을 각각 박는다.

⑥ 앞표지 꾸미기
■ 부직포 표지를 열고 암소 모양 박음책 1면에 앞표지를 꾸민다.
■ 그림책의 제목을 그대로 사용하거나 그림책에 붙일 수 있는 다양한 제목을 생각하도록 격려한다.
■ 알아보고자 하는 그림책을 만드는 출판사 명으로 무엇이 적절할지 이야기 나눈다.

■ 개별적으로 사용하는 출판사 명이 있는 경우 출판사 명을 따로 정하지 않는다.
■ 생각 모으기를 통해 지은 제목, 지은이, 출판사 명을 적는다.

⑦ 이야기 표현하기
■ 그림책 생각 모으기(CD-ROM) 활동지를 참고하여 활동지 2면부터 마지막 면까지 그림책의 줄거리 또는 암소 로자의 꿈을 원하는 이야기로 각색하여 하루에 2면~3면씩 꾸민다.

⑧ 판권면 꾸미기
■ 부직포 표지의 마지막 면에 유성펜을 이용하여 펴낸 날을 간단히 적는다.
■ 펴낸 날, 펴낸 이, 펴낸 곳, 가격, 전화번호, 주소, ISBN 그리고 바코드 등을 모두 표현하고 싶은 경우 암소 모양 활동지 마지막 면에 판권면을 꾸민다.

⑨ 부직포 표지 꾸미기
■ 부직포 표지에 암소 로자의 모습을 다양한 장식 재료를 사용하여 원하는 모습으로 꾸민다.

## 소개하기 · 감상하기

■ 부직포 표지에 암소 로자의 모습을 어떻게 꾸몄는지 소개한다.
■ 암소 로자의 모습을 재미있거나 독특하게 꾸민 작품을 알아본다.
■ 암소 로자의 꿈을 어떻게 표현했는지 소개한다.
■ 그림책의 이야기를 간결하게 표현한 작품을 알아본다.
■ 암소 로자의 꿈을 재미있거나 독특하게 각색한 작품을 알아본다.
■ 암소 로자의 꿈 헝겊 박음책을 만들면서 어렵거나 힘들었던 점이 있었는지 이야기 나눈다.
■ 암소 외에 만들 수 있는 동물 모양이나 도형 모양 박음책을 생각하고 이야기 나눈다.
■ 동물 모양 박음책을 이용하여 할 수 있는 새로운 활동에 대하여 알아본다.
■ 도형 모양 박음책을 이용하여 할 수 있는 새로운 활동에 대하여 알아본다.
■ 교실의 한 공간을 마련하여 완성된 암소 로자의 꿈 헝겊 박음책을 서로 감상할 수 있도록 전시한다.

## 변형 활동 · 확장 활동

■ 동물 모양 대신에 동그라미, 세모, 네모, 오각형, 육각형, 별, 사랑표 등 다양한 형태의 도형 모양 헝겊 박음책을 만들고 모양을 이용한 꾸미기, 모양 스티커 붙여 꾸미기, 모양 종이 붙여 꾸미기, 물감을 이용한 그리기, 수첩 또는 일기장으로 활용하기 등 다양한 방식으로 활용한다.
■ 헝겊 박음책은 표지와 본문 면을 모두 부직포로 만들고 각각의 면에 다양한 장식 재료를 이용하여 꾸미거나 돗바늘과 털실을 이용하여 자유로운 박음질 놀이를 즐기도록 진행하면 특별한 느낌의 책이 만들어진다.

# Gallery

오동혁(만 5세). 암소 로자의 살 빼기 작전. 280㎜×200㎜.

# Gallery

남준영(만 5세). 사랑에 빠진 개구리. 270㎜×190㎜.

# 책 속의 그림책

책 안의 책 Ⅰ. 2003. 297㎜×200㎜ · 책 안의 책 Ⅱ. 2003. 297㎜×200㎜.

## 활용도서

- 에드 엠벌리(2005). 알록달록 손도장으로 상상력 키우기. 고슴도치.

## 참고도서

- 바바라 엠벌리 글 · 에드 엠벌리 그림(2003). 둥둥둥 북치는 병정. 프뢰벨행복나누기.
- 에드 엠벌리(2000). 조각종이로 꾸미는 세상Ⅰ 동그라미편. 고슴도치.
- 에드 엠벌리(2000). 조각종이로 꾸미는 세상Ⅱ 세모 · 네모편. 고슴도치.
- 에드 엠벌리(2000). 사람과 집 그리기. 고슴도치.
- 에드 엠벌리(2001). 내가 그리는 동물나라. 고슴도치.
- 에드 엠벌리(2002). 신나게 그리는 자동차 · 배 · 비행기. 고슴도치.
- 에드 엠벌리(2006). 트럭과 기차 그리기. 고슴도치.
- 에드 엠벌리(2006). 얼굴 그리기. 고슴도치.
- 에드 엠벌리(2006). 동물 그리기. 고슴도치.

## 생각 모으기

**Q.** 카드 속에 박음책을 만들어 넣을 수 있는 방법을 생각하고 적어보세요.

**A.**

**Q.** 카드 속의 박음책을 이용하여 할 수 있는 조형미술 활동을 생각하고 적어보세요.

**A.**

**Q.** 책 속의 책을 만들 때 장철 박음쇠 없이 만들 수 있는 방법을 생각하고 적어보세요.

**A.**

**Q.** 책 속의 책을 만들 때 고려해야 할 점을 생각하고 적어보세요.

**A.**

## 자료 준비하기

- 수업용 책 속의 그림책을 제작한다.
- 표지 카드 390㎜×270㎜ 1매, 박음책 카드 270㎜×195㎜ 4매를 준비한다.
- 그림책 생각 모으기(CD-ROM)를 A4 복사용지에 출력한다.
- 판권면 라벨 3108 · 3114 · 3116(CD-ROM)을 Formtec Label 3108 · 3114 · 3116 라벨용지에 출력한다.

## 도구 준비하기

- 연필
- 색연필
- 사인펜
- 유성매직
- 유성펜
- 색종이
- 풀
- 가위
- 핑킹가위
- 장철 박음쇠
- 제침기
- 모양 펀치
- 팬시 도장
- 팬시 라벨
- 팬시 스티커
- 클립
- 물그릇
- 휴지
- 물걸레
- 제본 테이프(25㎜ · 35㎜)
- 컬러 스탬프 패드

전찬호(만 5세). 나 잡아봐라. 390㎜×270㎜.
작자 미상. 나의 비밀스런 이야기. 270㎜×195㎜.

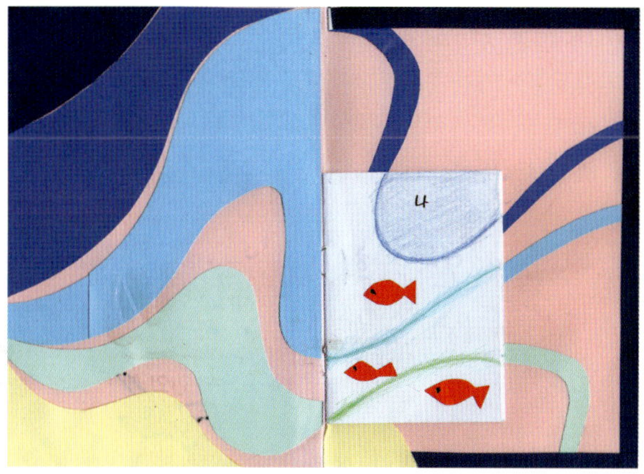

민옥희. 나. 270㎜×195㎜.

박종훈(만 5세). 포송이와 여행. 390㎜×270㎜.
김주영(만 9세). 내가 좋아하는 캐릭터. 270㎜×195㎜.

## 그림책 읽고 생각 모으기

- 그림책을 소개하고 손도장으로 그린 그림을 감상한다.
- 그림책의 작품을 감상하고 앞표지부터 한 장씩 넘겨가며 손도장으로 그린 그림과 그림을 그리는 방법에 대하여 이야기 나눈다.

**Q.** 이 그림책은 무엇을 이용하여 그림을 그렸니?

**Q.** 손도장을 이용하여 어떤 것들을 그렸니?

**Q.** 손도장으로 그린 그림 중에 마음에 드는 그림은 무엇이니?
**Q.** 손도장으로 그린 그림 중에 재미있는 그림은 무엇이니?
**Q.** 손도장으로 그린 그림 중에 따라 그려보고 싶은 그림은 무엇이니?
**Q.** 손도장 그림을 그리려면 무엇이 필요할까?
**Q.** 동그란 모양의 손도장을 찍으려면 어떻게 해야 할까?
**Q.** 타원형 모양의 손도장을 찍으려면 어떻게 해야 하니?
**Q.** 손도장을 찍고 원하는 모양으로 만들려면 어떻게 해야 한다고 알려주었니?
**Q.** 손도장의 잉크 색깔을 바꾸려면 어떻게 해야 한다고 알려주었니?
**Q.** 어떻게 하면 반쪽 모양의 손도장을 찍을 수 있을까?

### 책 속의 그림책 소개하고 생각 모으기

■ 수업용 책 속의 그림책을 소개하고 만드는 방법과 무엇을 표현하는지 이야기 나눈다.
**Q.** 이 책은 박음책과 어떤 점이 다르니?
**Q.** 카드 속에 박음책을 어떻게 만들어 넣은 것일까?
**Q.** 카드 속의 박음책은 몇 면으로 구성되어 있니?
**Q.** 이 책의 이름은 무엇이라고 부를 수 있을까?
**Q.** 책 속의 책을 이용하여 어떤 책을 만들 수 있을까?
**Q.** 책 속의 책에 손도장을 이용하여 어떤 그림을 그리고 싶니?
**Q.** 손도장 그림으로 꾸민 책 속의 그림책 표지 카드 안쪽 면은 어떻게 꾸밀 수 있을까?
**Q.** 손도장으로 꾸민 책 속의 그림책에 어떤 제목을 짓고 싶니?
**Q.** 내가 그린 손도장 그림의 제목이나 이야기는 어떻게 표현하면 아름답게 보일까?
**Q.** 손도장을 이용하여 그림을 그릴 때 주의해야 할 점은 무엇일까?
**Q.** 책 속의 책에 그림을 그리거나 글을 쓸 때 주의해야 할 점은 무엇일까?
■ 그림책 생각 모으기(CD-ROM) 활동지에 손도장으로 그리고 싶은 것들을 생각하고 직접 손도장을 찍지 않고 그림으로 손도장 형태를 구성해 표현하도록 지도한다.

### 책 속의 그림책 만들기

① 표지 카드 접기
■ 표지 카드를 절반으로 접어서 2면 카드를 만든다.

② 박음책 카드 접기
■ 박음책 카드 4매를 각각 절반으로 접어서 2면 카드를 만든다.
■ 활동 내용이나 표현 방법에 따라 박음책 카드의 크기나 매수는 줄이거나 늘려서 만든다.

③ 표지 카드에 박음책 카드 끼우기
■ 반으로 접은 박음책 카드 4매를 차례로 끼운다.
■ 반으로 접어 끼운 박음책 카드 4매를 반으로 접은 표지 카드의 중심이나 하단 부분에 맞추어 끼운다.
■ 카드 속의 박음책 카드가 움직이지 않도록 클립을 이용하여 고정시킨다.

④ 장철 박음쇠 사용하기(138~139쪽 참고)
■ 박음책 카드를 고정시킨 표지 카드가 위로 오도록 장철 박음쇠에 집어넣는다.
■ 클립으로 고정한 표지 카드 속의 박음책 카드를 접은 선에 따라 중심 부분을 먼저 박고 위아래 부분을 각각 박는다.
■ 장철 박음쇠 사용에 어려움을 느끼는 경우 교사가 사용하는 과정을 관찰하도록 지도한다.

⑤ 앞표지 꾸미기
■ 손도장 그림책에 붙일 수 있는 다양한 제목을 생각하도록 격려한다.

■ 손도장으로 꾸민 그림책을 만드는 출판사 명으로 무엇이 적절할지 이야기 나눈다.
■ 개별적으로 사용하는 출판사 명이 있는 경우 출판사 명을 따로 정하지 않는다.
■ 생각 모으기를 통해 지은 제목과 출판사 명을 적고 지은이와 앞표지 그림 등을 담는다.
■ 표지 카드의 색깔이 짙은 색인 경우 하얀색 속지 카드 또는 팬시 라벨을 사용하여 표현한다.

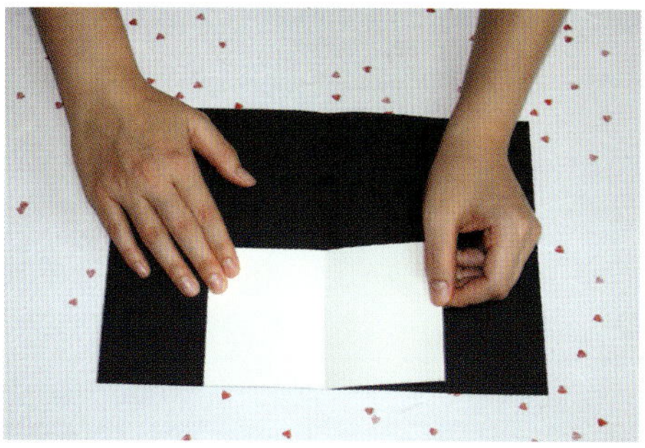

❸ 표지 카드의 중심선에 맞추어 박음책 카드 4매를 포개어 끼운다.

❹-1 표지 카드 속의 박음책 카드가 움직이지 않도록 클립으로 고정시킨다.

❹-2 그림 카드를 끼운 표지 카드가 위로 오도록 장철 박음쇠에 집어넣고 중심, 위, 아래 부분을 각각 박는다.

⑥ 표지 카드 안쪽 면 꾸미기
■ 표지 카드를 펼치고 박음책 카드를 박은 카드 좌우 안쪽 면을 다양한 장식 재료를 사용하여 원하는 내용과 방법으로 자유로이 꾸민다.
■ 책을 소개하거나 광고하는 문구를 적도록 할 수 있다.

⑦ 손도장 그림 그리기
■ 박음책의 각각의 면에 그림책 생각 모으기 활동지를 참고하여 원하는 형태로 손도장을 찍는다.
■ 잉크가 마르면 다양한 그리기 도구를 사용하여 손가락 도장 모양에 그림을 그리고 이야기를 담는다.
■ 어린이 스스로 손도장 그림을 만들기 어려워하는 경우 활용도서의 각 면을 확대 복사하여 벽면에 붙여 주거나 그림책을 참고하여 손도장 그림을 그리도록 지도한다.
■ 책 속의 그림책 만들기 활동은 여러 차례에 걸쳐 꾸준히 진행하여 완성하도록 지도한다.

⑧ 뒷표지 꾸미기
■ 뒷표지에 펴낸 날, 펴낸 이, 펴낸 곳, 가격, 전화번호, 주소 등을 적고 바코드를 오려 붙이거나 원하는 형태로 그리고 ISBN을 설정하여 판권면을 꾸민다.
■ 판권면 라벨 3108 · 3114 · 3116(CD-ROM)은 Formtec Label 3108 · 3114 · 3116 라벨용지에 출력하여 제공하고 판권면 라벨을 사용하여 뒷표지를 꾸미도록 할 수 있다.
■ 표지 카드의 색깔이 짙은 색인 경우 하얀색 속지 카드 또는 팬시 라벨을 사용하여 꾸미도록 지도한다.
■ 책 만들기 경험이 풍부한 어린이는 뒷표지 그림을 그리고 광고 문구나 중심 문구를 적도록 지도한다.

## 소개하기 · 감상하기
■ 손도장 그림책에 어떤 제목을 지었는지 소개한다.
■ 표지 카드의 안쪽 면에 어떤 이야기를 표현했는지 또는 무엇을 이용하여 어떻게 장식했는지 소개한다.
■ 손가락 도장으로 무엇을 표현하고 어떻게 꾸몄는지 소개한다.
■ 손가락 도장을 이용하여 표현한 그림이 독특하거나 아름다운 작품을 알아본다.
■ 손가락 도장을 이용하여 섬세하게 표현한 작품을 알아본다.
■ 손가락 도장으로 표현할 수 있는 새로운 형태에 대하여 이야기 나눈다.
■ 책 속의 그림책을 만들면서 어렵거나 힘들었던 점이 있었는지 이야기 나눈다.
■ 책 속의 책을 이용하여 할 수 있는 새로운 활동에 대하여 알아본다.
■ 교실의 한 공간을 마련하여 완성된 책 속의 그림책을 감상할 수 있도록 전시한다.

# Gallery

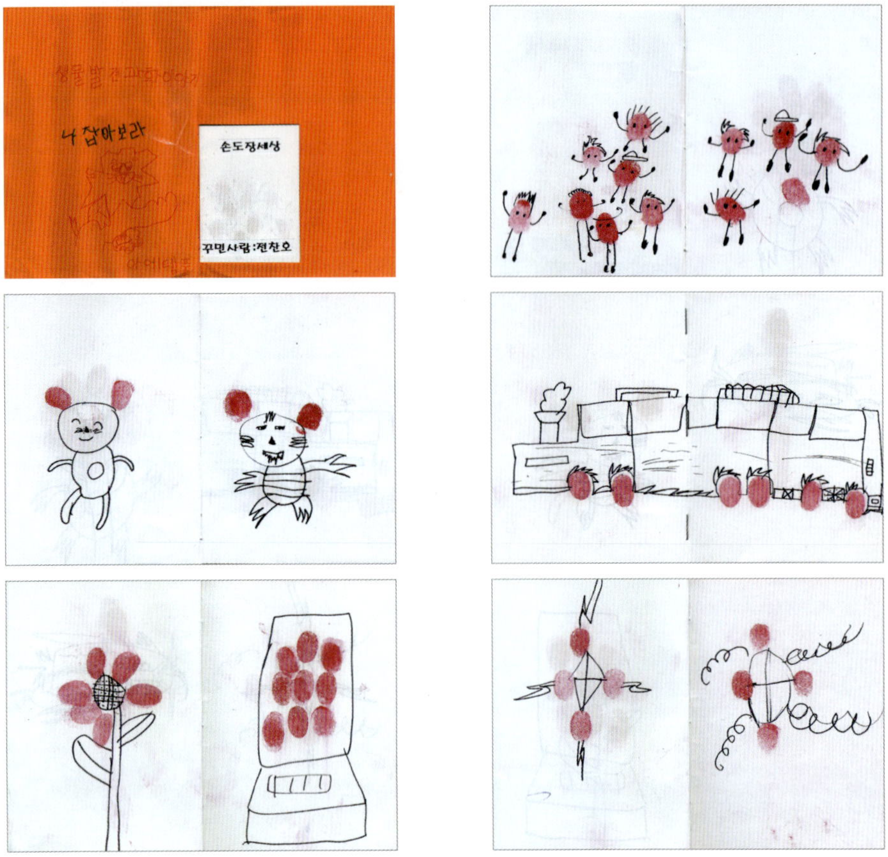


전찬호(만 5세). 나 잡아봐라. 390㎜×270㎜.

박종훈(만 5세). 포송이와 여행. 390㎜×270㎜.

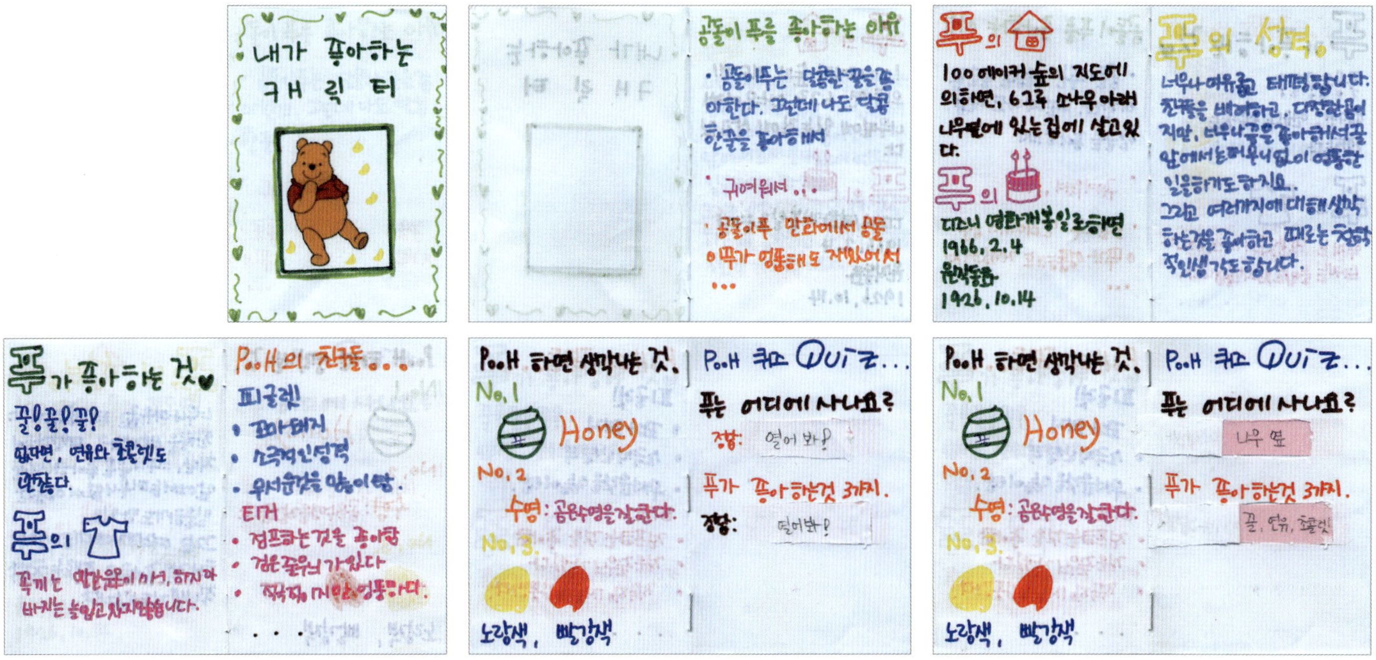


김주영(만 9세). 내가 좋아하는 캐릭터. 270㎜×195㎜.

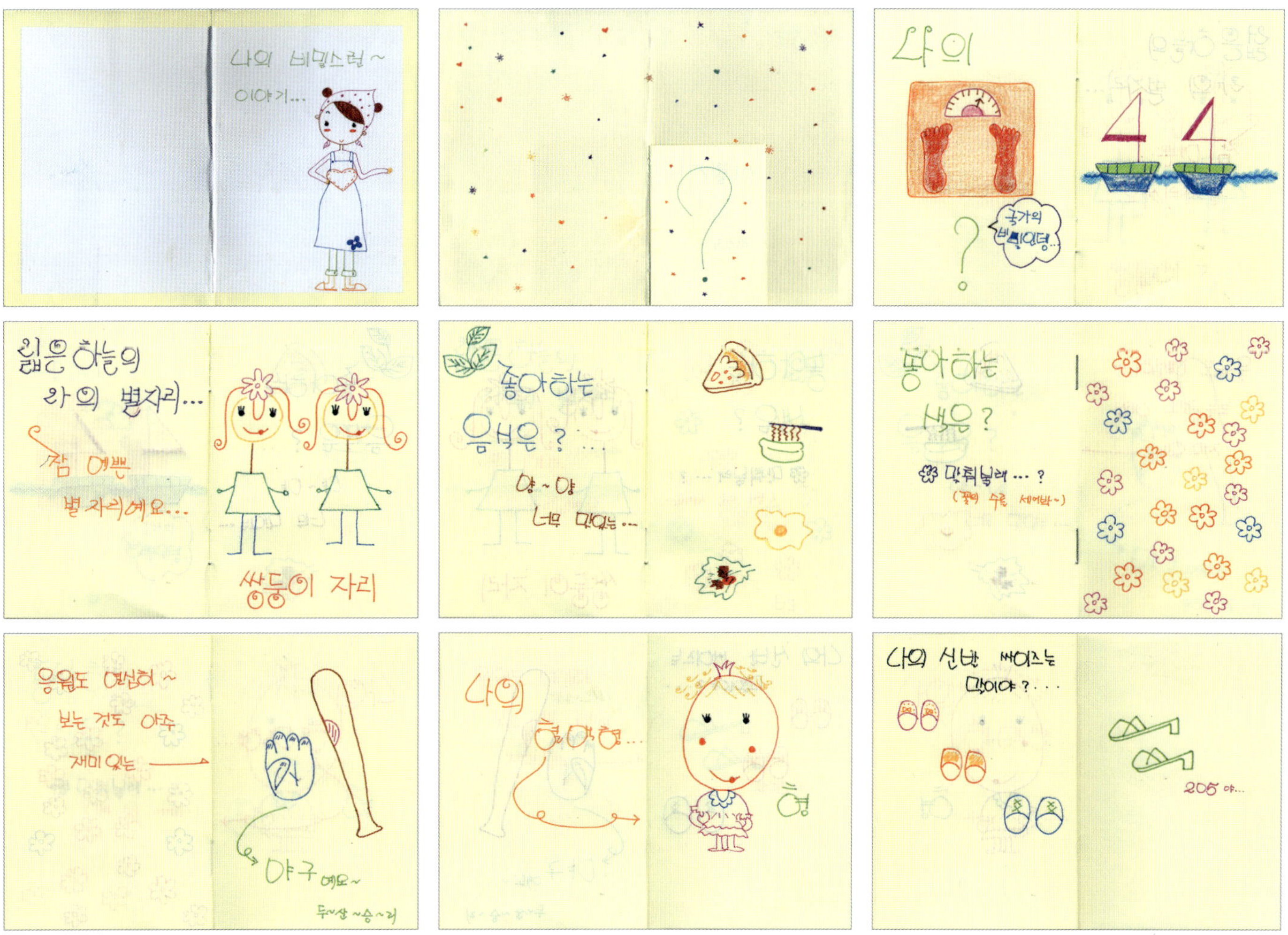


작자 미상. 나의 비밀스런 이야기. 270㎜×195㎜.

# 가족 앨범

류경숙(2004). 우리 가족의 사랑이야기. 1080㎜×195㎜ · 김경미(2004). 한솔이네 가족 소개. 810㎜×195㎜.
방인숙(2005). I LOVE MY FAMILY. 1080㎜×195㎜.

### 활용도서

- 토드 파(2003). 모든 가족은 특별해요. 문학동네어린이.

### 참고도서

- 레인 스미스(1997). 행복한 하하호호 가족! 베틀북.
- 로렌 리디(2004). 가족나무 만들기. 미래M&B.
- 샘 멕브래트니 글 · 아니타 제람 그림(1996). 내가 아빠를 얼마나 사랑하는지 아세요? 베틀북.
- 샘 멕브래트니 글 · 아니타 제람 그림(2004). 네 모습 그대로 사랑한단다. 베틀북.
- 아니타 제람(2000). 우리 모두 다함께. 베틀북.
- 에이미 헤스트 글 · 아니타 제람 그림(2001). 엄마는 언제나 너를 사랑한단다. 베틀북.
- 크리스티앙 메르베일레(2001). 동글이네 가족. 청솔.
- 한성옥(2006). 행복한 우리가족. 문학동네어린이.

### 생각 모으기

**Q.** 4면 또는 8면 병풍책을 이용하여 책 속의 책을 만들 수 있는 방법을 생각하고 적어보세요.

**A.**

**Q.** 4면 또는 8면 책 속의 책을 이용하여 할 수 있는 문해 활동을 생각하고 적어보세요.

**A.**

**Q.** 4면 또는 8면 책 속의 책을 만들 때 고려해야 할 점을 생각하고 적어보세요.

**A.**

**Q.** 책 속의 책을 만들 때 장철 박음쇠를 사용하지 않고 만들 수 있는 방법을 생각하고 적어보세요.

**A.**

## 자료 준비하기

- 수업용 가족 앨범 박음책을 제작한다.
- 병풍 카드 1080㎜×195㎜ 1매, 박음책 카드 135㎜×195㎜ 16매를 준비한다.
- 가족 앨범 생각 모으기(CD-ROM)를 A4 복사용지에 출력한다.
- 9면 주제망 생각 모으기(CD-ROM)를 A4 복사용지에 출력한다.
- 가족 앨범 라벨 3621 · 3623(CD-ROM)을 Formtec Label 3621 · 3623 라벨용지에 출력한다.
- 판권면 라벨 3108 · 3114 · 3116(CD-ROM)을 Formtec Label 3108 · 3114 · 3116 라벨용지에 출력한다.

## 도구 준비하기

- 연필
- 색연필
- 사인펜
- 유성매직
- 유성펜
- 색종이
- 풀
- 가위
- 핑킹가위
- 장철 박음쇠
- 제침기
- 모양 펀치
- 팬시 도장
- 팬시 라벨
- 팬시 스티커
- 클립
- 제본 테이프(25㎜ · 35㎜)
- 컬러 스탬프 패드

## 그림책 읽고 생각 모으기

- 그림책을 소개하고 이야기를 들려준다.
- 그림책의 이야기를 들려주고 책의 앞표지부터 한 장씩 넘겨가며 가족 구성에 따른 명칭을 알아보고 다양한 가족 구성 형태와 명칭에 대하여 생각을 모은다.

**Q.** 이 그림책의 제목은 무엇이니?
**Q.** 지은이는 이 책을 누구에게 헌정했니?
**Q.** 왜 가족에게 이 책을 헌정했니?
**Q.** 이 그림책에는 어떤 가족들이 등장하니?
**Q.** 왜 어떤 가족은 식구가 많고 어떤 가족은 식구가 적을까?
**Q.** 가족은 서로 어떤 점이 닮을까?
**Q.** 만일 사랑하는 가족을 잃으면 어떤 마음이 될까?
**Q.** 사랑하는 가족을 떠나보낸 적이 있었니?
**Q.** 아빠가 엄마가 둘이거나 한 분만 있는 경우는 왜 그럴까?
**Q.** 새아빠, 새엄마 또는 새로운 동생이 생기면 어떤 마음이 들까?
**Q.** 가족간에 서로 같거나 다른 점은 무엇이니?
**Q.** 서로 같거나 다른 점이 있어도 가족은 왜 소중한걸까?
**Q.** 지은이는 가족이 왜 특별하다고 이야기할까?
**Q.** 너희들의 가족은 어떤 점이 특별하니?

## 가족 앨범 박음책 소개하고 생각 모으기

- 수업용 가족 앨범 박음책을 소개하고 만드는 방법과 무엇을 표현하는지 이야기 나눈다.

**Q.** 이 책은 책 속의 그림책과 어떤 점이 다르니?
**Q.** 8면 병풍책에 박음책을 어떻게 만들어 넣은 것일까?
**Q.** 병풍책 속의 박음책은 몇 면으로 구성되어 있니?
**Q.** 이 책의 이름은 무엇이라고 부를 수 있을까?

**Q.** 병풍책 속의 박음책을 이용하여 어떤 책을 만들 수 있을까?

**Q.** 병풍책 속의 박음책에 우리 가족에 대하여 소개하려면 어떤 이야기들을 적어야 할까?

**Q.** 우리가족을 소개할 때 알려주어야 할 것 또는 이야기하고 싶은 것은 무엇이니?

**Q.** 우리가족의 모습을 소개하려면 무엇을 사용하면 좋을까?

**Q.** 우리가족을 소개할 때 내가 모르는 내용은 어떻게 꾸미면 될까?

**Q.** 인터뷰는 어떻게 하는 것일까?

**Q.** 우리가족을 소개하는 책을 만들기 위하여 인터뷰할 때 필요한 것은 무엇일까?

**Q.** 인터뷰한 내용을 책 속의 우리가족 박음책에 담을 때 주의해야 할 점은 무엇일까?

- 가족 앨범 생각 모으기 · 9면 주제망 생각 모으기(CD-ROM) 활동지 중 원하는 활동지를 사용하여 주어진 내용에 따라 인터뷰 한 내용이나 생각한 것들을 간단히 표현한다.
- 주제가 정해지지 않은 가족 앨범 생각 모으기(CD-ROM) 활동지를 사용하여 가족에 따라 개별적으로 소개하고 싶은 내용을 자유롭게 정하여 활동하도록 할 수 있다.
- 어린이 스스로 인터뷰 내용을 받아 적기 어려운 경우 가족 스스로 생각 모으기 활동지에 이야기를 적도록 지도한다.

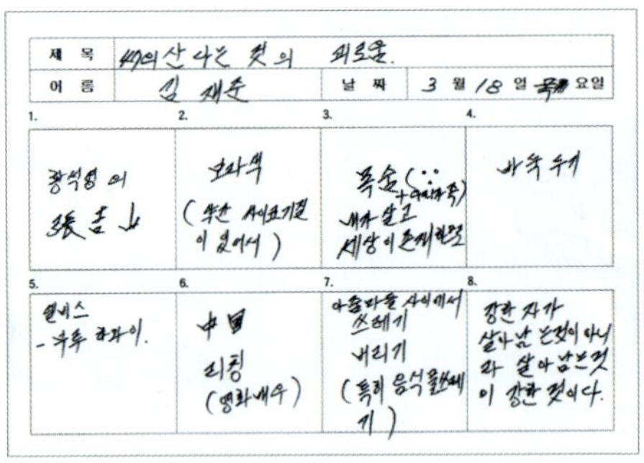
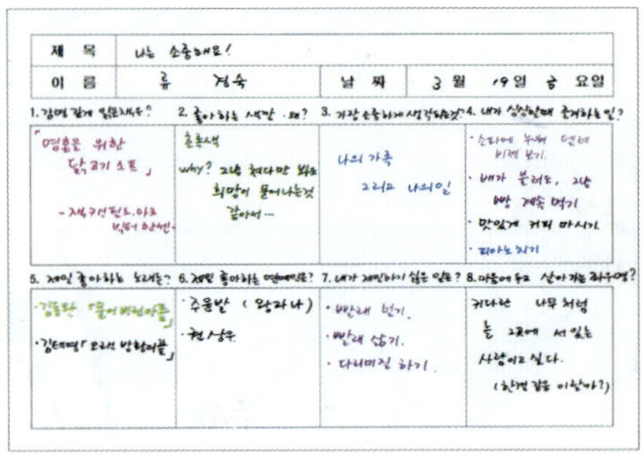
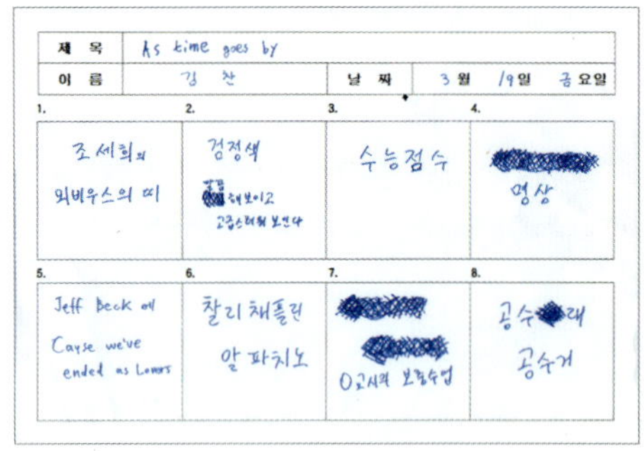
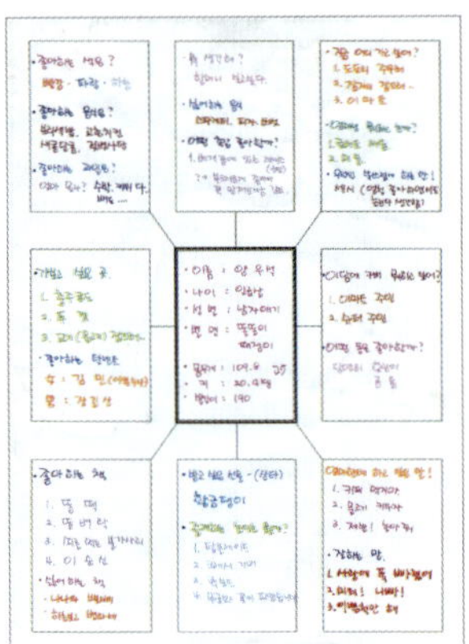
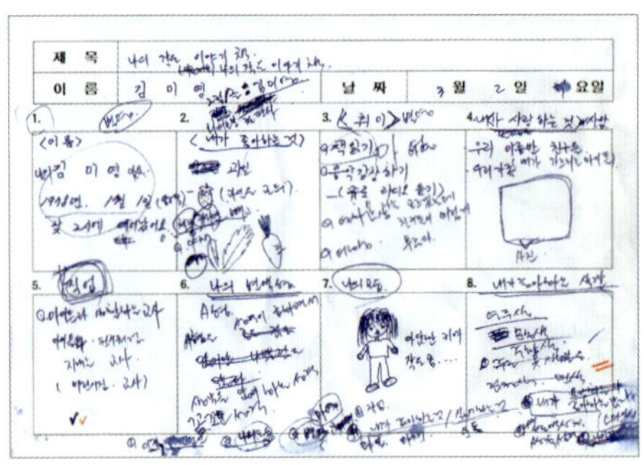
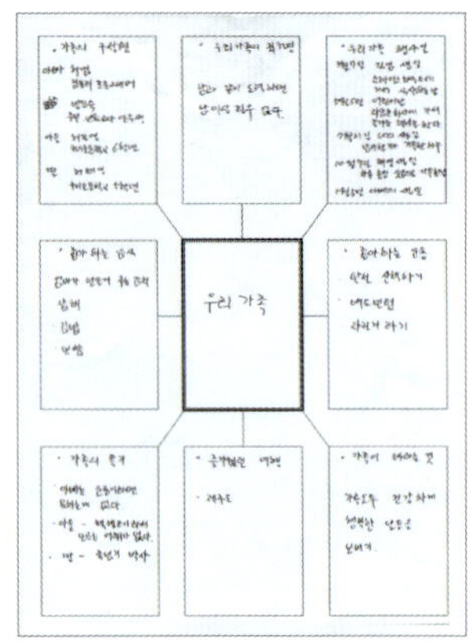

## 가족 앨범 박음책 만들기

① 8면 병풍 접기

- 표지 카드 1080㎜×195㎜를 지그재그로 접어서 4면 병풍책을 만든다.
- 4면 병풍책을 다시 지그재그로 접어서 8면 병풍책을 만든다.
- 가족 수가 2명이면 540㎜×195㎜ 크기의 카드를 지그재그로 접어서 4면 병풍책을 만들어 꾸민다.
- 가족 수가 3명이면 8면 병풍책의 2면을 잘라내어 6면 병풍책을 만들어 사용한다.
- 가족 수가 4명 이상인 경우 8면 병풍책에 필요한 면수의 병풍책을 덧붙여 만든다.
- 8면 병풍책을 이용한 가족 앨범 만들기 활동은 동시에 각자가 활동하기 어려우므로 2면 카드를 이용한 책 속의 책(156~161쪽 참고)을 만들어 제공하고 각자 완성하면 연결 카드를 이용하여 가족 앨범을 완성하도록 지도한다.
- 병풍책을 연결하여 면을 늘리는 방법은 52쪽을 참고한다.

② 박음책 카드 접기

- 박음책 카드 16매를 각각 절반으로 접어서 2면 카드를 만든다.
- 활동 내용이나 표현 방법에 따라 박음책 카드의 크기나 매수는 줄이거나 늘려서 만든다.

③ 8면 병풍책에 박음책 카드 끼우기(158쪽 참고)
- 반으로 접은 박음책 카드 16매를 각각 4매씩 차례로 끼운다.
- 반으로 접어 끼운 박음책 카드 4매를 8면 병풍책의 각각의 연결면에 맞추어 끼운다.
- 8면 병풍책 속의 박음책 카드가 움직이지 않도록 클립을 이용하여 고정시킨다.

④ 장철 박음쇠 사용하기(138쪽 참고)
- 4매씩 박음책 카드를 고정시킨 8면 병풍책이 위로 오도록 장철 박음쇠에 집어넣는다.
- 8면 병풍책의 1면과 2면 사이에 끼운 박음책 카드를 접은 선에 따라 중심 부분을 먼저 박고 위아래 부분을 각각 박는다.
- 위와 같은 방법으로 나머지 연결 면에 4매씩 박음책 카드를 끼우고 장철 박음쇠로 각각 박는다.
- 장철 박음쇠 사용에 어려움을 느끼는 경우 교사가 사용하는 과정을 관찰하도록 지도한다.

⑤ 앞표지 꾸미기
- 우리가족을 소개하는 그림책의 제목과 출판사 명으로 무엇이 적절할지 이야기 나눈다.
- 개별적으로 사용하는 출판사 명이 있는 경우 출판사 명을 따로 정하지 않는다.
- 앞표지에 가족사진을 붙이고 생각 모으기를 통해 지은 제목과 출판사 명, 함께 한 가족들의 이름을 적는다.

⑥ 병풍책 배경면 꾸미기
- 8면 병풍책에서 자신을 소개하는 본문의 배경 면을 다양한 장식 재료를 사용하여 원하는 내용과 방법으로 자유로이 꾸민다.

⑦ 우리가족 소개하기
- 가족 앨범 라벨 3621 · 3623(CD-ROM) 라벨을 각각의 면에 붙이고 주제에 따라 자신 또는 가족을 소개하는 이야기를 생각 모으기 활동지를 참고하여 담는다.
- 가족에 따라 개별적으로 소개하는 내용을 자유롭게 정한 경우 가족 앨범 라벨을 사용하지 않고 직접 소개하는 내용을 적는다.
- 이야기 외에 사진, 그림, 각종 장식 재료를 사용하여 각각의 면을 아름답게 꾸미도록 지도한다.
- 가족 앨범 책 만들기 활동은 부모 참여 수업 시 활용하거나 가정으로 활동 방법을 소개하는 안내문을 발송하고 가정에서 가족이 함께 참여하여 완성하도록 지도한다.

⑧ 뒷표지 꾸미기
- 뒷표지에 펴낸 날, 펴낸 이, 펴낸 곳, 가격, 전화번호, 주소 등을 적고 바코드를 오려 붙이거나 원하는 형태로 그리고 ISBN을 설정하여 판권면을 꾸민다.
- 가족이 함께 책을 만들거나 다른 가족의 이야기를 듣고 느낀 점을 적도록 할 수 있다.
- 판권면 라벨 3108 · 3114 · 3116(CD-ROM)을 Formtec Label 3108 · 3114 · 3116 라벨용지에 출력하여 제공하고 판권면 라벨을 사용하여 뒷표지를 꾸미도록 할 수 있다.

## 소개하기 · 감상하기
- 가족 앨범책을 완성하면 자신의 책을 다른 가족에게 소개한다.
- 가족이 함께 만들었거나 알아본 내용에 대하여 소개한다.
- 가족 소개책을 만들면서 알게 된 가족의 새로운 점과 느낀 점에 대하여 이야기 나눈다.
- 가족에 대하여 소개한 내용 중에 재미있거나 독특한 내용이 있는 책을 알아본다.
- 가족 앨범 박음책을 전체적으로 활용하거나 아름답게 꾸민 작품을 알아본다.
- 가족 앨범 박음책을 만들면서 어렵거나 힘들었던 점이 있었는지 이야기 나눈다.
- 책 속의 책을 이용하여 할 수 있는 새로운 활동에 대하여 알아본다.
- 교실의 한 공간을 마련하여 완성된 가족 앨범 박음책을 감상할 수 있도록 전시한다.

# Gallery

류경숙(2005). 우리 가족의 사랑이야기. 1080㎜×195㎜.

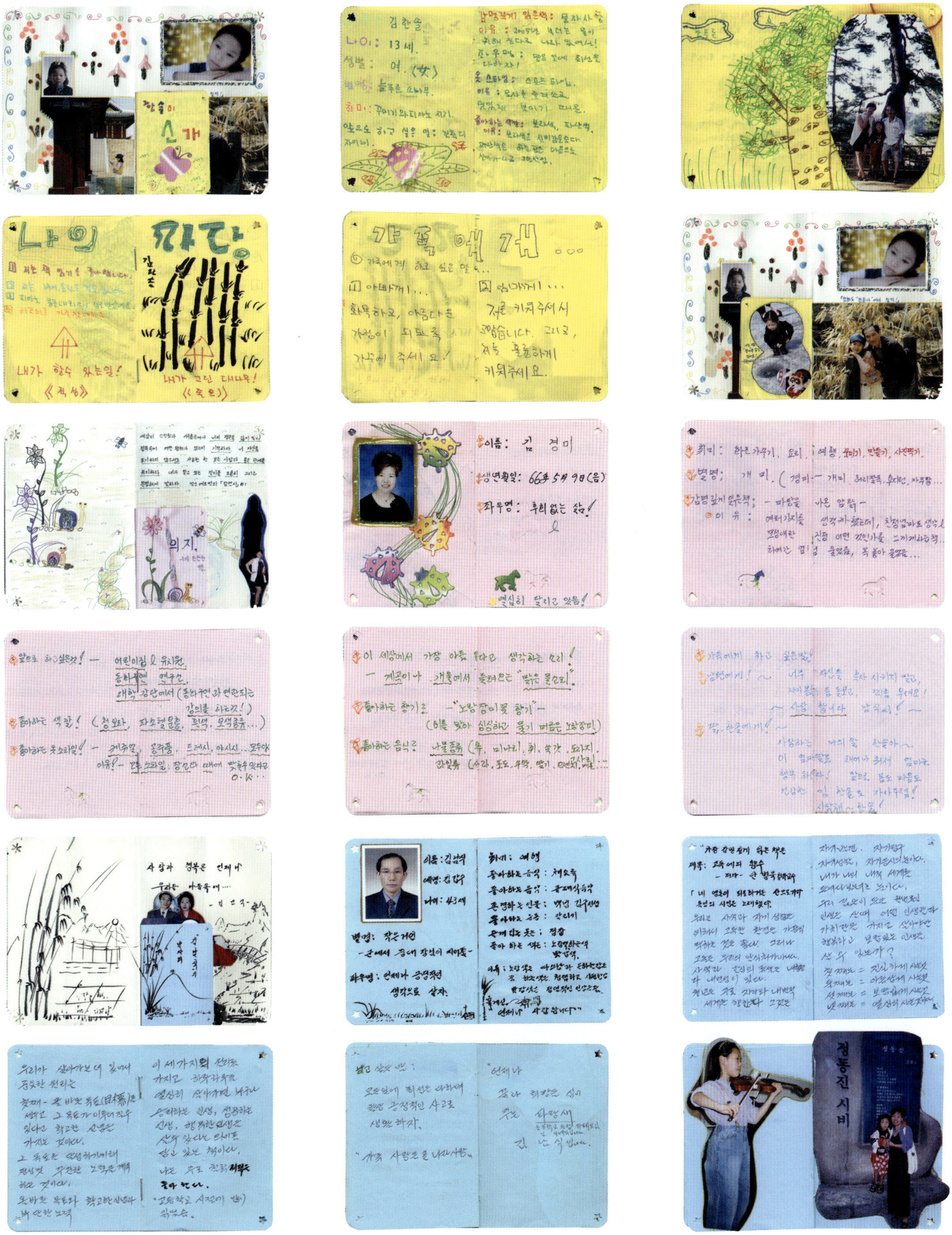


김경미(2005). 한솔이네 가족 소개. 810㎜×195㎜.

# 데칼코마니 수수께끼

쑥쑥이 어린이집 친구들(만 3세). 무엇일까요? 데칼코마니 수수께끼. 480㎜×240㎜.

## 활용도서

- 강혜숙(2006). 꼬리야? 꼬리야! SANG.

## 참고도서


- 고경숙(2005). 마법에 걸린 병. 재미마주.
- 델핀 그랭베르그(2006). 꼬마 과학자의 맛있는 실험1. 맛보기. 아이세움.
- 델핀 그랭베르그(2006). 꼬마 과학자의 맛있는 실험2. 그림자와 놀기. 아이세움.
- 델핀 그랭베르그(2006). 꼬마 과학자의 맛있는 실험3. 물놀이. 아이세움.
- 델핀 그랭베르그(2006). 꼬마 과학자의 맛있는 실험4. 굴리기. 아이세움.
- 믹 잉크펜(2006). 내가 술래야. 비룡소.
- 손정미(2004). 미술아, 놀자. 한울림.
- 에드 이브즈(2007). 누구 꼬리지(바다에서)? 대교출판.
- 에드 이브즈(2007). 누구 꼬리지(농장에서)? 대교출판.
- 에드 이브즈(2007). 누구 꼬리지(정글에서)? 대교출판.
- 에드 이브즈(2007). 누구 꼬리지(정원에서)? 대교출판.
- 이자벨 핀(2006). 비 오는 날의 동물원. 다다북스.
- 편집부(2006). 동글동글 모양. 애플비.
- 크리스티앙 기보(2007). 까르르 웃게 될 걸. 삐아제어린이.
- 크리스티앙 기보(2007). 깜짝 놀라게 될 걸. 삐아제어린이.
- 프란체스카 페리(2007). 까꿍! 나 누구게? 어린이작가정신.
- 프란체스카 페리(2007). 까꿍! 너 누구니? 어린이작가정신.
- 한태희(2002). 손바닥 놀이공원. 예림당.

## 생각 모으기

**Q.** 카드의 양 날개 너비를 다르게 접는 방식을 무엇이라고 할까요?

**A.**

**Q.** 테두리 접기를 이용하여 박음책의 양 날개 너비를 다르게 만들 수 있는 방법을 생각하고 적어보세요.

**A.**

**Q.** 테두리 접기를 이용하여 박음책을 만들 때 주의해야 할 점은 무엇일까요?

**A.**

**Q.** 테두리 접기 박음책을 이용하여 할 수 있는 조형 미술 활동과 문해 활동을 생각하고 적어보세요.

**A.**

**Q.** 테두리 접기 박음책의 각 날개 면을 활용하는 다양한 방식을 생각하고 적어보세요.

**A.**

## 자료 준비하기

- 수업용 데칼코마니 수수께끼 박음책을 제작한다.
- 박음책 카드 360㎜×240㎜ 7매, 그림 카드 220㎜×220㎜ 8매, 수수께끼 카드 150㎜×150㎜ 7매, 정답 카드 60㎜×40㎜ 7매를 준비한다.
- Formtec Label 3105 · 3626 라벨용지를 여러 매 준비한다.
- 날개 모양 본(120㎜×240㎜)을 마분지(500g) 또는 PP필름(400mic)을 이용하여 여러 매 제작한다.
- 판권면 라벨 3108 · 3114 · 3116(CD-ROM)을 Formtec Label 3108 · 3114 · 3116 라벨용지에 출력한다.

## 도구 준비하기

- 연필
- 색연필
- 사인펜
- 유성매직
- 유성펜
- 색종이
- 풀
- 가위
- 핑킹가위
- 모양 펀치
- 팬시 도장
- 팬시 스티커
- 팬시 라벨
- 장철 박음쇠
- 제침기
- 본폴더
- 물감
- 신문지
- 물걸레
- 비닐매트
- 전단지
- 건조대
- 이면지
- 복사용지
- 빠레트
- 휴지통
- 마분지(500g)
- 자
- P.P필름(500mic)
- 제본 테이프(20㎜ · 35㎜)
- 컬러 스탬프 패드

쑥쑥이 어린이집 친구들(만 4세). 손바닥 그림책. 520㎜×260㎜.

### 그림책 읽고 생각 모으기

- 그림책을 소개하고 이야기를 들려준다.
- 그림책의 이야기를 들려주고 책의 앞표지부터 한 장씩 넘겨가며 줄거리를 회상하고 이야기와 관련된 경험과 생각을 모은다.

**Q.** 이 그림책의 제목은 무엇이니?
**Q.** 누가 주인공이니?
**Q.** 아기 도마뱀이 왜 울고 있을까?
**Q.** 누가 아기 도마뱀의 꼬리를 가져갔니?
**Q.** 아기 도마뱀은 꼬리를 찾기 위해 어떻게 했니?
**Q.** 아기 도마뱀은 누구누구를 만났니?
**Q.** 자기 꼬리가 아닌 걸 어떻게 알았을까?
**Q.** 동물들을 만나는 동안 아기 도마뱀의 꼬리가 어떻게 변했니?
**Q.** 왜 아기 도마뱀의 꼬리가 점점 길어져 다시 생긴 것일까?
**Q.** 잘려진 꼬리가 다시 생기는 걸 무엇이라고 할까?
**Q.** 도마뱀처럼 몸의 일부가 없어져도 다시 생기는 동물에는 무엇이 있을까?
**Q.** 이 그림책은 다른 그림책과 어떤 점이 다르니?
**Q.** 왜 책의 일부분을 잘라냈을까?
**Q.** 동물의 꼬리 부분만 보고서 어떤 동물인지 알아 맞출 수 있었니?
**Q.** 꼬리 부분만 보고서 알아맞히기 어려운 동물은 무엇이었니?
**Q.** 어떤 동물의 꼬리가 마음에 들었니?
**Q.** 내가 동물로 변한다면 어떤 동물의 꼬리를 갖고 싶니?
**Q.** 왜 그 동물의 꼬리를 갖고 싶니?

### 데칼코마니 수수께끼 박음책 소개하고 생각 모으기

- 수업용 데칼코마니 수수께끼 박음책을 소개하고 만드는 방법과 활동 과정에 대하여 알아본다.
- 그림의 반쪽을 관찰하고 교사가 이야기하는 수수께끼의 답이 무엇인지 생각하고 이야기 나눈다.

**Q.** 이 책은 그동안 만들었던 박음책과 어떤 점이 다르니?
**Q.** 카드를 어떻게 접어서 박으면 반쪽 날개가 만들어질까?
**Q.** 이렇게 접는 방법을 무슨 접기라고 할까?
**Q.** 테두리 접기 카드를 어떻게 끼우면 날개의 좁은 면과 넓은 면이 지그재그로 나타나게 만들어질까?
**Q.** 테두리 접기로 만든 박음책은 무엇이라고 이름 지을 수 있을까?
**Q.** 왜 테두리 접기 박음책으로 어떤 활동을 할 수 있을까?
**Q.** 테두리 접기 박음책으로 그림의 일부분이나 반쪽만 나타나게 하려면 어떻게 사용해야 할까?
**Q.** 그림의 반쪽만 보고서 무엇을 표현한 것인지 어떻게 알아 맞출 수 있을까?
**Q.** 어떻게 하면 그림의 양쪽 면이 똑같아 지도록 나타낼 수 있을까?
**Q.** 카드의 한 쪽 면에 물감을 묻히고 절반으로 접어서 양면에 같은 형태가 나타나도록 하는 활동을 무엇이라고 할까?
**Q.** 데칼코마니 활동에 어울리는 동물이나 모양에는 무엇이 있을까?
**Q.** 데칼코마니 활동을 할 때 어떤 점을 주의해야 할까?
**Q.** 테두리 접기 박음책의 어느 면에 수수께끼를 적어야 할까?
**Q.** 데칼코마니 작품의 제목은 어느 면에 적어주면 좋을까?
**Q.** 이 책을 만들 때 주의해야 할 점은 무엇일까?
**Q.** 이 책의 이름은 무엇이라고 부를 수 있을까?

### 데칼코마니 수수께끼 박음책 만들기

① 날개 모양 본 만들기

- 마분지(500g) 또는 P · P필름(500mic)을 120㎜×240㎜ 크기로 활동에 참여하는 어린이들의 인원에 맞추어 여러 매 제작한다.

② 박음책 카드 테두리 접기

- 360㎜×240㎜ 크기의 박음책 접기 카드 한쪽 면에 제작한 날개 모양 본을 올려놓는다.
- 모양 본의 테두리 선을 따라 연필 또는 본 폴더로 선을 긋고 그어진 선을 따라 접도록 지도한다.
- 활동 유형에 따라 박음책 카드, 표지 카드, 그림 카드, 수수께끼 카드는 제시된 크기보다 작거나 큰 크기의 카드를 사용하여 만든다.

**❷-1 박음책 카드 한 면에 날개 모양 본을 올려놓고 테두리 선을 따라 긋는다.**
**❷-2 그어진 선을 따라 카드를 접어 날개를 만든다(테두리 접기).**

③ 테두리 접기 카드 끼우기

- 테두리 접기 카드 1매를 반쪽 날개 부분이 앞으로 오도록 놓는다.
- 반쪽 날개가 보이는 테두리 접기 카드 중심선에 맞추어 반대로 테두리 접기 카드의 반쪽 날개 부분이 뒤로 가고 넓은 면이 앞으로 오도록 끼운다.
- 위와 같은 방법으로 나머지 4매의 세 번째 테두리 접기를 반쪽 날개 부분이 좌우 지그재그로 오도록 중심선에 맞추어 차례로 끼운다.

**❸-1 테두리 접기 카드 중심선에 맞추어 다른 한 장의 테두리 접기 카드를 반대 방향으로 끼운다.**

**❸-2 두 장의 엇갈려 끼운 테두리 접기 카드 속에 다시 반대 방향으로 다른 한 장의 테두리 접기 카드를 끼운다.**

**❸-3 같은 방법으로 나머지 테두리 접기카드를 차례로 지그재그로 중심선에 맞추어 끼운다.**

④ 장철 박음쇠 사용하기(138쪽 참고)

- 지그재그로 엇갈려 끼운 날개 박음책의 위아래 면을 클립으로 고정시킨다.
- 책의 너비에 맞추어 장철 박음쇠의 고정대를 맞춘다.
- 반으로 접은 책을 펼쳐 고정대에 닿도록 밀어 넣고 중심 부분을 먼저 박는다.
- 책의 위아래 부분을 위와 같은 방법으로 박고 다시 각각의 박음침 중심 부분을 박는다.
- 박음 카드의 매수에 따라 박는 부분은 3~5 부분을 박는다.
- 박음쇠 사용에 어려움을 느끼는 경우 교사가 장철 박음쇠를 사용하는 과정을 관찰하도록 지도한다.
- 어린이 스스로 날개 박음책을 만들기 어려워하는 경우 날개 박음책을 제작하여 제공한다.

⑤ 앞표지 꾸미기

- 데칼코마니 수수께끼 그림책에 붙일 수 있는 다양한 제목을 생각하도록 격려한다.
- 수수께끼 그림책을 만드는 출판사 명으로 무엇이 적절할지 이야기 나눈다.
- 개별적으로 사용하는 출판사 명이 있는 경우 출판사 명을 따로 정하지 않는다.
- 그림 카드에 생각 모으기를 통해 지은 제목과 출판사 명을 적고 지은이와 앞표지 그림 등을 담는다.
- 완성한 앞표지 카드를 날개 박음책의 첫 번째 날개 앞면에 풀칠하여 붙인다.

■ 앞표지 카드를 붙일 때 카드 뒷면의 오른쪽 부분에 절반만 풀칠하고 테두리 카드의 위아래 면과 왼쪽 면의 여백이 각각 1㎝가 되도록 남겨놓고 붙이도록 지도한다.
■ 여러 명의 어린이가 참여하여 함께 만드는 경우 앞표지는 수수께끼 활동을 완성한 후 제목과 출판사 명을 의논하여 마지막에 함께 꾸미도록 지도한다.

❹-1 테두리 접기 카드의 위아래 면을 클립으로 고정시킨다.
❹-2 고정대에 닿도록 책을 펼쳐 넣고 중심 위, 아래 부분을 각각 박는다.

⑥ 데칼코마니 작품 만들기
■ 그림 카드 6매를 각각 절반으로 접어서 2면 카드를 만든다.
■ 바닥에 신문지를 깔고 그 위에 2면 카드를 펼쳐 놓는다.
■ 반으로 접었다 펼친 카드의 한쪽 면에 다양한 색깔의 물감을 이용하여 원하는 형태로 물감을 짠다.
■ 어린 연령의 어린이들은 물감을 짤 때 양을 조절하기 어려우므로 붓이나 면봉에 물감을 묻혀 원하는 모양으로 그리거나 자유롭게 칠하도록 지도한다.
■ 물감을 짠 카드를 절반으로 덮고 그 위에 이면지 또는 복사용지를 덮은 후 전체적으로 골고루 밀어준다.
■ 덮은 종이를 걷어내고 카드를 펼쳐 건조대에 걸어서 말린다.
■ 데칼코마니 작품 카드는 물감이 완전히 마를 때까지 건조대에서 말리고 물감이 마르면 무거운 물건이나 두꺼운 책으로 하루 정도 눌러서 구김을 펼친다.
■ 어린이의 연령이나 발달 수준에 따락 그림 카드 6매를 한번에 데칼코마니 활동을 진행하기 보다는 2~3매씩 2~3회에 걸쳐 진행한다.

⑦ 테두리 접기 박음책에 데칼코마니 작품 카드 붙이기
■ 구김이 펼쳐진 데칼코마니 작품을 감상하고 연상되는 생각이나 사물에 대하여 이야기 나눈다.
■ 계획했던 모양과 작품 형태에 어떤 차이가 있는지 알아본다.
■ 작품에 대한 감상과 이야기 나누기가 끝나면 데칼코마니 작품 카드 뒷면에 풀칠한다.
■ 풀칠한 데칼코마니 작품 카드는 날개 너비가 넓은 테두리 카드 오른쪽 면인 7면, 11면, 15면, 19면, 23면, 27면의 중심에 맞추어 각각 붙인다.

⑧ 수수께끼 카드 만들기
■ 데칼코마니 작품을 감상하고 비슷한 사물이나 생각나는 것에 대하여 이야기 나눈 것을 알아본다.
■ 수수께끼 카드 또는 Formtec Label 3626 라벨에 데칼코마니 작품을 감상하고 떠오른 생각이나 비슷한 사물에 대한 수수께끼를 적는다.
■ 수수께끼를 적은 라벨이나 카드 뒷면에 풀칠하고 테두리 접기 박음책의 날개 너비가 넓은 테두리 카드 오른쪽 면인 4면, 8면, 12면, 16면, 20면, 24면 중앙 부분에 각각 붙인다.

⑨ 제목 또는 정답 쓰기
■ 제목 라벨 Formtec Label 3105에 작품의 제목 또는 정답을 적는다.
■ 데칼코마니 작품 카드를 붙인 면을 펼쳐 반쪽 날개 면 상단 또는 하단에 제목 라벨을 붙인다.
■ 나머지 면의 수수께끼 제목을 위와 같은 방법으로 차례로 만들어 붙인다.
■ 제목 라벨 Formtec Label 3105를 사용하지 않고 제목 카드를 사용하여 꾸미도록 할 수 있다.

⑩ 헌정사 꾸미기

■ 헌정사 카드에 자신이 만든 책을 선물하고 싶은 사람의 이름을 적고 뒷면에 풀칠하여 테두리 접기 박음책의 3면에 붙인다.
■ 헌정사 라벨 Formtec Label 3105 · 3114 · 3116(CD-ROM)을 사용하여 꾸미도록 할 수 있다.
■ 헌정사를 담지 않는 경우 손바닥에 물감을 묻혀 손도장을 찍고 이름을 적도록 하거나 책을 만들고 난 소감이나 느낌을 적도록 지도한다.

⑪ 뒷표지 꾸미기

■ 표지 카드에 펴낸 날, 펴낸 이, 펴낸 곳, 가격, 전화번호, 주소 등을 적고 바코드를 오려 붙이거나 원하는 형태로 그리고 ISBN을 설정하여 판권면을 꾸민다.
■ 판권면 카드 뒷면에 풀칠하여 테두리 접기 박음책의 2면 또는 뒷표지에 붙인다.
■ 테두리 접기 박음책 2면에 판권면을 꾸민 경우 뒷표지에는 뒷표지 그림을 그리고 광고 문구나 활동 내용을 적도록 지도한다.
■ 판권면 라벨 3108 · 3114 · 3116(CD-ROM)을 Formtec Label 3108 · 3114 · 3116 라벨용지에 출력하여 제공하고 판권면 라벨을 사용하여 뒷표지를 꾸미도록 할 수 있다.

❺ 앞면 테두리 접기 날개에 앞표지 카드 붙이기
⓫ 뒷면에 바코드(또는 판권면) 꾸미기

❼ 7면에 데칼코마니 작품 카드 붙이기
❾ 6면 테두리 접기 날개에 제목 또는 정답 카드 붙이기

❽ 4면에 수수께끼 카드 붙이기

❿ 3면에 헌정사 카드 붙이기
⓫ 2면 테두리 접기 날개에 뒷표지 카드(판권면) 붙이기

## 소개하기 · 감상하기

■ 날개로 가린 절반의 데칼코마니 작품을 소개하고 수수께끼를 내고 알아 맞춰본다.
■ 데칼코마니 작품에 어울리는 수수께끼를 만든 작품을 알아본다.
■ 수수께끼가 재미있거나 독특한 작품을 알아본다.
■ 수수께끼를 알아맞히기 어려운 작품을 알아본다.
■ 데칼코마니 작품이 서로 비슷한 작품을 알아본다.
■ 데칼코마니 작품이 독특하거나 아름다운 작품을 알아본다.
■ 데칼코마니 활동으로 만들 수 있는 새로운 형태의 책 만들기 방법에 대하여 알아본다.
■ 데칼코마니 수수께끼 박음책을 만들면서 어렵거나 힘들었던 점이 있었는지 이야기 나눈다.
■ 테두리 접기 박음책을 이용하여 할 수 있는 새로운 활동에 대하여 알아본다.
■ 교실의 한 공간을 마련하여 완성된 데칼코마니 수수께끼 박음책을 서로 감상할 수 있도록 전시한다.

# Gallery

쑥쑥이 어린이집 친구들: 김재희 · 권혁민 · 이유진 · 여승엽
유승원 · 황태랑 · 나지원 · 전 진(만 3세).
무엇일까요? 240㎜×240㎜.

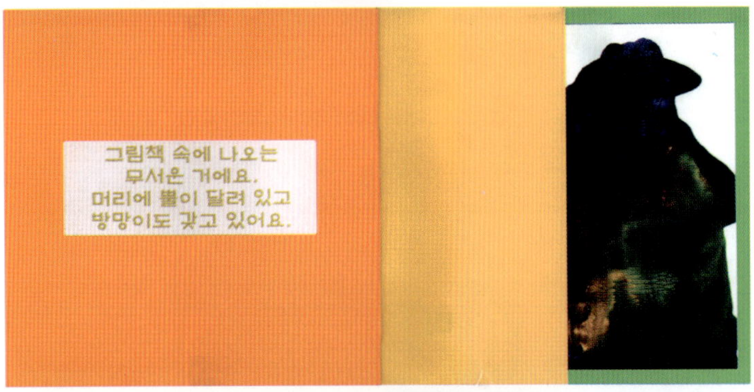

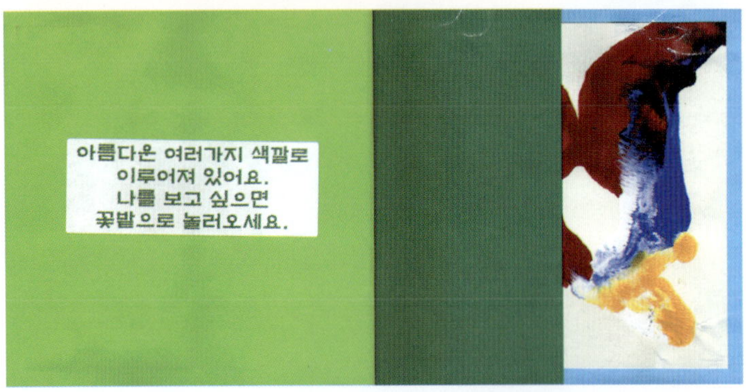

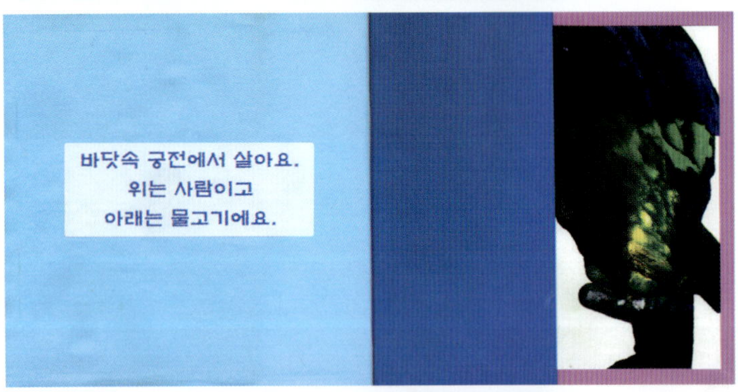

박은 날 2006년 10월 초판 인쇄
펴낸 날 2006년 10월 초판 인쇄
펴낸 이 최 소 경
펴낸 곳 WOWPLAY
서울특별시 성동구 성수2가 1동 328-8번지 201호
전 화 02. 2205. 4993
팩 스 02. 2205. 4999
홈페이지 http://www.wowplay.org
E-mail wowplay@wowplay.org
ISBN 89-1004-716-X
정 가 50,000원
아름다운 생각 주머니를 지닌
쑥쑥 크는 어린이집
김재희 · 권혁민 · 이요진 · 여승엽
유승원 · 황태랑 · 나지원 · 전 진
어린이들에게

생쥐와 아기생쥐
유 승 원

꼬리가 길어요.
레오 리오니 아저씨의
그림책에 나와요.
엄마와 아기에요.

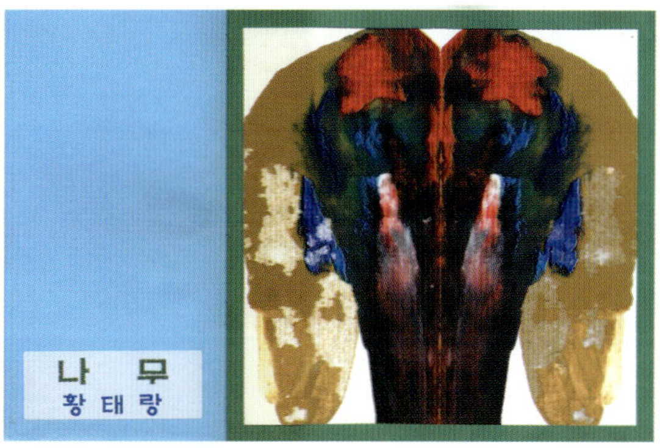
나 무
황 태 랑

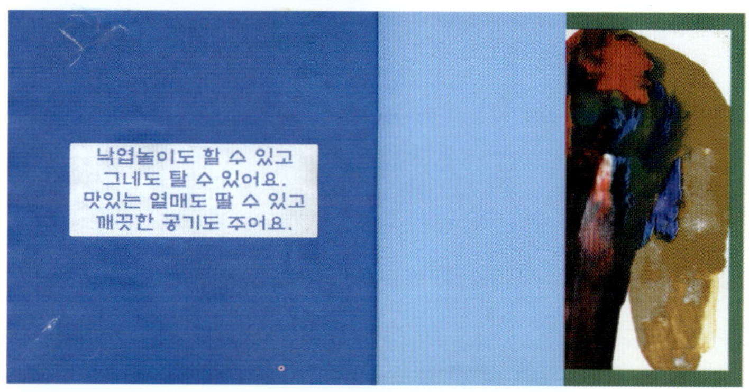
낙엽놀이도 할 수 있고
그네도 탈 수 있어요.
맛있는 열매도 딸 수 있고
깨끗한 공기도 주어요.

잠자리
나 지 원

가을에 볼 수 있어요.
길고 가벼운 날개로
붕붕 날아다녀요.
고추를 닮은 것도 있어요.

비행기
전 진

몸이 크고 날개는 길어요.
바퀴는 내 키보다 더 커요.
많은 사람들을 싣고 아주
먼 곳까지 갈 수 있어요.

# Gallery

쑥쑥이 어린이집 친구들(만 4세). 손바닥 그림책. 260㎜×260㎜.

김가은
여왕 물고기

김가은
예쁜 공작새

손성민
꽃나무와 개미세상

손성민
상어랑 거북이가
싸우고 있어요.

김광욱
꽃에 나비가 날아와
꿀을 따 먹고 있어요.

김광욱
엄마 닭이
알을 낳았어요.

나종원
태양 요정새

나종원
비행기가 꽃나무에
부딪혔어요.

이승원
엄마와 아기 꽃게

이승원
손바닥 독수리

# 노래하는 계단책 Ⅱ

Rainbow Note Ⅰ. 2006. 130㎜×185㎜ · Rainbow Note Ⅱ. 2006. 355㎜×125㎜.
Rainbow Note Ⅲ. 2006. 185㎜×130㎜ · Rainbow Note Ⅳ. 2006. 185㎜×50㎜ · Rainbow Note Ⅴ. 2006. 185㎜×100㎜.

## 활용도서

- 에릭 칼(2005). 배고픈 애벌레. 몬테소리CM.

## 참고도서

- 기도 반 게네흐텐(2004). 꼭꼭 숨어라. 한울림.
- 낸시 엘리자베스 월리스(2006). 씨! 씨! 씨! 가문비어린이.
- 루시 믹클레스웨이트(2006). 숫자를 찾아라. 베틀북.
- 에릭 칼(2005). 투명스러운 무당벌레. CM베이비.
- 에릭 칼(2005). 오늘은 월요일. 몬테소리CM.
- 편집부(1994). 한국전래동요의 통합적 활용을 위한 작은 책 6 숫자풀이. 새세대육영회.
- 편집부(1995). 한국전래동요의 통합적 활용을 위한 작은 책 2-1 어디까지 왔나. 새세대육영회.
- 편집부(2003). 엄마랑 함께하는 동시 그림책 1, 2, 3, 4. 새세대육영회.

## 생각 모으기

**Q.** 장철 박음쇠를 이용하여 계단책을 만들 수 있는 방법을 생각하고 적어보세요.

**A.**

**Q.** 장철 박음쇠를 사용하여 계단책을 만들 때 주의해야 할 점을 생각하고 적어보세요.

**A.**

**Q.** 계단책을 이용하여 할 수 있는 수학 활동을 생각하고 적어보세요.

**A.**

**Q.** 계단책의 계단을 변형할 수 있는 방법을 생각하고 적어보세요.

**A.**

## 자료 준비하기

- 수업용 노래하는 계단책 Ⅱ 을 제작한다.
- 계단 카드 A4 크기를 색깔별로 1매씩 4~6장 준비한다.
- 노래하는 계단책 생각 모으기(CD-ROM)을 A4 복사용지에 출력한다.
- 계단 카드 맞춤선 활동지1 · 2(CD-ROM)를 A4 복사용지에 출력한다.
- 판권면 라벨 3108 · 3114 · 3116(CD-ROM)을 Formtec Label 3108 · 3114 · 3116 라벨용지에 출력한다.

## 도구 준비하기

- 연필
- 색연필
- 사인펜
- 유성매직
- 유성펜
- 색종이
- 풀
- 가위
- 핑킹가위
- 장철 박음쇠
- 제침기
- 모양 펀치
- 팬시 도장
- 팬시 스티커
- 팬시 라벨
- 클립
- 제본 테이프(25㎜ · 35㎜)
- 컬러 스탬프 패드

작자 미상(만 5세). 식물이 자라는 소리를 들어보세요. 95㎜×215㎜.
심규호(만 5세). 졸업여행. 120㎜×220㎜.
이지영(만 5세). 숫자풀이. 210㎜×215㎜.
박유진(만 8세). 내가 만약 엄마가 된다면. 135㎜×265㎜.

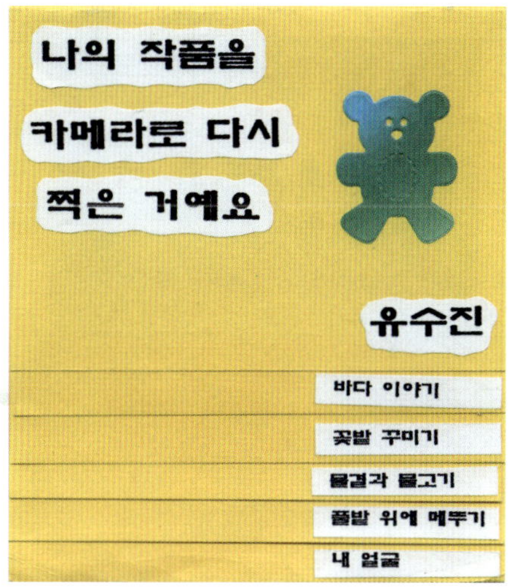


유수진(만 5세). 나의 작품. 145㎜×165㎜.



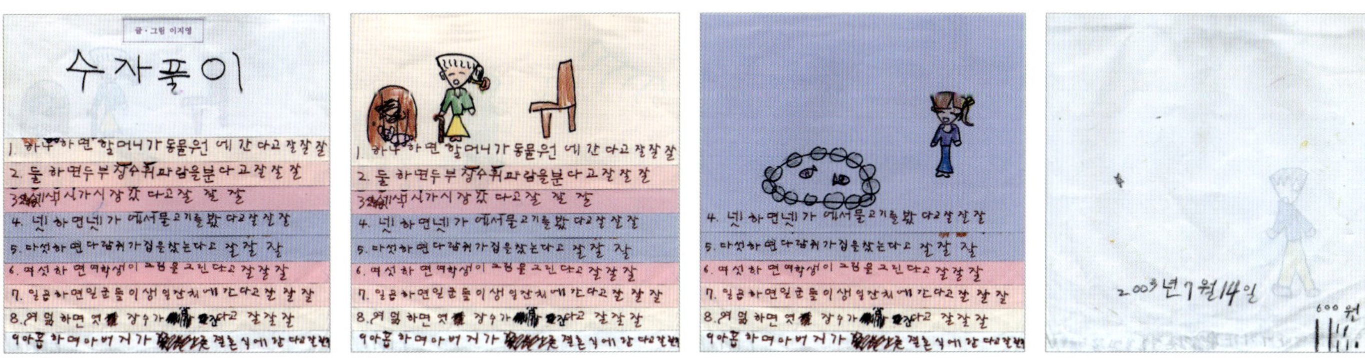


## 그림책 읽고 생각 모으기

- 그림책을 소개하고 이야기를 들려준다.
- 그림책의 이야기를 들려주고 앞표지부터 한 장씩 넘겨가며 줄거리와 관련된 경험과 생각에 대하여 이야기 나눈다.

**Q.** 이 책의 제목은 무엇이니?

**Q.** 달님은 이파리 위에 무엇이 있는 무엇을 보았니?

**Q.** 따뜻한 일요일 아침에 알에게 어떤 변화가 생겼니?

**Q.** 알에서 깨어난 애벌레는 무엇을 했니?

**Q.** 애벌레는 월요일에 무엇을 찾아서 몇 개 먹었니?

**Q.** 애벌레는 화요일에 무엇을 찾아서 몇 개 먹었니?
**Q.** 애벌레는 수요일에 무엇을 찾아서 몇 개 먹었니?
**Q.** 애벌레는 목요일에 무엇을 찾아서 몇 개 먹었니?
**Q.** 애벌레는 금요일에 무엇을 찾아서 몇 개 먹었니?
**Q.** 애벌레는 토요일에 무엇을 먹었니?
**Q.** 토요일 밤 애벌레는 왜 배가 아파서 울었을까?
**Q.** 다시 일요일이 되었을 때 애벌레는 무엇을 먹었니?
**Q.** 애벌레에게 어떤 변화가 일어났니?
**Q.** 애벌레는 번데기가 되어 무엇을 했니?
**Q.** 번데기 껍질을 벗고 나온 애벌레는 무엇으로 변했니?
**Q.** 나비가 되기까지 어떤 과정을 거쳤니?
**Q.** 내가 나비가 된다면 어떤 날개를 갖고 싶니?
**Q.** 나비가 되어 무엇을 하고 싶니?
**Q.** 지은이는 이 책을 누구에게 바친다고 했니?
**Q.** 왜 여동생에게 이 그림책을 바친다고 했을까?
**Q.** 너희가 만든 그림책은 누구에게 주고 싶니?
**Q.** 왜 그 사람에게 주고 싶니?

- 활용도서 외에 시간의 흐름 또는 상황의 변화 등에 따라 크기가 점점 커지거나 길이가 점점 길어지거나 양이 점점 많아지는 것들에 관한 그림책을 선정하여 활동하거나 일주일, 숫자(1~10), 나이 등의 주제에 따라 이야기 나누기를 진행한다.

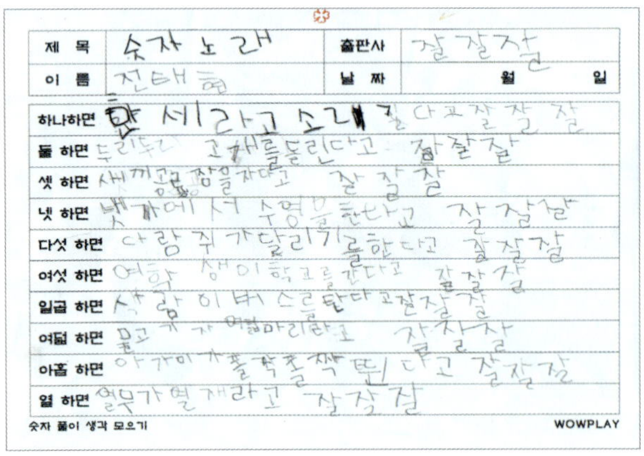


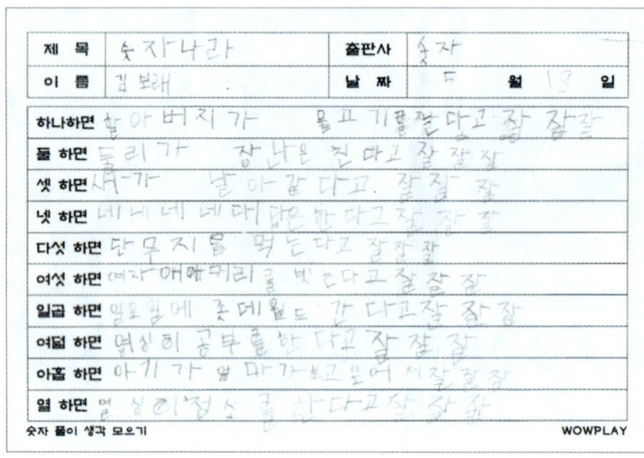


## 노래하는 계단책 II 소개하고 생각 모으기

- 수업용 노래하는 계단책 II 을 소개하고 만드는 방법과 무엇을 표현하는지 이야기 나눈다.

**Q.** 노래하는 계단책 I 과 어떤 점이 다르니?
**Q.** 어떻게 계단 모양의 책을 만들었을까?
**Q.** 이 책의 이름은 무엇이라고 부를 수 있을까?
**Q.** 왜 계단 모양의 책을 만들었을까?
**Q.** 몇 개의 계단이 만들어져 있니?
**Q.** 몇 개의 이야기를 담을 수 있을까?
**Q.** 계단책의 1, 2, 3, 4, 5, 6, 7면의 차이점은 무엇일까?
**Q.** 계단책의 면이 점점 커지는 이유는 무엇일까?
**Q.** 7면 계단책에 어떤 이야기를 담을 수 있을까?
**Q.** 일요일부터 토요일까지 요일이 변함에 따라 점점 커지거나 많아지는 것은 무엇이 있을까?
**Q.** 알에서 깨어나 점점 커지고 변화하는 것에는 나비 외에 또 무엇이 있을까?
**Q.** 각 면에 담는 이야기 제목이나 주제는 어디에 적어야 할까?
**Q.** 계단책에 글과 그림을 어떻게 표현해야 아름다운 책이 될까?

**Q.** 내가 만든 계단책의 제목은 무엇이라고 짓고 싶니?

- 노래하는 계단책 생각 모으기(CD-ROM) 활동지에 일주일의 변화에 따라 만들 수 있는 주제를 생각하고 간단히 표현한다.
- 일주일에 따른 변화 외에 시간, 숫자, 나이 등의 주제로 활동하는 경우 계단책 생각 모으기 활동지는 각각의 주제에 따라 적합한 계단의 활동지를 출력하여 제공한다.

## 노래하는 계단책 II 만들기

① 계단 카드 맞추기

- 표현 내용에 따라 알맞은 높이의 계단 카드 맞춤선 활동지1 또는 2(CD-ROM)를 A4 복사용지에 출력한다.
- 계단 카드 맞춤선 활동지 위에 계단 카드 4매를 줄 간격에 맞추어 차례로 포개어 계단 모양을 만든다.
- 계단 카드는 활용도서 또는 활동 내용에 따라 A4 크기의 카드를 길게 절반으로 잘라서 사용하거나 카드의 폭과 길이를 늘이거나 줄여서 만든다.

② 계단 카드 접기

- 계단 형태로 줄을 맞춘 4매의 카드를 한번에 집어 계단 카드 맞춤선 활동지(CD-ROM)의 5번 줄에 맞추어 아래로 접어 내린다.

③ 장철 박음쇠 사용하기

- 접어 내린 계단 카드의 너비에 맞추어 장철 박음쇠의 고정대를 맞춘다.
- 접어 내린 계단 카드를 다시 펼쳐서 장철 박음쇠에 집어넣고 접은 선을 따라 중심 부분을 박는다.
- 중심 부분의 박음선에 맞추어 왼쪽과 오른쪽 부분을 각각 박는다.
- 장철 박음쇠 사용에 어려움을 느끼는 경우 교사가 박음쇠를 사용하는 과정을 관찰하도록 지도한다.

**❶-1 계단 카드 맞춤선 활동지의 1번 줄에 계단 카드 1매를 맞추어 올려놓는다.**
**❶-2 같은 방법으로 나머지 계단 카드를 줄에 맞추어 차례로 포개어 올린다.**

**❷ 포개어 놓은 계단 카드를 한 번에 집어 5번 줄에 맞추어 접어 내린다.**
**❸ 장철 박음쇠에 집어넣고 중심과 좌우 각 부분을 박는다.**

④ 앞표지 꾸미기

- 계단책에 붙일 수 있는 제목을 생각하도록 격려한다.
- 계단책을 만드는 출판사 명으로 무엇이 적절할지 이야기 나눈다.
- 개별적으로 사용하는 출판사 명이 있는 경우 출판사 명을 따로 정하지 않는다.
- 생각 모으기를 통해 지은 제목과 출판사 명을 적고 지은이와 앞표지 그림 등을 담는다.

⑤ 노래하는 계단책 꾸미기

- 그림책의 이야기를 생각하고 요일의 변화 또는 시간의 흐름에 따라 변화하는 것, 점점 커지는 것, 점점 많아지는 것 등에 대하여 생각하고 생각 모으기 활동지를 참고하여 계단 면에 글을 쓰고 계단 윗면에 그림을 그려 꾸민다.

⑥ 뒷표지 꾸미기

- 뒷표지에 펴낸 날, 펴낸 이, 펴낸 곳, 가격, 전화번호, 주소 등을 적고 바코드를 오려 붙이거나 원하는 형태로 그리고 ISBN을 설정하여 판권면을 꾸민다.
- 판권면 라벨 3108 · 3114 · 3116(CD-ROM)을 Formtec Label 3108 · 3114 · 3116 라벨용지에 출력하여 제공하고 판권면 라벨을 사용하여 뒷표지를 꾸미도록 할 수 있다.

## 소개하기 · 감상하기

- 요일 또는 시간의 흐름에 따라 변화하는 것으로 무엇을 생각하여 표현했는지 소개한다.
- 독특한 주제나 사물을 생각하여 표현한 작품을 알아본다.
- 변화 과정이나 상황을 정확하거나 아름답게 표현한 작품을 알아본다.
- 계단 면의 이야기가 재미있거나 시적인 작품을 알아본다.
- 계단책의 본문 면을 전체적으로 아름답게 활용한 작품을 알아본다.
- 노래하는 계단책Ⅱ을 만들면서 어렵거나 힘들었던 점이 있었는지 이야기 나눈다.
- 계단책Ⅱ을 이용하여 할 수 있는 새로운 활동에 대하여 알아본다.
- 교실의 한 공간을 마련하여 완성된 노래하는 계단책Ⅱ을 서로 감상할 수 있도록 전시한다.

# Gallery

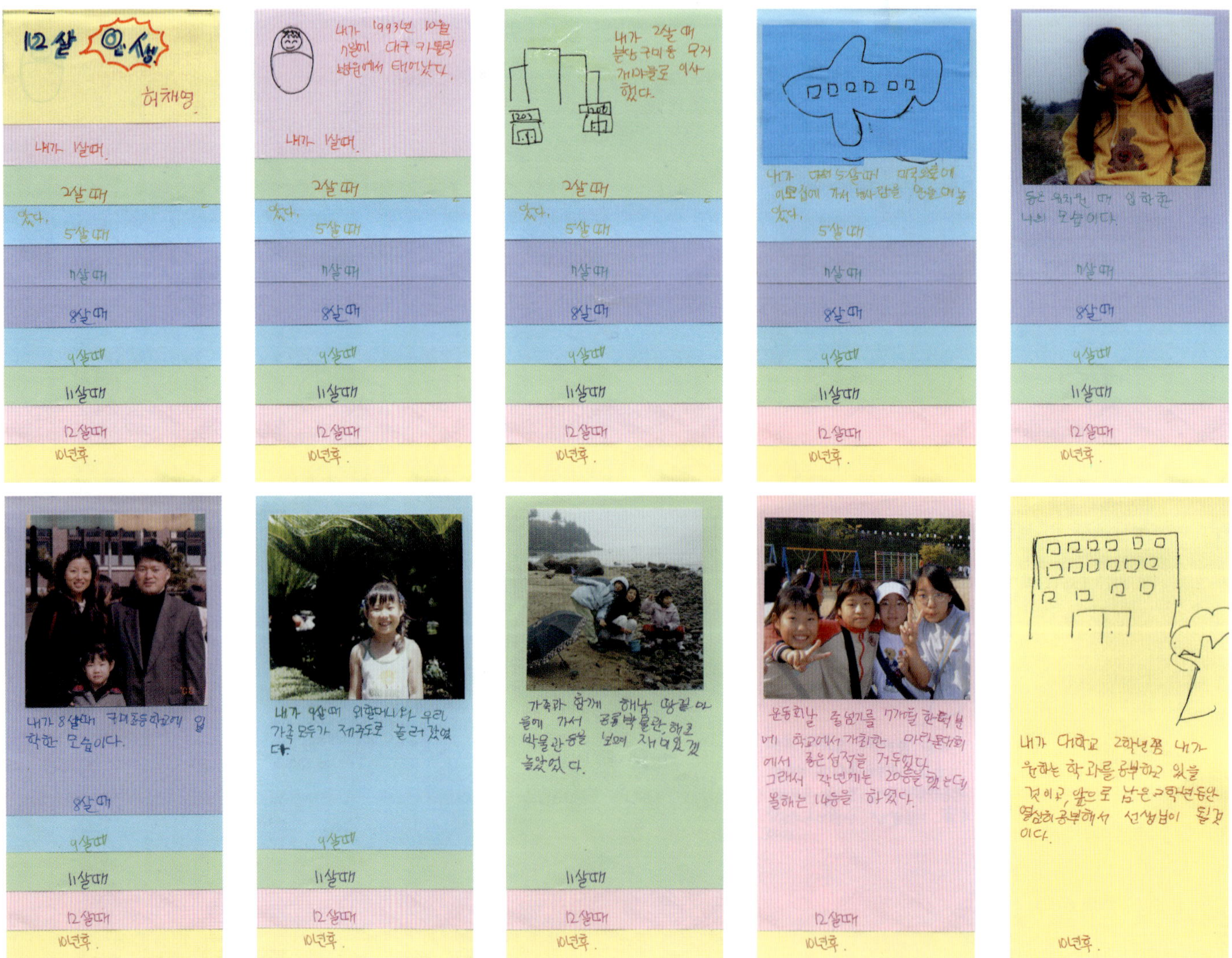


**허채영(만 10세). 12살 인생. 110㎜×240㎜.**

심규호(만 5세). 졸업여행. 120㎜×220㎜.

# Gallery

작자 미상(만 5세). 식물이 자라는 소리를 들어보세요. 95㎜×215㎜.

박유진(만 6세). 내가 만약 엄마가 된다면. 135㎜×265㎜.

# 부 록

# 참고문헌


최유경(2005). 책 만들기를 통한 창의적 언어교육 I : For Cards, Accordion Books & Flag Books. 서울: WOWPLAY.
최유경(2006). 책 만들기를 통한 창의적 언어교육 II : For Fold, Cut, Ox-flow, Flip & Flap Books. 서울: WOWPLAY.
최유경(2006). 책 만들기를 통한 창의적 언어교육 III : For Pop-up & Objet Books. 서울: WOWPLAY.
A' Court, A., Elliot, M. & Jackson, P. (2000). The Art and Craft of Paper. London: Southwater.
Aimone, K. D. (2007). The Adventurous Scrapbooker: Creating Wonderful Scrapbooks from Almost Anything. New York: Sterling Publishing.
Aitman, J. (2005). Making Christmas Scrapbooks. Independent Publishing Group.
Arquette, L. & Zocchi, A. (2007). The Kodak Book of Fast & Easy Scrapbook Pages. New York: Sterling Publishing.
Astroth, S. (2004). Fast, Fun & Easy Scrapbook Quilts: Create a Keepsake for Every Memory. St Martins Press.
Attenborough, S. (2001). The Card Book. London: Dorling Kindersley Book.
Avella, N. (2003). Paper Engineering. Mies: Rotovision.
Avella, N. (2006). Paper Engineering: 3D Techniques for a 2D Material. Mies: Rotovision.
Baskett, M. (2002). Creative Paper Folding. New York: Sterling Publishing.
Beech, R. (2002). Practical Origami: A Step-by-Step Guide to The Ancient Art of Paper Folding. London: Hermes House.
Best, L. (2007). Scrapbooking Your Family History. New York: Sterling Publishing.
Birmingham, D. (1998). Cut-and-Make Pop-up Cards. New York: Dover Publications.
Bliss. H. (1998). Paper. Crabtree Publishing.
Boehme, R. (2001). 10-Minute Scrapbook Pages: Hundreds of Easy, Innovative Designs. New York: Sterling Publishing.
Boerens, T. (2005). Scrapbook Collage: The Art of Layering Translucent Materials. Massachusetts: Rockport.
Bolton, V. (2002). The Big Book of Greeting Cards: Over 40 Step-by-Step Projects. Ohio: North Light Books.
Bourassa, B. (2006). Beyond Scrapbooks: Using Your Scrapbook Supplies to Make Beautiful Cards, Gifts, Books, Journals, Home Decorations, and More! Massachusetts: Rockport.
Browning, M. (2001). New Paper Crafts. New York: Sterling Publishing.
Browning, M. (2002). Hand Decorating Paper. New York: Sterling Publishing.
Browning, M. (2007). Paper Crafts Workshop: Traditional Card Techniques. New York: Sterling Publishing.
Comfort, C. H. (1991). The Newbery and Caldecott Books in The Classroom. Incentive Publishing.
Chatani, M. (1988). Paper Magic: Pop-up Paper Craft. Tokyo: Ondorisha Publishers.
Corba, A. (2004). Vintage Paper Crafts. New York: Sterling Publishing.
Crane, A. L. & Shreere, C. M. (2005). Scrapbook Styles: Celebrate Your Stories. St Martins Press.
Crawford, M. (1991). Handmade Greeting Cards. New York: Sterling Publishing.
Croninger, S. (2006). Treasure of Tips & Tricks. Leisure Arts.
Crosland, S. (2007). The Ultimate Cardmaker: 180 Card Idears and 20 Essential Techniques. Ohio: David & Charles Book.
Diaz. J. & Carter, D. A. (2004). Let' s Make It Pop-up. New York: Little Simon.
Diehn, G. (1998). Making Books That Fly, Fold, Wrap, Hide, Pop up, Twist and Turn. New York: Lark Books.
Diehn, G. (2005). The Decorated Journal: Creating Beautifully Expressive Journal Pages. New York: Lark Books.
Eaton, F. (2002). The Complete Book of Paper crafts: 26 Step-by-Step Projects Made from Paper. Ohio: David & Charles Book.
Foose, S. L. (2001). The Card Shop: A Dazzling Collection of Handmade Paper Greetings. Illinois: Contemporary Books.
Foose, S. L. (2003). Paper for All Seasons: Projects and Presents to Make Through Year. New York: Watson-Guptill Publications.
Fox, G. (2000). The Essential Guide to Making Handmade Books. Ohio: North Light Books.
Genovese, S. (2000). Creative Greeting Cards. New York: Sterling Publishing.
Genovese, S. (2004). Sandi Genovese' s Three-Demensional Scrapbooks: Tricks for Adding Texture and Style to Your Pages. Massachusetts: Rockport.
Giuliani, B. (2002). Wild and Domestic Animals CD-ROM and Book. New York: Dover Publications.
Golden, A. (1998). Creating Handmade Books. New York: Sterling Publishing.
Golden, A. (2001). Unique Handmade Books. New York: Sterling Publishing.
Golden, A. (2006). Expressive Handmade Books. New York: Sterling Publishing.
Greenberg, G. (1999). The Pop-up Book of Phobias. Harper Entertainment.
Gulley. P. (2005). The Christmas Scrapbook: A Harmony Story. Harpercollins.
Hill, N. M. (2004). It' s All About Cards & Tags. Little Rock: Nancy & Company.
Hiner, M. (1993). Up-Pops: Paper Engineering with Elastic Bands. Tarquin.
Hufford, D. (2005). Scrapbooking; Keep Your Special Memories. Capstone Press.
Irvine, J. & Reid, B. (2005). East-to-Make Pop ups. New York: Dover Publications.
Irwin, D. (2000). Handcrafted Cards: From Elegant to Whimsical 60 Distinctive Designs to Make. New York: Lark Books.
Ishaque, L. (2006). Creating Papercrafts: Stylish Ideas and Step-by-step Projects. London: Ryland Peters & Small.
Jacobs, M. (2005). Cards That Pop up, Flip & Slide. Ohio: North Light Books.

Jackson, P. (1991). The Encyclopedia of Origami & Papercraft. Headline Book.
Jackson, P. (1993). The Pop-up Book. New York: Owl Books
Jaworski-Stranc, S. (2003). Nature Cards. East Sussex: Apple Press.
Johnson, P. (1992). Pop-up Paper Engineering. Falmer Press.
LaPlantz, S. (2001). The Art & Craft of Handmade Books. New York: Lark Books.
Laurence K. W. (2002). HOW TO FOLD. Amsterdam: The Pepin Press.
Lorenz, J. (2001). Paper Crafts. London: Lorenz Book.
Mason, J. (2005). Pockets, Pullouts, and Hiding Places: Interactive Elements for Altered Books, Memory Art, and Collage. Massachusetts: Quarry Books.
Maurer-Mathison, D. V. (2000). Art of the Scrapbook: A Guide to Handbinding and Decorating Memory Books, Album, and Art Journals. St Martins Press.
Mckenna, S. (2005). Eyelets For Scrapbooks. Independent Publishing Group.
McIvor, K. & Mason, S. (2007). Chalking & Stamping Techniques Using Scrapbooks. Independent Publishing Group.
Miller, J. (2005). Scrapbook Styles: Fabric & Florals. St Martins Press.
Moen, C. B. (1994). Better Than Book Reports. New York: Scholastic.
Nakazawa, K. (1995). Pop-up Best Greeting Cards. Japan Publications.
Nerius, M. G. (2004). Digital Scrapbooking: Using Your Computer to Create Exciting Scrapbook Pages. New York: Sterling Publishing.
Nicholson, S. (2005). Surprisingly Simple Novelty Cards. Newton Abbot: David & Charles.
Novelli, J. (1998). Using Calldecotts Across The Curriculum: Reading and Writing Mini-Lessons, Math and Science Spin-offs. Unique Art Activities and More. New York: Scholastic.
Parker, T. T. & Genovese, J. (2005). Sienna' s Scrapbook: Our African American Heritage Trip. Chronicle Books.
Radevsk, A. (2004). The Architecture Pop up Book. Universe.
Reimer-Epp, H. & Reimer, M. (2002). The Encyclopedia of Paper Making and Bookbinding: The Definitive Guide to Making, Embellishing and Repairing Paper and Books.
Richardson, C. (2001). Paper Details. London: Ryland Peters & Small.
Ripley-Duggan, E. (1988). Book Arts Collections: A Representative Selection. Haworth Press.
Ross, K. (2006). The Scrapbooker' s Idea Book. Lerner Publishing Group.
Ryst, M. (1999). Handmade Books and Albums. Globe Pequot Press.
Sabuda, R. C. (2006). Christmas Pop-up. Tokyo: Orchard Books.
Seymour, A. (2003). The Moon Book: A Lunar Pop-up Celebration. Rizzoli Universe Promotional Books.
Sherman, G. W. & Ammon, B. D. (2000). Handbook for The Newbery Medal and Honor Books, 1990-1999. Alleyside Press.
Stevens, C. (1996). Paper Craft School. New York: Reader' s Digest.
Stohs, A. R. (1998). Cut It! Fold It! Gule It!: Bible Story Paper Crafts. Concordia Publishing House.
Studley, V. (1977). The Art & Craft of Handmade Paper. New York: Dover Publishings.
Sutton, T. & Whelan, B. M. (2004). The Complete Color Harmony. Massachusetts: Rockport.
Thomas, P. & Thomas, D. (2004). More Making Books by Hand: Exploring Miniature Book, Alternative Structures, and Found Objects. Massachusetts: Quarry Books.
Tryon, L. (1997). How to Make Greeting Cards. Evan-Moor Educational Publisher.
Ure, S. (2006). Altered Book Scrapbook. New York: Sterling Publishing.
Valenta, B. (1997). Pop-O-Mania: How to Create Your Own Pop-ups. Colombia, S. A.: Dial Books.
Zocchi, A. (2007). The Scrapbooker' s Color Palette: Using Color to Create Fabulous Scrapbook Pages. New York: Sterling Publishing.

## 그림책

강덕선(2000). 마음껏 낙서하기(합본). 삼성출판사.
강덕선(2003). 머리가 좋아지는 낙서 그림책. 삼성출판사.
강혜숙(2006). 꼬리야? 꼬리야! SANG.
고경숙(2005). 마법에 걸린 병. 재미마주.
고미 타로(2002). 그림으로 생각 키우기1. 창해.
고미 타로(2002). 그림으로 생각 키우기2. 창해.
기도 반 게네흐텐(2004). 꼭꼭 숨어라. 한울림.
김경미(2006). 동물친구 ㄱㄴㄷ. 웅진주니어.
김용택 시 · 정순희 그림(2001). 나비가 날아간다.
낸시 엘리자베스 월리스(2006). 씨! 씨! 씨! 가문비어린이.
니시우치 미나미(1997). 구룬파 유치원. 한림.
다니카와 순타로(2005). 우리는 친구. 북뱅크.
다니카와 순타로 원작 · 모토나가 사다마사(2003). 몽글 몽글 몽글. 고슴도치.
데이빗 섀논(1999). 유치원에 간 데이빗. 지경사.

부
록

델핀 그랭베르그(2006). 꼬마 과학자의 맛있는 실험1. 맛보기. 아이세움.
델핀 그랭베르그(2006). 꼬마 과학자의 맛있는 실험2. 그림자와 놀기. 아이세움.
델핀 그랭베르그(2006). 꼬마 과학자의 맛있는 실험3. 물놀이. 아이세움.
델핀 그랭베르그(2006). 꼬마 과학자의 맛있는 실험4. 굴리기. 아이세움.
도로 크로닌 글 · 베시 루윈 그림(2001). 탁탁 톡톡 음매 젖소가 편지를 쓴대요. 중앙M&B.
디디에 레비(2002). 산타할아버지의 비밀일기. 다습.
레오 리오니(1997). 으뜸헤엄이. 마루벌.
레오 리오니(1999). 생쥐와 태엽쥐. 마루벌.
레오 리오니(2000). 물고기는 물고기야! 마루벌.
레오 리오니(2003). 내거야! 마루벌.
레오 리오니(2003). 파랑이와 노랑이. 물구나무.
레오 리오니(2004). 그리미의 꿈. 물구나무.
레오 리오니(2005). 한 해 열두 달. 마루벌.
레인 스미스(1997). 행복한 하하호호 가족! 베틀북.
레이먼드 브릭스(1995). 산타할아버지. 비룡소.
레이먼드 브릭스(1995). 산타할아버지의 휴가. 비룡소.
로렌 리디(2004). 가족나무 만들기. 미래M&B.
로렌 차일드(2005). 쉿! 책 속의 늑대를 조심해! 국민서관.
루시 믹클레스웨이트(2006). 색깔. 토마토하우스.
루시 믹클레스웨이트(2006). 숫자를 찾아라. 베틀북.
린지 배럿 조지(2007). 안에서 안녕, 밖에서 안녕. 마루벌.
마누엘라 올텐(2005). 우리는 친구. 토마토하우스.
마르쿠스 피스터(2001). 마쯔와 신기한 돌. (주)아가월드.
마르쿠스 피스터(2001). 마쯔와 신기한 섬. (주)아가월드.
마르타 아스코나 글 · 로사 오수다 그림(2007). 아주 놀라운 생일 선물. 고래이야기.
말라 프레이지(2005). 산타할아버지는 세계 제일의 장난감 전문가. 넥서스주니어.
메리 호위트(2004). 거미와 파리. 열린어린이.
멜라니 월시(2002). 크고 작고. 시공주니어.
멜라니 월시(2006). 호호 기쁜 선물. 시공주니어.
미카엘라 먼틴(2007). 이 책을 절대로 열지 마시오. 토토북.
믹 잉크펜(2006). 내가 술래야. 비룡소.
박문희 엮음(2000). 침 튀기지 마세요. 고슴도치.
박문희 엮음(2000). 튀겨질 뻔 했어요. 고슴도치.
박상철(2006). 고슴도치 ㄱㄴㄷ. 여우고개
박상철(2006). 과자 ㄱㄴㄷ. 여우고개
박은영(1997). 준영 ㄱㄴㄷ. 비룡소.
박은영(2007). 기차ㄱㄴㄷ. 비룡소.
밥 칼러(2001). 우리 친구할래? 보림.
버나드 와버(2004). 용기. 아이터출판사.
베아트리체 셍크 드 레그니에스(2005). 친구를 데려가도 될까요? 시공주니어.
비르지니 알라지디 글 · 뱅상 부르조 그림(2007). 반대말놀이. 보림출판사.
빌 할리(2006). 산타할아버지, 안녕하세요? 큰북작은북.
사라 파넬리(2004). 날고 싶어. 보림.
사라 페리(2001). 만약…. (주)아가월드.
사비네 쿨러만(2005). 산타클로스는 몇 명일까? MEDIA2.0.
샬럿 미들튼(2007). 엔리코가 유치원에 갔어요. 바다어린이.
새세대육영회(2002). 이야기박물관 옛날옛날에는 무엇을 입었을까? 새세대육영회.
새세대육영회(2002). 이야기박물관 옛날옛날에는 무엇을 먹었을까? 새세대육영회.
새세대육영회(2002). 이야기박물관 옛날옛날에는 어디서 살았을까? 새세대육영회.
샌디 터너(2001). 멍멍 컹컹 산타 월월 클로스. 교학사.
샘 로이드(2007). 이 말은 무슨 말. 문학동네어린이.
샘 로이드(2007). 이 꼬리 누구 꼬리. 문학동네어린이.
샘 멕브래트니 글 · 아니타 제람 그림(1996). 내가 아빠를 얼마나 사랑하는지 아세요? 베틀북.
샘 멕브래트니 글 · 아니타 제람 그림(2004). 네 모습 그대로 사랑한단다. 베틀북.
서세옥 그림 · 김향수 글(2006). 즐거운 비. 한솔수북.
세르쥬 블로쉬(2002). 레옹의 유치원 일기. 크레용하우스.
수 언스테드 글 · 길 톰블린 그림(2006). 아름다운 나비 이야기. 삐아제어린이.

수 언스테드 글 · 길 톰블린 그림(2006). **신기한 딱정벌레 이야기**. 삐아제어린이.
손정미(2004). **미술아, 놀자**. 한울림.
스티브 젠킨스(2006). **진짜 얼마 만해요**. 마루벌.
스티브 젠킨스(2006). **움직여 봐!** 웅진주니어.
시바타 아이코(2006). **친구랑 싸웠어**. 시공주니어.
심현림 시 · 홍성지 그림(2007). **초코파이 자전거**. 비룡소.
심스 태백(2000). **옛날 옛날에 파리 한 마리를 꿀꺽 삼킨 할머니가 살았는데요**. 베틀북.
심스 태백(2000). **요셉의 작고 낡은 오버코트가**. 베틀북.
아니타 제람(2000). **우리 모두 다함께**. 베틀북.
아델 시불(2003). **세계의 친구들**. 아이세움.
아르멜 브와(2002). **척척 아저씨와 총총이의 생일잔치**. 베틀북.
아테네 랑엔 글 · 콘스탄차 드로프 그림(1999). **산타클로스를 만난 펠릭스**. 아가월드.
아테네 랑엔 글 · 콘스탄차 드로프 그림(2002). **펠릭스가 보내는 깜짝 편지**. 사랑이.
아테네 랑엔 글 · 콘스탄차 드로프 그림(2002). **펠릭스의 세계 요리 여행**. 사랑이.
아테네 랑엔 글 · 콘스탄차 드로프 그림(2003). **펠릭스의 세계 여행**. 아가월드.
아테네 랑엔 글 · 콘스탄차 드로프 그림(2003). **가방을 타고 날아간 펠릭스**. 아가월드.
아테네 랑엔 글 · 사비네 클라우스할 그림(2003). **소원을 들어주는 할아버지**. 다사함.
안 에르보(2006). **편지**. 베틀북.
안 포르슬린드(2004). **무엇으로 그릴까?** 비룡소.
알레스 쌍테르(2002). **산타할아버지는 어디로**. 파랑새어린이.
앤 조나스(2002). **풍덩풍덩! 몇 마리가 있나요?** 아이세움
앨렌 앨버그 글 · 자넷 앨버그 그림(2003). **우체부 아저씨와 비밀편지**. 미래M&B.
야규 겐이치로(2007). **발바닥 이야기**. 한림출판사.
에드 엠벌리(2000). **조각종이로 꾸미는 세상Ⅰ** 동그라미편. 고슴도치.
에드 엠벌리(2000). **조각종이로 꾸미는 세상Ⅱ** 세모 · 네모편. 고슴도치.
에드 엠벌리(2000). **사람과 집 그리기**. 고슴도치.
에드 엠벌리(2001). **내가 그리는 동물나라**. 고슴도치.
에드 엠벌리(2002). **신나게 그리는 자동차 · 배 · 비행기**. 고슴도치.
에드 엠벌리(2005). **알록달록 손도장으로 상상력 키우기**. 고슴도치.
에드 엠벌리(2006). **트럭과 기차 그리기**. 고슴도치.
에드 엠벌리(2006). **얼굴 그리기**. 고슴도치.
에드 엠벌리(2006). **동물 그리기**. 고슴도치.
에드 이브즈(2007). **누구 꼬리지(바다에서)?** 대교출판.
에드 이브즈(2007). **누구 꼬리지(농장에서)?** 대교출판.
에드 이브즈(2007). **누구 꼬리지(정글에서)?** 대교출판.
에드 이브즈(2007). **누구 꼬리지(정원에서)?** 대교출판.
에르빈 슈트리트마터(2007). **다락방에 사는 산타할아버지**. 마루벌.
에릭 바튀(2004). **만약 누이 빨간색이라면**. 문학동네어린이.
에릭 칼(1995). **아빠, 달님을 따 주세요**. 한국몬테소리.
에릭 칼(2005). **배고픈 애벌레**. 몬테소리CM.
에릭 칼(2005). **퉁명스러운 무당벌레**. CM베이비.
에릭 칼(2005). **오늘은 월요일**. 몬테소리CM.
에릭 칼(2006). **수수께끼 생일 편지**. 더큰컴퍼니.
에바 헬러(2002). **색깔들의 숨은 이야기**. 성우.
에바 헬러(2004). **감자야, 그림 그리자**. 달리.
에이미 슈워츠(2007). **아빠가 유치원에 가요**. 예림당.
에이미 헤스트 글 · 아니타 제람 그림(2001). **엄마는 언제나 너를 사랑한단다**. 베틀북.
엘사 베스코브(2006). **일 년은 열두 달**. 시공주니어.
엠마 데이먼(2005). **사람은 다 다르고 특별해**. 미세기.
엠마 데이먼(2006). **집은 다 다르고 특별해**. 미세기.
오호선 글 · 남주현 그림(2006). **호랭이 꼬랭이 말놀이**. 천둥거인.
요아힘 뢴네퍼(2004). **화가 몰 아저씨 이것이 정말 미술인가요?** 달리.
우나 야콥스(2007). **열두 달 지구 이야기**. 풀빛.
우나 야콥스(2007). **열두 달 태양 이야기**. 풀빛.
이동진(2001). **노랑나비 내 친구**. 산하.
이름가르트 루흐트(2006). **열두 달 나무 이야기**. 풀빛.
이름가르트 루흐트(2006). **열두 달 숲 이야기**. 풀빛.

이보나 흐미엘레프스카 그림 · 이지원 글(2005). 생각하는 ㄱㄴㄷ. 논장.
이수지(2006). 움직이는 ㄱㄴㄷ. 천둥거인.
이시다 마리(2007). 피아노 치는 늑대 울프. 고래이야기.
이억배(2005). 개구쟁이 ㄱㄴㄷ. 사계절.
이엘라 마리 · 엔조 마리(1996). 사과와 나비. 보림.
이은경(2006). 동물 ㄱㄴㄷ. 배영교육.
이자벨 핀(2006). 비 오는 날의 동물원. 다다북스.
자넷 스티븐스(1999). 위에 있는 것과 아래 있는 것. 다음세대.
정근 글 · 조선경 그림(2006). (개정판)마고할미. 보림.
정두리 시 · 김현주 그림(2001). 와! 맛있는 동시. 계림닷컴.
정지용 외 · 방정화 그림(2002). 생각까지 예뻐지는 동시. 깊은책속옹달샘.
제롬 뤼이이에(1999). 색깔나라 여행. 크레용하우스.
제이미 리 커티스(2007). 다섯 살은 괴로워. 애플비.
존 셰스카(1996). 늑대가 들려주는 아기돼지 삼형제 이야기. 보림.
존 업다이크 · 트리나 샤르트 하이먼 그림(2007). 어린이들의 열두 달. 열린어린이.
줄리아 장(2006). 비눗방울 편지. 삼성출판사.
최명란 시 · 김선지 그림(2007). 하늘천 따지. 비룡소.
최승호 글 · 윤정주 그림(2005). 말놀이 동시집1. 비룡소.
최승호 글 · 윤정주 그림(2006). 말놀이 동시집2. 비룡소.
최승호 글 · 윤정주 그림(2007). 말놀이 동시집3. 비룡소.
최지영(2005). 멋쟁이 몬드리안. 다빈치기프트.
카노 준코(1999). 있잖아요, 산타마을에서는요…. 길벗어린이.
칼 노락(2001). 산타클로스의 비밀편지. 크레용하우스.
케이트 클리스 글 · 사라 클리스 그림(2007). 난 이제 절대 울지 않아. 고래이야기.
크리스틴 오코넬 조지(2006). 색종이로 시를 접어요. 큰북작은북.
크베타 파코브스카(2000). 색깔놀이. 베틀북.
크베타 파코브스카(2000). 모양놀이. 베틀북.
크리스텔 데무아노(2000). 암소 로자의 살빼기 작전. 사계절.
크리스티앙 기보(2007). 까르르 웃게 될 걸. 삐아제어린이.
크리스티앙 기보(2007). 깜짝 놀라게 될 걸. 삐아제어린이.
크리스티앙 메르베일레(2001). 동글이네 가족. 청솔.
클레멘트 무어 글 · 엔 이본느 길버트 그림(2003). 산타클로스를 처음 만난 크리스마스이브. 종이나라.
토드 파(2003). 모든 가족은 특별해요. 문학동네어린이.
티에리 르냉(2007). 아기 씨앗. 꼬마미디어2.0.
패드릭 멕도넬(2006). 아트. 지경사.
편집부(1994). 한국 전래동요의 통합적 활용을 위한 작은 책 6 숫자풀이. 새세대육영회.
편집부(1995). 한국 전래동요의 통합적 활용을 위한 작은 책 2-1 어디까지 왔나. 새세대육영회.
편집부(2003). 얼룩덜룩 얼룩말. 삼성출판사.
편집부(2003). 눈 감고 머리 감고. 삼성출판사.
편집부(2003). 길고 짧고. 삼성출판사.
편집부(2003). 엄마랑 함께하는 동시 그림책 1, 2, 3, 4. 새세대육영회.
편집부(2006). 내가 만드는 크리스마스트리. 코북.
편집부(2006). 동글동글 모양. 애플비.
편집부(2006). 빙글빙글 그리는 책. 삼성출판사.
편집부(2006). 엄마랑 그리는 책. 삼성출판사.
편집부(2006). 구멍을 칠하는 책. 삼성출판사.
프란체스카 페리(2007). 까꿍! 나 누구게? 어린이작가정신.
프란체스카 페리(2007). 까꿍! 너 누구니? 어린이작가정신.
필립 세들레츠기(1999). 아기 세모의 세 번째 생일. 파랑새주니어.
한성옥(2006). 행복한 우리가족. 문학동네어린이.
한일(1997). 산타클로스 할아버지는 정말 계실까요? 한국산업훈련연구소.
한태희(2002). 손바닥 놀이공원. 예림당.
허은미(2006). 말놀이나라 쫑쫑. 비룡소.
허 찬 옮김 · 후리야 나나 그림(2007). 미안해 친구야. 주니어랜덤.
혜 경(2007). 누가 내 얼굴에 낙서했어. 베이비북스.
후세 야스코(2007). 달라서 좋아요. 대교출판.
후쿠다 토시오(2006). 내 뒤에 누굴까? 나야 나, 돌고래. 한울림어린이.

# CD-ROM 자료 목록

| No. | | 제 목 |
|---|---|---|
| 1 | 1 | 산타마을 주소 라벨 3105 |
| | 2 | 말놀이 라벨 3621 |
| | 3 | 자음 라벨 3110 |
| | 4 | 모음 라벨 3110 |
| | 5 | 말놀이 ㄱㄴㄷ 생각 모으기 |
| | 6 | 그림책 생각 모으기 |
| | 7 | 기본 도형 구성하기 생각 모으기 |
| 2 | 1 | 말놀이 동시집 생각 모으기 |
| | 2 | 알파벳 대문자 라벨 3110 |
| | 3 | 알파벳 소문자 라벨 3110 |
| | 4 | 움직이는 책꽂이 생각 모으기 |
| | 5 | 움직이는 책꽂이 라벨 3621 |
| 3 | 1 | 편지 쓰기 생각 모으기1 |
| | 2 | 편지 쓰기 생각 모으기2 |
| | 3 | 착한 어린이표 달력 생각 모으기 |
| 4 | 1 | 낙서 그림책 라벨 3621 |
| | 2 | 주원문해 생각 모으기 |
| | 3 | 주원문해 라벨 3621 |
| | 4 | 2단 박음책 생각 모으기 |
| | 5 | 2단 박음책 활동지1 |
| | 6 | 2단 박음책 활동지2 |
| | 7 | 옛날과 오늘날 생각 모으기1 |
| | 8 | 옛날과 오늘날 생각 모으기2 |
| | 9 | 3단 박음책 활동지1 |
| | 10 | 3단 박음책 활동지2 |
| | 11 | 3단 박음책 생각 모으기 |
| | 12 | 유치원 이야기 생각 모으기 |

| No. | | 제 목 |
|---|---|---|
| | 13 | 4단 박음책 생각 모으기 |
| | 14 | 쑥쑥 크는 책 생각 모으기 |
| | 15 | 4단 박음책 활동지1 |
| | 16 | 4단 박음책 활동지2 |
| 5 | 1 | 그림책 다시 읽기 활동지1 |
| | 2 | 그림책 다시 읽기 활동지2 |
| | 3 | 그림책 다시 읽기 라벨 3621 |
| | 4 | 큰 말 작은 말 라벨 3108 |
| | 5 | 반대말 라벨 3108 |
| | 6 | 큰 말 · 작은 말 생각 모으기 |
| | 7 | 반대말 생각 모으기 |
| | 8 | 암소 모양 활동지 |
| | 9 | 가족 앨범 생각 모으기 |
| | 10 | 9면 주제망 생각 모으기 |
| | 11 | 가족 앨범 라벨 3621 |
| | 12 | 가족 앨범 라벨 3623 |
| | 13 | 노래하는 계단책 생각 모으기 |
| | 14 | 계단 카드 맞춤선 활동지1 |
| | 15 | 계단 카드 맞춤선 활동지2 |
| 6 | 1 | 판권면 라벨 3105 |
| | 2 | 판권면 라벨 3108 |
| | 3 | 판권면 라벨 3114 |
| | 4 | 판권면 라벨 3116 |
| | 5 | 뉴칼라 색상표 |
| | 6 | 재료 규격 및 단가표 |
| | 7 | 재료 구입 신청서 |
| | 8 | 책 만들기를 통한 문해 활동 전문가과정 |

# 최유경유아놀이교육연구소 통합적 놀이 활동 시리즈 · 책 만들기 시리즈
# www.wowplay.org

### 1. 통합적 놀이 활동 자료집 1: 즐거운 유치원 · 즐거운 어린이집

구 성 : 교사용 활동 지침서 1권 · 유아용 활동지 1권 · CD-ROM 1매
최유경 지음
값 36,000원

### 2. 통합적 놀이 활동 자료집 2: 나와 친구

구 성 : 교사용 활동 지침서 1권 · 유아용 활동지 1권 · CD-ROM 1매
최유경 지음
값 38,000원

### 3. 통합적 놀이 활동 자료집 3: 사전책

구 성 : CD-ROM 1매(사전책 12종 제작을 위한 놀이 교구 교재)
최유경 지음
값 12,000원

### 4. 책 만들기를 통한 창의적 언어교육 I
**: FOR CARDS, ACCORDION BOOKS & FLAG BOOKS**

구 성 : 양장본 1권 · CD-ROM 1매
최유경 지음
값 28,000원

### 5. 책 만들기를 통한 창의적 언어교육 II
**: FOR FOLD, CUT, OX-FLOW, FLIP & FLAP BOOKS**

구 성 : 양장본 1권 · CD-ROM 1매
최유경 지음
값 32,000원

### 6. 책 만들기를 통한 창의적 언어교육 III
**: FOR POP-UP & OBJET BOOKS**

구 성 : 양장본 1권 · CD-ROM 1매
최유경 지음
값 32,000원

### 7. 책 만들기를 통한 창의적 언어교육 V (출간 예정)

### 8. 창의적 교재 교구 제작을 위한 도안집 (출간 예정)

### 9. 책 만들기를 통한 글쓰기 전략 (출간 예정)

### 10. 통합적 놀이 활동 자료집 4: 모양과 색깔 (출간 예정)